AF550703

BEATE SANDER
UWE SANDER

DIE BESTEN AKTIEN FINDET MAN NICHT IM DAX

BEATE SANDER
UWE SANDER

DIE BESTEN AKTIEN FINDET MAN NICHT IM DAX

Mit der Hoch-Tief-Mut-Strategie zum Erfolg

Mit großem Corona-Rück- und Ausblick

Bibliografische Information der Deutschen Nationalbibliothek:
Die Deutsche Nationalbibliothek verzeichnet diese Publikation in der Deutschen Nationalbibliografie.
Detaillierte bibliografische Daten sind im Internet über http://dnb.d-nb.de abrufbar.

Für Fragen und Anregungen:
info@finanzbuchverlag.de

Originalausgabe, 3. Auflage 2022

Türkenstraße 89
D-80799 München
Tel.: 089 651285-0
Fax: 089 652096

Redaktion: Anne Büntig
Korrektorat: Anja Hilgarth
Umschlaggestaltung: Sonja Vallant, München
Umschlagabbildung: Shutterstock.com/Vector; Shutterstock.com/bioraven
Satz: Satzwerk Huber, Germering
Druck: Florjancic Tisk d.o.o., Slowenien
Printed in the EU

ISBN Print 978-3-95972-426-5
ISBN E-Book (PDF) 978-3-96092-801-0
ISBN E-Book (EPUB, Mobi) 978-3-96092-802-7

Weitere Informationen zum Verlag finden Sie unter
www.finanzbuchverlag.de
Beachten Sie auch unsere weiteren Verlage unter www.m-vg.de

Inhalt

Vorwort von Beate Sander

Liebe Leserinnen und Leser, im Jahr 2020 begannen viele Menschen – bedingt durch die Corona-Krise –, sich mehr Gedanken über ihre Geldanlage zu machen.

Als Folge der Nullzins- und Strafzinspolitik lauten die Nachrichten auch in Zeiten der Corona-Krise mit gewaltigen wirtschaftlichen Einbrüchen nach wie vor: »Aktien bleiben als langfristige Anlage ohne Alternative.« Das ist sicherlich richtig. Das Wort »Nebenwerte« kommt jedoch nicht vor.

Wie üblich, geht es oft nur um den DAX, beziehungsweise den DAX-40, obgleich dieser in 30 Jahren weder im Kurz- noch im Langzeitvergleich mit den deutschen Nebenwerteindizes TecDAX, MDAX, SDAX und DAXplus Family 30 bezüglich Kursentwicklung mithalten kann.

Die grünen Markierungen zeigen die beste, die roten Markierungen die schlechteste Kursentwicklung beim Vergleich aller deutschen Börsenbarometer an.

Kursverlauf DAX-Familie, Teil I: Vergleich 1, 3, 5, 10 Jahre Stand 04.01.2021		
DAX: 1, 3, 5, 10 J. WKN: 846900	**MDAX: 1, 3, 5, 10 J. WKN: 846741**	**TecDAX: 1, 3, 5, 10 J. WKN: 720327**
+3,5/+6/+28/+98 %	+9/+17/+48/+204 %	+6/+27/+75/+278 %
durchwachsen	langfristig sehr gut	beste Performance ab 3 J.

Kursverlauf DAX-Familie, Teil II: Vergleich 1, 3, 5, 10 Jahre Stand 04.01.2021		
SDAX: 1, 3, 5, 10 J. WKN: 965338	**DAXplus Family 30: WKN: A0YKTN**	**GEX: 1, 3,5, 10 Jahre WKN: A0AER1**
+18/+24/+62/+185 %	+7,9/+19/+42/+166 %	+25/+18/+68/+93 %
sehr überzeugend	sehr überzeugend	spitze im Jahr 2020

Den Verlauf der wirtschaftlichen Entwicklungen und den Einfluss auf die Depots sehe ich mir genau an. Dann entscheide ich anhand der von mir entwickelten und fortlaufend erprobten und verfeinerten Hoch-Tief-Mut-Strategie, ob der Zeitpunkt günstig ist, um in Aktien neu einzusteigen und/oder ob Teilverkäufe sinnvoll sind.

Dieses Buch thematisiert die einzelnen Schritte dieser Strategie mit ihren Auswirkungen, unterlegt mit praktischen Fallbeispielen und Kurslisten.

Inzwischen kann ich mein Wissen auf den Zeitraum mehrerer Jahrzehnte stützen. Als Langzeitanlegerin filtere ich dabei auch die besten Aktien heraus. Erneut bestätigt sich: Die deutschen Nebenwerte-Indizes MDAX, TecDAX, SDAX verdienen es, sich mit ihnen auseinanderzusetzen. Auch ein Blick auf andere Börsenplätze ist dabei unabdinglich.

Insbesondere gilt dies für Wachstumsaktien aus der US-Technologiebörse Nasdaq mit Fokus auf das Internet der Dinge, die vernetzte und digitalisierte Welt sowie Künstliche Intelligenz mit Robotik. Die Corona-Pandemie verbunden mit der Suche nach wirksamen Arzneimitteln und Impfstoffen führt zu einem deutlichen Aufschwung im Gesundheitswesen mit Biotech, Medtech, Pharma. Nach den Corona-Wellen werden in Zukunft weitere medizinische Herausforderungen auf uns zukommen.

Es zeigt sich, dass mit niedrig bewerteten, substanzstarken, defensiven Value-Aktien nicht einmal im Crash mehr Stabilität herrscht als bei den hoch bewerteten offensiven Wachstumsaktien aus dem TecDAX und Nasdaq 100. Auf der Suche nach Jahres- und Allzeithochs, um mit drei- und vierstelligen Kursgewinnen günstige Neukäufe zu finanzieren, finde ich vor allem Growth-Titel, die dem Corona-Crash trotzen und mit neuen Rekordständen begeistern.

Geht es dagegen um üppige Dividenden, finden wir die Dividenden-Stars im In- und Ausland vor allem bei den Value-Aktien. Hier spielt neben den Nebenwerten auch der DAX trotz Dividenden-Streichungen während der Corona-Krise eine große Rolle. Ohne die Ausschüttungen hätte der deutsche Leitindex in drei Jahrzehnten kaum zugelegt. Dabei gilt es, den Sparer-Pauschalbetrag bestmöglich zu nutzen, so können bis zu 16.000 Euro pro Jahrzehnt steuerfrei erwirtschaftet werden. Dieses Buch zeigt deshalb auch von den wichtigen Nebenwerte-Indizes die Dividendenstars und Sieger mit der besten Kursentwicklung. Viele stammen aus dem Nasdaq 100, dem TecDAX, MDAX und dem SDAX. Durch praxisnahe Einblicke in meine Strategien und in meine Erfolgsdepots möchte ich Ihnen zu mehr Erfolg an der Börse verhelfen.

Ich konzentriere mich auf Nebenwerte, bevorzuge bei neuen Investitionen Nachhaltigkeitsaktien und picke mir die besten Titel wie ein Perlenfischer heraus. Der Lohn für all die Mühe? Ich entdecke immer wieder einige »Rennpferde«, die ich übergewichte und bei denen ich nur Teilverkäufe mit hohem Kursgewinn im Allgemeinen von über 100 % mache. So bleiben die besten Rennpferde im Stall. Und ich kann Ihnen diese chancenreichen, meist noch jungen, oft familiengeführten Mittelständler auch bei meinen Anlagevorschlägen, Musterdepots und Kurslisten vorstellen.

Im besonderen Maße profitieren Sie davon, wenn Sie meine Aktienvorschläge für vorsichtige beziehungsweise sicherheitsbewusste, erfolgsorientierte und risikofreudige

Anlegertypen mit schmalem Geldbeutel ab 5.000 Euro und gut ausgestatteter Vermögensdecke bis zu 100.000 Euro studieren.

Dabei geht es nicht nur um Einzelaktien aus dem Nebenwertesektor, sondern ebenso um passiv gemangte ETF-Aktienkörbe und aktiv gemangte Aktienfonds mit Augenmerk auch auf Nachhaltigkeitsprodukte. Lese ich dagegen die Tages- und Wirtschaftspresse, sehe mich im Internet um oder höre Radio-Nachrichten, so dreht sich alles um den DAX. 2020 gab es nach der Wirecard-Pleite allerdings auch schlechte Nachrichten aus dem DAX.

Die Wandlung zum DAX 40 wird ihn sicherlich agiler werden lassen, aber nach wie vor ist ein erweiterter Blick auf die anderen Indizes für erfolgreiche Anleger unverzichtbar. Jede Tageszeitung bildet im Wirtschaftsteil den DAX ab, öfter auch den Dow Jones, den Euro Stoxx 50 und den MDAX. So wissen viele nicht, dass es attraktive Nebenwerte-Indizes gibt, und zwar nicht nur in Europa, sondern ebenso in Nordamerika und Asien.

Im Fußball wird verständlicherweise auch am meisten über die 1. Bundesliga und die Champions League berichtet. Dennoch haben die 2. und 3. Liga ihren Platz in Presse und Fernsehen.

Der DAX ist mit der 1. Bundesliga vergleichbar. Der MDAX und der TecDAX mit 30 Hightech-, Biotech-, Software-, Windkraft- und Solartiteln spiegeln die 2. Bundesliga wider. Der SDAX mit 70 kleineren Mittelständlern, als Small Caps bezeichnet, entspricht in seiner Struktur der 3. Liga. Es ist wichtig, neben dem neuen DAX 40 auch die im Herbst 2018 erfolgte Neuausrichtung vom MDAX und SDAX zu verfolgen. Beide Indizes sind nicht mehr nur klassisch strukturiert, sondern bringen den TecDAX mit wichtigen Zukunftsaktien ein, die größeren beim MDAX, die kleineren beim SDAX. Auch für Sie sollte gelten: Weg vom schleichenden Kapitalvernichter Sparbuch, hin zu Aktien!

Ihre Autorin Beate Sander

Vorwort von Uwe Sander

Im Sommer 2020 war die Welt für Beate noch in Ordnung. Sie begann, intensiv an diesem Buch zu arbeiten. Im Spätsommer traf dann überraschend der ärztliche Befund ein. Es ging nicht mehr um Heilung, sondern nur noch um Schmerztherapie. Beate arbeitete dann rund um die Uhr, und sie führte mich intensiv in ihre Depotführung und die zugrunde liegende Hoch-Tief-Mut-Strategie ein, um auch dieses Buch in gewohnter Qualität vollenden zu können.

Dieses Buch wird als zweites gemeinsames Buch von Beate und mir ein besonderes Gesicht bekommen. Zentral sind dabei die Fragen zu unserer eigenen Depotführung mit den vielen Rennpferden. Für den künftigen Anlage-Erfolg von großer Bedeutung ist dabei die Einschätzung der neuen Rahmenbedingungen, hervorgerufen durch COVID-19 und die US-Wahl und die richtigen Reaktionen darauf, sowie der globalen Veränderungen, die sich in sogenannten Megatrends zeigen. Sie können wichtige Hintergrundinformationen für eine langfristige Anlagestrategie bieten.

Bis zuletzt und über den Tod hinaus möchte Beate alle Anleger ermutigen, zuversichtlich die Chancen im Aktienmarkt zu nutzen und auch bei Rücksetzern nicht zu verzagen. Mehr denn je gilt: Weg vom Sparbuch – hin zu Aktien!

Als Sohn der Börsenautorin Beate Sander setze ich ihre Ratschläge in meinen eigenen Depots seit 20 Jahren um. Bereits im Jahr 2001 finanzierte ich meiner jetzigen Ehefrau und mir von den ersten Aktien-Gewinnen einen Teneriffa-Urlaub. Als Wirtschaftskundelehrer konnte ich meinen Schülerinnen und Schülern jahrzehntelang mit Börsenspielen den Zugang zur Finanzwelt schmackhaft machen, bevor ich als Dozent an die Pädagogische Hochschule ging. In Crash-Zeiten wusste ich, dass ich nichts verloren hatte, solange ich nicht vorschnell verkaufte und schon gar nicht auf automatisierte Verkäufe (mit Stop-Loss-Limits) setzte.

Meine eigenen Gewinne aus nachhaltigen Aktienwerten sind beträchtlich. So zeigte sich für mich bereits zu Beates Lebzeiten, wie groß ihr Vermächtnis war. An diesem geistigen Erbe möchten wir beide Sie gerne teilhaben lassen. Dazu geben wir Ihnen in diesem Buch Einblicke in unsere Depots.

Ihr Autor Uwe Sander

1 Nebenwerte-Indizes – oft besser als der DAX

1.1 Die deutsche Indexfamilie DAX, MDAX, TecDAX und SDAX

Den deutschen Leitindex DAX gibt es seit dem 1. Juli 1988, er startete bei 1.163 Punkten. 1996 kam der MDAX mit größeren Nebenwerten (Mid Caps) und 70 Titeln hinzu, ergänzt 1999 durch den SDAX für 50 kleinere Werte (Small Caps). 2003 gründete die Deutsche Börse AG den TecDAX mit 30 Titeln als Nachfolger vom unrühmlich endenden Neuen Markt. 2018 wurden MDAX und SDAX durch die Aufnahme von TecDAX-Titeln reformiert.

Abbildung 1: Deutsche Indizes

Deutsche DAX-Indizes: Prime Standard	
DAX 30/DAX 40	**TecDAX 30**
Zusammensetzung: Ab September 2021: die 40 größten deutschen Unternehmen aus allen Branchen **Aufnahmekriterien:** positive Ergebnisse in den letzten beiden Finanzberichten **Indexanpassung:** künftig halbjährlich	**Zusammensetzung:** die 30 größten Technologie-Unternehmen nach dem DAX (In- und Ausland) **Aufnahmekriterien:** Der Titel zählt bei Börsenwert und Börsenumsatz zu den 35 größten Unternehmen nach dem DAX. **Indexanpassung:** halbjährlich
MDAX 50	**SDAX 70**
Zusammensetzung: die 50 größten Unternehmen (ab 2021) nach dem DAX aus sämtlichen Branchen durch Aufnahme von Tec DAX-Titeln **Aufnahmekriterien:** Der Titel muss bei Börsenwert und -umsatz zu den 50 größten Unternehmen nach dem DAX zählen. **Indexanpassung:** halbjährlich	**Zusammensetzung:** die 70 größten Unternehmen nach dem MDAX aus allen Branchen durch Aufnahme der restlichen Tec DAX-Titel **Aufnahmekriterien:** Der Titel zählt bei Börsenwert und -umsatz zu den größten Firmen nach dem MDAX. **Indexanpassung:** vierteljährlich

Die Kursentwicklung der DAX-Familie 2007 bis 2020								
Jahr	**DAX**		**MDAX**		**TecDAX**		**SDAX**	
2007	8.067	+22 %	9.865	+5 %	974 P.	+30 %	5.191 P.	-7 %
2008	4.810	-40 %	5.602	-43 %	508 P.	-48 %	2.801 P.	-46 %
2009	5.957	+24 %	7.507	+34 %	818 P.	+61 %	3.549 P.	+27 %
2010	6.914	+16 %	10.128	+36 %	851 P.	+4 %	5.174 P.	+46 %
2011	5.750	-17 %	8.625	-19 %	667 P.	-22 %	4.244 P.	-18 %
2012	7.612	+29 %	11.914	+34 %	828 P.	+21 %	5.249 P.	+19 %
2013	9.794	+26 %	16.574	+39 %	1.167 P.	+41 %	6.789 P.	+29 %
2014	9.806	+3 %	16.935	+2 %	1.371 P.	+18 %	7.186 P.	+6 %
2015	10.743	+10 %	20.775	+24 %	1.831 P.	+34 %	9.099 P.	+27 %
2016	11.481	+7 %	22.189	+7 %	1.812 P.	-1 %	9.519 P.	+5 %
2017	12.918	+13 %	26.201	+18 %	2.529 P.	+40 %	11.880 P.	+25 %
2018	10.559	-18 %	21.588	-18 %	2.512 P.	-5 %	9.860 P.	-20 %
2019	13.408	+27 %	28.254	+31 %	3.015 P.	+49 %	12.594 P.	+32 %
2020	13.669	+3,5 %	30.900	+13,5 %	3.212 P.	+6 %	14.760 P.	+5 %

DAX 30/DAX 40

Große, heimische Unternehmen, die oft mit Wertbeständigkeit, geringerem Risiko und Dividenden locken, finden sich im DAX. Die Schwergewichte werden auch als »Large Caps« beziehungsweise »Blue Chips« bezeichnet.

Es wird hier aber nur ein sehr kleiner Teil des globalen Börsengeschehens repräsentiert. Zudem sind die im DAX enthaltenen (künftig 40) Unternehmen nicht unbedingt diejenigen mit der höchsten Innovationskraft – allein schon aufgrund ihrer Größe.

Gute Unternehmenszahlen sind meist schon im Kurs eingepreist. Dennoch ist die oft befürchtete Blasenbildung gerade im internationalen Vergleich wohl eher als Panikmache beziehungsweise als Versuch, Kunden zu anderen kostspieligen oder hochriskanten Anlageformen zu locken, einzustufen.

Die besten Aktien findet man nicht im DAX. Das heißt aber nicht, dass nicht auch ein paar DAX-Titel ins Depot gehören. Vor allem in der Aufbauphase eines neuen Depots eignen sich einige wertbeständige DAX-Titel für ein breit aufgestelltes Depot. Außerdem muss man einigen DAX-Titeln zugutehalten, dass sie außerhalb der Corona-Krise immer brav Dividenden ausgeschüttet haben – und mit einem akzeptablen Buchwert gerade bei ängstlichen Anlegern[1] für Beruhigung sorgen können.

Zu den dividenden- und buchwertstarken Titeln zählen Allianz, BASF, BMW, Daimler, die Deutsche Telekom, E.ON und die Munich Re.

DAX-WERTE – Ein Blick in unser Depot

Gerade im Depot mit den Altbeständen finden sich einige DAX-Werte mit ordentlicher Performance. Hier ein kleiner Auszug mit fünf Beispielen.

Alle Beispiele sind repräsentativ ausgewählt, d. h. es sind Aktien dabei, die sich gut entwickelt haben, und solche, bei denen es im Jahr 2020 Verluste gab. Dies ist aber in der Gesamtbetrachtung keinesfalls schmerzhaft, sondern gehört zum Börsenalltag auch in einem zukunftsorientierten Depot mit vielen Rennpferden selbstverständlich dazu.

DAX-Werte – Depotauszug Sander/Sander

Aktie/ Unternehmen	Order-tag	Anzahl Kurs	Kaufpreis gesamt	Kurs am 23.12. 2020	Dividende 2020	Gewinn/ Verlust (ohne Dividenden)
Adidas	31.07. 2014	55 x 61,60 €	3.388 €	55 x 293,60 € 16.150 €	Ausgesetzt wg. COVID-19	+377 % in 6 Jahren + D
Allianz	28.10. 2020	12 x 151,80 €	1.821 €	12 x 199,88 € 3.998 €	Nach HV gekauft 0 €	+32 % in 2 Monaten + D
Daimler	29.10. 2018	30 x 51,90 €	1.557 €	30 x 58,52 € 1.756 €	30 x 0,90 € 27 €	+13 % in 2 Jahren + D
Merck	15.05. 2020	20 x 79,80 €	1.596 €	20 x 136,40 € 2.728 €	20 x 1,30 € 26 €	+71 % in 2,5 Jahren + D
SAP	08.05. 2019	15 x 106,95 €	1.649 €	15 x 103,76 € 1.556 €	15 x 1,58 € 23,70 €	-3 % in 1,5 Jahren + D

1 Aus Gründen der besseren Lesbarkeit wird auf eine gendersensible Sprache verzichtet.

Abbildung 2: Collage der DAX-Werte Ende 2020

adidas	covestro	Henkel	RWE	Telekom
Allianz	Daimler	infineon	SAP	Deutsche Wohnen
BASF	Delivery Hero	Linde	Vonovia	E.ON
BAYER	Deutsche Börse	Merck	Volkswagen	Continental
Beiersdorf	Deutsche Post	MTU	Siemens	Heidelberg Cement
BMW	Fresenius	Munich RE	Deutsche Bank	Fresenius Medical Care

TecDAX

Der TecDAX besteht aus den 30 größten deutschen Technologiewerten. Zum 24. September 2018 wurde die Trennung in klassische und Technologie-Werte aufgehoben. Daher finden sich die TecDAX-Werte inzwischen auch im DAX, im MDAX und im SDAX wieder. Der TecDAX hat 2020 gegenüber dem Vorjahr zwar nicht mehr so stark zulegen können, den DAX hat er dennoch klar abgehängt.

Abbildung 3: Collage der 30 TecDAX-Werte Ende 2020

1&1 Drillisch	Eckert & Ziegler	Siemens Healthineers	XING	Pfeiffer Vacuum
AIXTRON	Telekom	Jenoptik	Teamviewer	QIAGEN
Bechtle	Dräger	LPKF	Telefonica	s&t
Cancom	Evotec	MorphoSys	united internet	SAP
Carl Zeiss Meditec	freenet	Nemetschek	VARTA	Sartorius
CGM	infineon	Siltronic	NORDEX	software AG

Folgende TecDAX-Werte finden sich auch im MDAX: AIXTRON SE (Halbleiterindustrie), Bechtle AG (IT), Cancom SE (IT), Carl Zeiss Meditec AG (MedTech), Evotec SE (BioTech), freenet AG (Telekommunikation), MorphoSys AG (Biotechnologie), Nemetschek SE (Software), QIAGEN N.V. (Biotechnologie), Siemens Healthineers AG (Medizintechnik), Siltronic AG (Halbleiterindustrie), Varta AG (Elektrotechnik).

Aus dem SDAX kommen beispielsweise 1&1 Drillisch (Telekommunikation), Drägerwerk (Medizintechnik), Eckert & Ziegler (MedTech), Jenoptik (Photonik), LPKF Laser & Electronics AG (Maschinenbau).

Aus dem DAX kennt man Telekom, SAP und Infineon.

MDAX

Das »M« steht für die »Mid Caps«, also die mittelständischen Unternehmen. Die Werte sind breiter diversifiziert als im DAX. Der MDAX bildet also ein Potpourri aus Unternehmen ab, die teilweise mit Innovationskraft überzeugen können und mitunter auch schon sehr große Kurssprünge errungen haben, und solchen, die ihre besten Zeiten hinter sich zu haben scheinen.

Insgesamt ist die Performance des MDAX, gerade auf lange Zeiträume bezogen, hervorragend.

Dass der MDAX so attraktiv ist, hat mehrere Gründe: Seit der Index-Neuordnung im Herbst 2018 gibt es hier nicht mehr so viele defensiv ausgerichtete Value-Titel, sondern auch TecDAX-Wachstumswerte aus dem Technologie-, Software-, Medtech- und Biotech-Sektor. Darüber hinaus wirkt sich auch die Blutauffrischung neu aufgenommener Titel positiv aus. So sorgten die Neuzugänge von 2018 HelloFresh und Shop Apotheke für rasantes Wachstum.

Dass der MDAX so »bullenstark« ist, hat aber auch damit zu tun, dass Mittelständler viel beweglicher sind als die DAX-Großkonzerne. Der geplante Wechsel der zehn größten MDAX-Werte in den DAX 40 zum Herbst 2021 wird dem MDAX in seiner Dynamik sicherlich auch nicht schaden – gewinnt doch der dann etwas kleinere Index mit 50 Titeln an Übersichtlichkeit.

Abbildung 4: Collage einiger MDAX-Werte Ende 2020

AIRBUS	Carl Zeiss Meditec	GEA	KION	Rational	Sartorius
AIXTRON	CGM	Gerresheimer	Knorr-Bremse	Rheinmetall	Scout 24
alstria	Lufthansa	Grand City	LANXESS	TAG	Shop Apotheke
AROUND-TOWN	DÜRR	Grenke	LEG	Teamviewer	Siemens Healthineers
Aurubis	Evonik	hannover RE	Metro	Telefonica	Siltronic
Bechtle	Evotec	HelloFresh	MorphoSys	thyssenkrupp	software AG
BRENNTAG	Fraport	Hochtief	ProSieben-Sat.1	uniper	STRÖER
Cancom	freenet	Hugo Boss	PUMA	united internet	symrise
Commerz-bank	FUCHS	K+S	QIAGEN	VARTA	Zalando

MDAX-WERTE – Ein Blick in unser Depot

Mit Bechtle, Nemetschek, Rational und Sartorius sind hier einige richtige Spitzen-Aktien dabei, die ihren Aufstieg über Jahre fortgesetzt haben und immer weiter gestiegen sind, obwohl viele sie schon für überbewertet hielten.

Die Gewinner von gestern müssen natürlich nicht automatisch die Gewinner von morgen sein. Aber wenn das wirtschaftliche Umfeld und die Ausrichtung des Unternehmens exzellent ist, dann braucht man sich von solchen Werten auch nicht zu trennen – es sei denn, man benötigt in Crash-Zeiten Kapital für Zukäufe und stößt dann einen (kleinen) Teil der Aktien-Raketen ab, um sie dann eventuell später bei einem Rücksetzer nachzukaufen.

Die Diversität der Aktien des MDAX bietet ein enormes Potenzial, um auch in Zukunft wieder auf »Perlen« zu stoßen, so wie dies in den letzten Jahren z. B. bei **Nemetschek**, **Sartorius** und **Siltronic** der Fall war beziehungsweise ist.

Bechtle profitiert von der gestiegenen Nachfrage nach einer guten IT-Infrastruktur von Industriekunden. In Zeiten von zunehmender Digitalisierung wird dieser Markt sicherlich noch an Bedeutung gewinnen.

MDAX-Werte – Depotauszug Sander/Sander						
Aktie WKN Branche	**Ordertag**	**Anzahl Kurs**	**Kaufpreis gesamt**	**Kurs am 23.12.2020**	**Dividende 2020**	**Gewinn/ Verlust (ohne Dividenden)**
Bechtle 515870 IT	17.08.2007	80 x 12,50 €	1.000 €	80 x 177,80 € 14.224 €	80 x 1,20 € 96 €	+1.322 % in 13 Jahren + D
Grenke A161N3 Banking	30.07.2020	30 x 63,30 €	1.899 €	30 x 38,50 € 1.155 €	30 x 0,80 € 24 €	-39 % in 5 Monaten + D
Nemetschek 645290 Software	17.04 2015	112 (38)* x 9,40 €	1.053 €	112 x 58,85 € 6.591 €	112 x 0,28 € 31 €	+526 % in 5 Jahren + D
Sartorius 716560 Biotech	23.10.2018	20 x 98,00 €	1.960 €	20 x 341 € 6.820 €	20 x 0,71 € 14 €	+268 % in 1,5 Jahren + D
Siltronic Halbleiter	18.06.2019	50 x 55,60	2.780 €	50 x 128,10 € 6.405 €	50 x 3,00 € 150 €	+130 % in 1,5 Jahren + D

Nemetschek als Anbieter von Software für Architekten und Ingenieure hat es in diesem Nischenmarkt geschafft, 6 Millionen Nutzer zu erreichen. Die Aktien haben schon 2005 zum Kurs von wenigen Euro pro Aktie den Weg in unser Depot gefunden. Zukäufe in den Folgejahren haben die Gewinne mit diesem Aktientitel rasant ansteigen lassen. Selbst die Nachkäufe von 2015 brachten noch mal ein Plus von über 500 %. Dieser »Trend« war tatsächlich ein sehr guter »friend«.

Sartorius, der Pharma- und Laborzulieferer mit seinen Handelsvertretungen in mehr als 100 Ländern, ist nicht nur global gut aufgestellt, sondern profitiert aktuell von der gestiegenen Nachfrage nach Laborgeräten – auch verursacht durch die Corona-Pandemie. Wir haben Aktien davon schon sehr früh ins Depot geholt, und die Erwartungen an Kursanstieg und Dividenden wurden mehr als erfüllt. Im Rückblick zählen diese Aktien neben denen von **Nemetschek** zu unseren besten Aktien überhaupt.

Siltronic wird Anfang 2021 mit Globalwafers fusionieren. Das Übernahmeangebot an die Aktionäre hat der Kurs bereits überholt. Auch wir haben uns dagegen entschieden und trauen dem Unternehmen gerade durch die Fusion künftig noch einiges zu.

SDAX

Wie schon in den Vorjahren hat sich der »kleine deutsche Index« in seiner Wertentwicklung auch 2020 wieder ganz groß gezeigt. Den DAX hängte er wie schon so oft zuvor mit großem Abstand ab.

Der SDAX (als »dritte Liga«) ist noch heterogener zusammengesetzt als der MDAX. Die 70 kleineren Unternehmen (»Small Caps«), die denen auf den MDAX folgen, sind nicht wirklich klein – und zum Teil haben sie sehr viel Potenzial, das eben noch nicht immer voll im Kurs eingepreist ist.

Neben klassischen Mittelständlern, darunter Familienfirmen mit vorbildlicher Unternehmenskultur, in der man sich kennt und sich gegenseitig vertraut, sind hier auch erfolgreiche Nischenanbieter vertreten, von denen sicherlich die meisten in der Lage sein werden, die immensen Herausforderungen der Pandemie zu meistern. SDAX-Firmen sind wie wendige Schnellboote, die gefährliche Klippen und Eisberge gut umschiffen können.

Da die Unternehmen in den Medien nicht so viel Beachtung finden wie die aus dem DAX und dem MDAX, bedarf es allerdings einer genaueren Analyse, um die passenden Werte fürs eigene Depot zu finden.

Abbildung 5: Collage einiger SDAX-Werte Ende 2020

1&1 Drillisch	CORESTATE	hanle	Hornbach	LPKF	SIXT
ADO	crop energies	Dräger	Hypoport	XING	stratec
Amadeus Fire	Dermapharm	DWS	INDUS	Nordex	Südzucker
BayWa	Deutsche Beteiligungs	Eckert & Ziegler	Jenoptik	Norma Group	TAKKT
BEFESA	DES	Encavis	Jungheinrich	Patrizia	Traton
BILFINGER	pbb	fielmann	JOST	Pfeiffer Vacu-um	vossloh
BVB 09	DEUTZ	JFG	Koenig & Bauer	RTL Group	WashTec
Ceconomy	DIC	Hamburger REIT	Krones	s&t	wüstenrot
cewe	DMG MORI	HHLA	LEONI	SAF Holland	ZEAL

SDAX-WERTE – Ein Blick in unser Depot

SDAX-Werte – Depotauzug Sander/Sander						
Aktie WKN Branche	**Ordertag**	**Anzahl Kurs**	**Kaufpreis gesamt**	**Kurs am 23.12.2020**	**Dividende 2020:**	**Gewinn/ Verlust (oder Dividenden)**
1&1 554550 Telekommunikation	14.08.2019	50 x 22,16 €	1.108 €	50 x 20,37 € 1.018 €	50 x 0,05 € 2,50 €	-8 % in 1,4 Jahren + D
Encavis 609500 Erneuerbare Energien	20.04.2019	300 x 6,65 €	1.995 €	300 x 20,10 € 6.030 €	300 x 0,26 € 78 €	+202 % in 1,5 Jahren + D
Jungheinrich 621993 Materialfluss	18.12.2019	150 x 20,60 €	3.090 €	150 x 37,86 € 5.679 €	150 x 0,48 € 72 €	+84 % in einem Jahr + D
Nordex A0D655 Windenergie	05.03.2019	100 x 11,45 €	1.145 €	100 x 21,50 € 2.150 €	100 x 0 € 0 €	+79 % in 1,5 Jahren
Stabilus A113Q5 Elektromechanik	18.06.2019	50 x 32,45 €	1.625 €	50 x 59,00 € 2.950 €	50 x 1,27 € 63,50 €	+81 % in 6 Monaten + D

Die **Encavis** AG, die Solarparks und Windenergie-Anlagen betreibt, hat 2020 – ebenso wie **NORDEX** – mit einer besonders guten Entwicklung überrascht. Bei der Windenergie ist das Potenzial auch in Deutschland noch längst nicht ausgeschöpft. Windenergie ist rentabel. Bislang wurden viele Bauprojekte aus lokalpolitischen Gründen verhindert, doch der Druck nach einem weiteren Ausbau wird zunehmen.

Im SDAX gibt es auch aus vielen anderen Branchen Aktien mit Wachstumspotenzial. **Jungheinrich** produziert Fahrzeuge und Systeme zur Flurförderung, übernimmt aber auch den Aufbau und die Wartung der Lagerlogistik. Dabei ist es global sehr gut aufgestellt.

Stabilus produziert Gasdruckfedern. Der Automobilzulieferer hat seinen Kurswert nach einem Einbruch im März 2020 kontinuierlich gesteigert. Doch die größten Jahressieger aus dem SDAX sind zugleich Corona-Gewinner. **Westwing** und **Home24** starteten als Onlinehändler für Möbel und Wohnaccessoires voll durch, während die in Luxemburg ansässige Global Fashion Group auf dem Onlinehandel mit Bekleidung setzt.

1.2 Die Sieger und Verlierer der DAX-Familie im mehrjährigen Vergleich

Alles dreht sich um den DAX. Aber die Nebenwerte schneiden besser ab. Warum?

Die 30 beziehungsweise 40 großen deutschen DAX-Konzerne erinnern an Dickschiffe, die zwar ziemlich sicher, dafür aber auch schwerfälliger und weniger manövrierfähig sind. Dies gilt für das Geschäftsmodell, die Handelsbeziehungen, die Schwerpunkte und Neuausrichtungen. Macht und Größe sind eben nicht alles. Die Nebenwerte aus dem klassisch ausgerichteten MDAX und SDAX mit in- und ausländischen Titeln und dem TecDAX mit 30 Hightech-, Biotech- und Software-Aktien sind vergleichbar mit manövrierfähigen Schnellbooten, die schnell auf veränderte Rahmenbedingungen reagieren. Zudem sorgen neue Börsengänge und Übernahmen für Blutauffrischung.

DAX-Aktien-Top/Flop 2020: 1-Jahres-Vergleich			
Siegeraktien	**30.12.2020**	**Verliereraktien**	**30.12.2020**
❶ Delivery Hero	+82,0 %	❶ Bayer	-33,7 %
❷ Infineon	+54,5 %	❷ Fresenius	-23,6 %
❸ Merck	+31,2 %	❸ MTU	-15,9 %
❹ Deutsche Bank	+29,5 %	❹ VW Vz.	-14,0 %
❺ RWE	+29,1 %	❺ SAP	-12,0 %
MDAX-Aktien-Top/Flop 2020: 1-Jahres-Vergleich			
Siegeraktien	**30.12.2020**	**Verliereraktien**	**30.12.2020**
❶ Shop Apotheke	+236,6 %	❶ Hugo Boss	-36,6 %
❷ HelloFresh	+227,7 %	❷ Metro	-36,0 %
❸ Sartorius vz.	+76,4 %	❸ Aareal	-35,9 %
❹ WACKER CHE.	+69,0 %	❹ Fraport	-35,0 %
❺ AIXTRON	+64,5 %	❺ thyssenkrupp	-33,8 %
❻ Siltronic	+42,9 %	❻ Lufthansa	-33,3 %

TecDAX-Aktien-Top/Flop 2020: 1-Jahres-Vergleich			
Siegeraktien	**30.12.2020**	**Verliereraktien**	**30.12.2020**
❶ LPKF Laser	+86,14 %	❶ MorphoSys	-26,0 %
❷ Nordex	+83,4 %	❷ freenet	-15,9 %
❸ Sartorius	+80,0 %	❸ Cancom	-13,7 %
❹ AIXTRON	+67,2 %	❹ Telefonica	-12,7 %
❺ Infineon	+54,5 %	❺ SAP	-10,9 %
SDAX-Aktien-Top/Flop 2020: 1-Jahres-Vergleich			
Siegeraktien	**30.12.2020**	**Verliereraktien**	**30.12.2020**
❶ Westwing	+826 %	❶ Corestate	-61,4 %
❷ Home24	+361 %	❷ Grenke	-57,9 %
❸ Global Fashion Group	+348 %	❸ Dt. Pfandbrief	-39,6 %
❹ flatex	+165 %	❹ BVB Dortmund	-38,2 %
❺ VERBIO Ver. Bioenergie	+160 %	❺ Dt. Euroshop	-30,2 %
❻ ENCAVIS	+127 %	❻ Südzucker	-28,9 %

Die Corona-Pandemie und der Börsencrash im März 2020 haben viel verändert. Manche Branchen leiden bittere Not, andere Sektoren stürmen von einem zum nächsten Hoch. Das gilt für Zukunftswerte im Gesundheitswesen und in der digitalisierten Welt.

Höhere Kursauf- und -abschläge beim MDAX gegenüber dem DAX

Der DAX ändert sich in seiner Zusammensetzung nur alle paar Jahre und macht nun durch die Wandlung zum DAX 40 von sich reden. In den letzten Perioden stiegen die beiden Immobilienkonzerne Vonovia und Deutsche Wohnen sowie MTU Aero Engines ein. Den DAX verlassen mussten die Commerzbank, ThyssenKrupp und Lufthansa. Der unrühmliche Rauswurf der Wirecard kam noch dazu.

Beim MDAX ist mehr im Fluss – durch Börsengänge, die zeitweise größere Anzahl von 60 statt 50 Titeln durch die Hereinnahme von rund einem Dutzend TecDAX-Aktien, die Aufnahme auch ausländischer Titel, sofern sie in Frankfurt notiert sind, und die flexibleren Auf- und Abstiegsregeln. Dies führt dazu, dass die Kursauf- und -abschläge im Allgemeinen heftiger ausfallen als beim deutschen Leitindex DAX. Bei den Siegern erleben wir häufiger Kurszuwächse über 50 % selbst in schlechten Börsenjahren.

Im MDAX spielt die Zukunftsmusik mit IT-Software, Künstlicher Intelligenz, Biotechnologie, Medizintechnik, Digitalisierung und pandemiebedingt auch Online-Lieferdiensten.

Getoppt wurde die positive Entwicklung des MDAX langfristig gesehen vom TecDAX mit seinem Wertzuwachs von sagenhaften 278 % in 10 Jahren.

Der neue DAX 40 macht den MDAX zwar etwas kleiner, aber deshalb nicht weniger attraktiv, da er dann noch stärker als bisher wachstumsorientierte Unternehmen repräsentiert. Die Änderung soll ab September 2021 gelten.

Ab März 2021 müssen alle Unternehmen in den DAX-Auswahlindizes (DAX, MDAX, SDAX und TecDAX) testierte Geschäftsberichte und vierteljährlich Quartalsmitteilungen veröffentlichen. Denn falsche Bilanzen und fehlerhafte Berichte, wie sie von Wirecard vor dem Absturz veröffentlicht worden sind, dürfen sich nicht wiederholen.

Dreistellige Kursgewinne sind im Zukunftsmarkt TecDAX möglich

Jahrelang litt der TecDAX-Index unter dem schlechten Image seines Vorgängers. Er wurde 2013 von der Deutschen Börse AG als Nachfolger vom Neuen Markt gegründet, nachdem dieser mit einem Kurseinbruch von über 98 % »beerdigt« worden war.

Seit einigen Jahren stürmt der Technologieindex jedoch allen anderen Börsenbarometern davon. Er beeindruckt mit dreistelligen Kursgewinnen, von denen der Leitindex nur träumen kann. Während der DAX in 30 Jahren nur durch Dividenden zulegte, begeistern im TecDAX mehrere Unternehmen mit exzellenten Buchgewinnen, beispielsweise der Jahressieger LPKF Laser & Electronics AG (WKN: 645000). Das Unternehmen produziert Lasersysteme, die große Trägermaterialien in Solarmodulen strukturieren. Es ersetzte im August 2020 die insolvente Wirecard im TecDAX. Die NORDEX AG (WKN: A0D655), ein Hersteller von Windkraftanlagen, startete ebenfalls gut durch, auch wenn ihre Aktie noch weit von ihrem Allzeithoch aus dem Jahre 2001 entfernt ist.

Auffällige Kurssprünge nach oben und unten beim SDAX

Immer noch wird der SDAX mit 70 mittelständischen in- und ausländischen Titeln, Small Caps genannt, in der Tages- und Wirtschaftspresse kaum wahrgenommen. Auch in diesem Index ist der TecDAX mit ungefähr zehn Wachstumswerten vertreten.

Der SDAX dient als Auffangbecken für MDAX-Absteiger, er ist zudem die Plattform für den Aufstieg in die 2. Börsenliga und der richtige Index für erfolgreiche Börsenneulinge.

Die besten Aktien mit dreistelligen Buchgewinnen können es mit dem Kursplus beim MDAX aufnehmen. Und mehr noch: Die vergleichsweise kleine Westwing Group AG (WKN: A2N4H0) überraschte mit einem Kursplus von rund 800 %. Die Corona-Krise war hier, wie auch bei der Home24 (WKN: A14KEB), sicherlich der Treiber beim Online-Möbelverkauf. Ein geringer Buchwert und ein negatives Kurs-Gewinn-Verhältnis (KGV) sollten allerdings bei beiden Werten zur Vorsicht mahnen.

Die Jahresverlierer 2020 im SDAX waren Eckert & Ziegler (-77,65 %) und Corestate Capital (-65 %).

1.3 Veränderungen im DAX 40 und MDAX 50

Die Pleite von Wirecard hat einige Schwächen im Regelwerk der Deutschen Börse offengelegt. Darauf wurde nun reagiert und gleichzeitig eine Erweiterung des Leitindex DAX zum DAX 40 beschlossen. Die meisten potenziellen Nachrücker werden wohl aus dem MDAX kommen.

Das *Handelsblatt* hat am 25.11.2020 die mutmaßlichen Aufsteiger vom MDAX in den DAX 40 vorgestellt (Start voraussichtlich September 2021).

Aktie/Unternehmen WKN	Branche	Kurs am 04.01.2021	Buchwert je Aktie	KGV 2021
Airbus 938914	Flugzeugbau/ Rüstung	89,56 €	7,64 €	32,5
Brenntag A1DAHH	Chemiedistribution	65,16 €	22,76 €	19,1
Hannover Rück 840221	Rückversicherer	131,40 €	87,30 €	13,4
LEG LEG111	Immobilien	127,14 €	85,64 €	19,6
Porsche Holding PAH003	Automobil	56,42 €	115,21 €	4,7
QIAGEN A2DKCH	Biotech	43,34 €	1,10 €	19,8
Sartorius 716560	Labortechnik	350,00 €	11,85 €	69,4
Siemens Energy ENER6Y	Energietechnik	30,13 €	37,80 €	19,9
Symrise SYM999	Aromastoffe	110,20 €	17,77 €	35,5
Zalando ZAL111	Online-Modehandel	94,08 €	6,70 €	84,7

Der **DAX 40** wird durch diese Neulinge etwas diverser, etwas transparenter und dadurch hoffentlich auch etwas sicherer und vielleicht auch etwas innovativer, was allerdings davon abhängt, wer letztlich aufsteigt. Der Blick auf die Nebenwerte wird dennoch für alle Anleger und Anlegerinnen unverzichtbar bleiben, die erfolgsorientiert handeln wollen.

Durch die zehn Abgänge aus dem MDAX wird dieser wieder auf 50 Titel verkleinert, womit er wieder die gleiche Größe hat wie vor der letzten Umstrukturierung.

1.4 Interessant, aber kaum bekannt: GEX, DAXplus Family 30 und SCALE

GEX

Das Akronym GEX steht für German Entrepreneurial Index, was so viel bedeutet wie »Deutsche Firmengründer Zusammenstellung«. Da dieser Index fast nicht in der Wirtschaftspresse publiziert wird, kennt ihn kaum ein Privatanleger. Es gibt ihn seit Januar 2005. Die im DAX notierte Deutsche Börse AG in Frankfurt hat den GEX im Zusammenwirken mit der Technischen Universität München für die im Prime Standard gelisteten Familienfirmen entwickelt.

Der GEX ergänzt also die Indizes der DAX-Familie. Aufgenommen werden nur solche eigentümergeführten Unternehmen beliebiger Branchen, die dem Prime Standard angehören, dem Premiumsegment mit strengen Zugangskriterien. Aber selbst wenn diese Bedingung erfüllt wird, kann nicht jede AG, deren Vorstände oder Aufsichtsräte über 25 bis 75 % der Stimmrechte verfügen, GEX-Mitglied sein.

Auch bei erfolgreichen, nachhaltig wirtschaftenden Firmen darf der Börsengang nur bis zu 10 Jahre zurückliegen. Das bedeutet, dass renditestarke Mitglieder im besten Börsenalter nach Ablauf der Zehnjahresfrist Platz machen müssen für die jüngeren, angeblich noch innovativeren Unternehmen. Wer einmal zum GEX gehört, für den sollte es keine Jahrzehntgrenze mehr geben. Beim später installierten Index **DAXplus Family 30** wurde dieser Makel beseitigt. Aber da auch dieser kaum publiziert wird, kennt diesen Index mit den 30 größten Familienfirmen ebenfalls fast niemand.

Der **GEX** mit der Wertpapier-Kennnummer A0AER1 präsentierte sich zum Jahresende 2020 ebenfalls freundlich und schlug den DAX im Jahresverlauf deutlich. Der Mehrjahres-Vergleich zeigt allerdings, dass er an den Index DAXplus Family 30 nicht heranreichen kann. Gerade bei einer Börsennotierung von 10 oder 20 Jahren erzielen viele Unternehmen die besten Ergebnisse, die den stabileren Betrieb mit innovativen Geschäftsmodellen weiter vorantreiben können. Sollten wir selbst eine Zusammenstellung strukturieren, wäre dies zu berücksichtigen.

DAXplus Family 30

Der DAXplus Family 30 bildet die Entwicklung von börsennotierten Familienunternehmen ab, bei denen die Gründerfamilie mindestens einen 25-prozentigen Stimmrechtsanteil besitzt oder in Vorstand oder Aufsichtsrat sitzt. Er umfasst deutsche und internationale Unternehmen der Frankfurter Wertpapierbörse.

Dieser erweiterte DAX erfreut mit einer überzeugenden Kursentwicklung. Da er aber weder im Wirtschaftsteil der Tagespresse noch im Fernsehen oder online erscheint, kennt ihn kaum ein Privatanleger. Am 12. August 2020, als der US-amerikanische Index S&P 500 um ein neues Allzeithoch mit 3.400 Punkten kämpfte, präsentierte sich in der Phase der Kurserholungen auch der DAXplus Family 30 bereits in guter Form mit über 4.800 Punkten. Die Kurstafel des DAXplus Family 30 mit der WKN A0YKTP zeigte zum Jahresende über 5.100 Punkte! (+17 %, in 5 Jahren +25 % und in einem Jahrzehnt +130 %).

Der DAXplus Family 30 schnitt damit besser ab als der Leitindex DAX. Wie ist es möglich, dass trotz fehlender Kommentierung viele Aktien im DAXplus Family 30 so gut laufen?

Es liegt an der guten Mischung aus Growth und Value, d. h. wachstumsorientierte Firmen sind ebenso vertreten wie große Unternehmen mit hoher Marktkapitalisierung. Die Titel kommen demnach aus dem DAX, und sie entstammen Familienunternehmen aus dem MDAX, TecDAX und SDAX.

Auswahl DAXplus Family 30: Familienfirmen				
Aktie/Unternehmen	**WKN A0YKTN**	**Kurs am 31.12.2020**	**Hoch/Tief 52 Wochen**	**Kursverlauf 1, 3, 5 Jahre**
Bechtle	515870	178,40 €	190,00/79,35 €	+39/+140/+335 %
TecDAX/MDAX, Infotechnologie/Cloud für Firmen, hochwertige IT-Konzepte				
Carl Zeiss Meditec	531370	108,90 €	123,10/67,70 €	-3/+38/+302 %
TecDAX/MDAX, Augenheilkunde, Mikrochirurgie, Operationsmikroskope				
CompuGroup Medical	A28890	78,60 €	85,40/45,50 €	+21/+39/+142 %
TecDAX/MDAX, Software Diagnose/Therapie für Ärzte, Zahnärzte, Kliniken				
CTS Eventim	547030	54,40 €	61,55/25,55 €	-9/+21/+52 %
MDAX, Ticketvermarktung Konzert/Theater/Sport, jährlich 180.000 Events				
DÜRR	556520	33,40 €	34,90/15,75 €	+8/-35/-5 %
MDAX, Maschinenbau Autos, Lackieranlagen/Endmontage/Komponenten				
Eckert & Ziegler	565970	44,84 €	51,00/22,53 €	-6/+408/+835 %
MDAX, Strahlen- und Medizintechnik				

ElringKlinger	785602	15,84 €	16,12/3,42 €	+75/-14/-32 %
SDAX, Kfz-Zulieferer für Elektroantriebe und Verbrenner				
Fielmann	577220	66,45 €	76,25/41,90 €	-7/-14/+0,1 %
SDAX, Augenoptik/Hörgeräte, Gleitsicht-/Sonnenbrillen und Kontaktlinsen				
Hypoport	549336	515,00 €	580,00/205,50 €	+56/+248/+586 %
SDAX, Online-Immobilien-Finanzdienstleister mit eigenem B2B-Finanzplatz				
ISRA VISION	548810	47,48 €	51,20/29,70 €	+38/+5/+347 %
Prime Standard, führend bei Oberflächen- und Bildbearbeitungssystemen				
Merck KGaA	659990	140,35 €	140,35/76,20 €	+29/+52/+68 %
DAX, Pharmakonzern mit Kernkompetenz Herz-Kreislauf und Stoffwechsel				
Nemetschek SE	645290	60,40 €	74,35/32,45 €	-2/+178/+317 %
TecDAX/MDAX, Software für Architektur/Statik/Bauwesen, CAD-Lösungen				
Patrizia Immobilien	PAT1AG	26,25 €	26,95/16,10 €	+31/+30/+20 %
SDAX, bankenunabhängiges Gewerbe-/Wohnimmobilien-Investmenthaus				
Rational	701080	761,50 €	792,00/377,20 €	+5/+41/+94 %
MDAX, Weltmarktführer thermische Speisenzubereitung Gewerbeküchen				
Rocket Internet	A12UKK	21,44 €	22,38/16,00 €	-4/-4/-6 %
MDAX, Beteiligungs-Unternehmen/Start-up-Inkubator				
SAP	716460	107,20 €	143,00/82,15 €	-12/+13/+50 %
DAX/TecDAX, Deutschlands wertvollste Firma, Software Handel/Finanzen				
SIXT SE St	723132	98,20 €	102,00/33,30 €	+6/+29/+123 %
SDAX, Mobilitätsdienste, Mietwagenservice, Verleihstationen Flughäfen				
SMA Solar Technol.	A0DJ6J	55,95 €	57,15/17,84 €	+57/+45/+5 %
SDAX, Hersteller von Wechselrichtern für Solaranlagen				
Ströer	749399	81,00 €	82,50/37,00 €	+13/+31/+45 %
MDAX, Außen- und Onlinewerbung, integrierte Kommunikationslösungen				
VERBIO Ver. Bioenergie	A0JL9W	30,70 €	39,20/20,75 €	+160/+277/+432 %
SDAX, Biokraftstoff-Anbieter/Biodiesel aus nachwachsenden Rohstoffen				

Im 1-Jahres-Vergleich dieser Liste siegt **VERBIO Vereinigte Bioenergie**. Dieses Unternehmen mit 725 Mitarbeitern aus Sachsen-Anhalt bietet Bio-Kraftstoffe, aber auch Desinfektionsmittel an. Das KGV liegt bei 9,26. Hier zeigt sich erneut, wie gut sich Nachhaltigkeit und Rendite kombinieren lassen.

Aber auch **ElringKlinger** konnte 2020 mit der Konzentration auf Elektroantriebe punkten.

Die Aktien von **SMA-Solar** und **Hypoport** erzielten ebenfalls im 1-Jahres-Vergleich satte Gewinne von über 50 %.

Verlängert man den Betrachtungszeitraum, stechen neben Hypoport auch die Aktien von **Nemetschek**, **ISRA VISION**, **Patrizia** und **Bechtle** heraus.

Die Aktien kommen teils aus dem SDAX, teils aus dem MDAX und teils aus dem TecDAX. Value und Growth sind auch in diesen Listen gut verteilt.

Langzeitvergleich: Die besten DAXplus-Family-30-Aktien nach 10 Jahren

Nr.	Aktie/Unternehmen, Index	WKN A0YKTN	Kurs am 30.12.2020	Tief-Stand 2020	Kursanstieg nach 10 Jahren
❶	Hypoport, SDAX	549336	515,00 €	205,50 €	5.540 %
❷	Nemetschek, TecDAX	645290	61,40 €	32,45 €	2.216 %
❸	ISRA VISION, Prime	548810	47,23 €	29,60 €	1.240 %
❹	Patrizia, SDAX	PAT1AG	26,19 €	18,60 €	1.093 %
❺	Bechtle, TecDAX	515870	178,80 €	79,35 €	1.079 %

Scale

Nach dem gescheiterten »Neuen Markt« ist der Scale (deutsch: Rahmen) seit 2005 ein neuer Versuch der Börse Frankfurt, um ein Marktsegment für Wachstumswerte zu etablieren. Folgende »Scale-Titel« mit der WKN A0AER0 finden sich in unserem Depot:

- **2G Energy** (regenerative Energien),
- **Cliq Digital** (Mobilfunkdienste),
- **Datagroup** (IT-Dienstleister),
- **Mensch und Maschine** (Software),
- **Vectron Systems** (Kassensysteme).

Das neue Angebot soll kleine Start-ups und mittelgroße Unternehmen mit Investoren zusammenbringen und so die Finanzierung von Wachstum verbessern. Es soll Anreize für neue Börsengänge bieten, aber die Firmen auch zu einem Mindestmaß an Transparenz verpflichten, indem Sie beispielsweise ihre Finanzberichte veröffentlichen müssen.

Der SCALE ersetzt auch den »Entry Standard« (im Gegensatz zum »Prime Standard« mit höheren Transparenzanforderungen, die in der DAX-Familie gelten) und ist damit eine Fundgrube für Neuentdeckungen, verbunden mit einem höheren Risiko. Stock Picking ist nichts für schwache Nerven!

Der Jahressieger 2020 aus dem SCALE, die **Naga Group** (WKN: A161NR) zählt zur Branche der Finanztechnologie und stieg 2020 um 555 %. Trotz fehlendem Buchwert und negativem KGV (2019) empfehlen viele Analysten beim aktuellen Kurs von Anfang 2021, circa 3,70 Euro, den Kauf.

Ein weiteres Angebot für mittelständische Unternehmen kommt von der Börse München, der **m:access**. Er stellt weniger Anforderungen an das Unternehmen, fordert aber zum Schutze des Anlegers ein höheres Transparenzniveau als der allgemeine Freiverkehr ein. Hier findet man z. B. das Systemhaus **»Mensch und Maschine«** aus unserem Depot unter WKN 658080 mit einem 3-Jahres-Plus von 195 %.

Sieger und Verlierer bei DAXplus Family 30 und SCALE

DAXplus-Family-30-Top/Flop 2020: 12-Monats-Vergleich **WKN: A0YKTN**			
Siegeraktien	**30.12.2020**	**Verliereraktien**	**30.12.2020**
❶ VERBIO Ver. Bioenergie	+156 %	❶ Grenke	-59,4 %
❷ ElringKlinger	+88,7 %	❷ Fresenius	-24,8 %
❸ SMA Solar	+58,7 %	❸ ADVA Optical	-15,3 %
❹ Hypoport	+56,8 %	❹ SAP	-12,3 %
❺ Patrizia Immobilien	+30,7 %	❺ Eckert & Ziegler	-8,3 %

Aktienauswahl SCALE: Top/Flop 2020: Ein-Jahres-Vergleich **WKN: A2GYJT**			
Siegeraktien	**31.12.2020**	**Verliereraktien**	**30.12.2020**
❶ The Naga Group	+555,9 %	❶ Deutsche Rohstoff	-45,8 %
❷ Cliq Digital	+488,6 %	❷ cyan	-47,8 %
❸ Ökoworld	+130,91 %	❸ Pantaflix	-38,5 %
❹ EQS Group	+116,7 %	❹ Datagroup	-21,2 %
❺ Heliad Equity	+99,7 %	❺ DNabaltec	-19,9 %

1.5 Neue Börsengänge 2020/2021

Siemens Energy (WKN: ENER6Y) und der Impfstoffhersteller **Curevac** (WKN: A2P71U) zählten 2020 zu den bekanntesten deutschen Neuemissionen, auch **IPO = initial public offering** genannt. Curevac startete allerdings nicht an einer deutschen Börse, sondern erhoffte sich höhere Bewertungen an der NASDAQ.

Die **Auto1 Group** ist in Deutschland bekannt durch die Plattform »wirkaufendeinauto.de«. Dieses Start-up-Unternehmen aus Berlin gilt als das am höchsten bewertete Start-up Europas. Die Grundidee dieser Plattform unterscheidet sich völlig von dem, was man gemeinhin mit einem Gebrauchtwagenhändler in Verbindung bringt. Es ist eine professionelle Plattform, auf der meist Privatleute ihre Fahrzeuge in einer Art digitalen Sofort-Versteigerung einer breiten Händlerschicht zum Kauf anbieten. Die Fluktuation an Autos wird coronabedingt eher noch zunehmen. Die erste Neuemission in Deutschland begann vielversprechend. Die hohe Nachfrage führte zu einer Überzeichnung der Aktie. Am ersten Kurstag (04.02.2021) lag die Aktie schon am Morgen mit 55 € über 40 % über dem Ausgabepreis von 38€ .

Otto, als Versandhändler einer der Corona-Profiteure, plant **About You** als Online-Modehändler, dessen Wert auf 3 Milliarden Euro geschätzt wird, an die Börse zu bringen. About You gilt als »hip« und wird wohl auch nach der Corona-Pandemie eine wichtige Größe bleiben.

Ob auch die ParshipMeet Group mit dem Dating Portal **Parship** 2021 einen Börsengang plant, ist noch nicht sicher. Es lohnt sich aber bestimmt, dies weiter zu verfolgen. Dass die Nachfrage nach Dating-Portalen in Zeiten von Ausgangssperren und fehlender Geselligkeit zunimmt, ist leicht nachvollziehbar. Wie sich das auf die Zukunft auswirkt, bleibt jedoch offen. Auch beim Vergleichsportal **Check24** ist noch unklar, ob es dieses Jahr schon zum Börsengang kommen wird.

Lohnenswert ist bei den IPOs wie bei Aktien überhaupt ein internationaler Blick. Dieser führt zum britischen Lieferdienst **Deliveroo**, der seine Kunden mit leckerem Essen bedient und damit seine Taschen zuletzt prall gefüllt haben dürfte – auch sehr zur Freude künftiger Aktionäre, die gerne etwas von diesem »Kuchen« abhaben wollen. Bitte auf hoch-tief-mut.de die aktuellen Informationen zu den IPOs beachten.

International fanden vor allem **Airbnb** (WKN: A2QG35) und die **Warner Music Group** (WKN: A2P0W9) Beachtung.

In nächster Zeit plant offenbar auch der kalifornische Finanzdienstleister **Robinhood** (WKN: ROBHO1) einen Gang an die Börse. Die Trading-App von Robinhood ist vor allem bei jungen Aktionären beliebt und spornt sehr dazu an, sich erstmals mit Wertpapieren zu befassen. Dies führte zu heftigen Börsenturbulenzen, nachdem die Aktie von GameStop nach Absprache in sozialen Netzwerken in die Höhe schoss. Shortseller sogenannter Hedgefonds hatten zuvor massiv auf fallende Kurse gesetzt und verloren in der Folge riesige Summen.

Darüber hinaus stehen auch die zwei Social-Media-Unternehmen Nextdoor und **BUMBLE** kurz vor dem Börsenstart. Geht es bei Nextdoor um nachbarschaftliche Vernetzung eignet sich BUMBLE dafür, neue Freunde zu finden, ohne gleich zu viele sensible Daten preisgeben zu müssen.

Wer bei Neuemissionen von Anfang an dabei sein will, weil er vom Potenzial des Unternehmens überzeugt ist, sollte sich im Vorfeld gründlich informieren:

- **Woher stammt das Aktienangebot?** Wollen vorrangig die Altaktionäre kassieren, oder fließt zumindest der Großteil vom Erlös dem Unternehmen direkt zu?
- **Wozu dient das Eigenkapital?** Soll die Produktpalette erweitert oder die Internationalisierung durch den Markteintritt in andere Länder vorangetrieben werden?
- **Wie breit ist die Handelsspanne, und wie lange dauert die Lock-up-Frist?** Die Lock-up-Periode bezeichnet den Zeitraum, in dem die Altaktionäre nach einer Emission ihre Aktien nicht verkaufen dürfen. Je länger die Altaktionäre ihre Aktien halten müssen, umso besser!
- **Wichtig für das Kurspotenzial ist eine faire Bewertung.** Die Neuemission sollte einen Bewertungsabschlag gegenüber vergleichbaren Firmen aufweisen.
- **Die Angaben im Börsenprospekt müssen klar und wahr sein** und eine wirklichkeitsnahe Einschätzung für kundige Privatanleger erlauben.
- **Das Geschäftsmodell muss werthaltig und die Eintrittsbarrieren für Wettbewerber sollten hoch sein.** Vom Börsenneuling wird keine Weltmarktführerschaft erwartet. Aber die Umsatz- und Gewinnentwicklung müssen überzeugen.
- **Entscheidend für den Erfolg ist das Management.** Achten Sie daher auf ein klar ausgerichtetes Kerngeschäft mit gesunder Bilanzstruktur und persönlicher Kommunikation.

Tipp: Nutzen Sie vorbörsliche Kursprognosen zur Orientierung

Selbst wenn Sie die Aktien von einer Neuemission nicht außerbörslich ordern wollen, tun Sie gut daran, z. B. beim Brokerhaus **LANG & SCHWARZ** (WKN: 645932) nachzuschauen, wie viel die Aktien kosten. Liegt der aktuelle Aktienkurs über dem oberen Ende der Bookbuilding-Spanne, deutet dies auf eine Überzeichnung hin. Dann ist es sinnlos, zu limitieren. Wer außerbörslich ordert, dem wird ein verbindlicher Kurs angeboten.

Wer bei der Zeichnung leer ausgeht, sollte die künftige Kursentwicklung genau beobachten und bei einer Schwäche beherzt zugreifen.

Weshalb halten sich momentan als Börsenkandidaten gehandelte Unternehmen mit ihrem IPO zurück?

Jedes Unternehmen will mit einem möglichst hohen Emissionspreis starten, damit genug Eigenkapital in die Firmenkasse fließt. Boomt die Börse, kann ein höherer Zeichnungspreis verlangt werden als in einem von Unsicherheit und Ängsten geprägten Börsenklima, wie wir es derzeit erleben.

Aber es geht nicht nur um den Kurs beim Start, sondern ebenso um die Anzahl der Aktien, die es unter den institutionellen und privaten Anlegern zu verteilen gilt. Ein erfolgreicher Börsengang ist ungemein wichtig für den weiteren Werdegang des Unternehmens. Nur bei entsprechender Größe winkt der Aufstieg in SDAX, TecDAX oder gar MDAX.

1.6 Dividenden in Nebenwerten – das lohnende Zusatzgeschäft

Kaum etwas profitiert vom demografischen Wandel so stark wie eine kluge Dividendenstrategie. Wenn Sie davon ausgehen, dass Sie im Schnitt ein, zwei oder vielleicht sogar drei Jahrzehnte länger leben als zwei Generationen vor Ihnen, ist es weder mit 60 noch mit 70, vielleicht nicht einmal mit 80 Jahren zu spät, ein breit gestreutes Aktiendepot zu pflegen und dabei auf regelmäßig steigende Dividenden zu achten.

Letztlich geht es nicht nur um Vermögensvermehrung statt Kapitalverzehr, sondern auch um bereichernde Aufgaben in der Freizeit und im Ruhestand. Interessant ist, dass nicht nur beim Kursgewinn, sondern auch bezüglich der Ausschüttungshürde die Dividendenstars aus dem MDAX, TecDAX und SDAX seit Jahren mit den besten DAX-Titeln mithalten können.

Sie können an der Börse vor allem dann Geld verdienen, wenn Sie einerseits bei hohen, möglichst dreistelligen Kursgewinnen Teilverkäufe machen und andererseits die Dividendenaristokraten nicht vernachlässigen und die Ausschüttungen in neue und bisherige Aktien, ETFs oder aktiv gemanagte Aktienfonds stecken.

Die Corona-Pandemie führt dazu, dass es einigen Branchen momentan besonders gut geht und die Ausschüttungen daher stabil bleiben. Dies gilt für den Onlinehandel, die Hochtechnologie mit Software, Halbleitern und Künstlicher Intelligenz sowie das Gesundheitswesen, das wirksame Medikamente und Impfstoffe bereitstellen will.

Umgekehrt leiden die Reise- und Tourismusbranche, das Hotelwesen und die Gastronomie an kaum zu übertreffenden Umsatz- und Ertragseinbußen. Hier wird befürchtet, dass wohl jede zweite Firma demnächst pleitegeht.

Andererseits ist mit erheblichen Nachhol-Effekten zu rechnen, sobald die Pandemie unter Kontrolle gebracht werden kann. Viele entgangene Freuden, ob Urlaub oder kulturelle Events, werden dann wohl stärker nachgefragt werden denn je.

Die Höhe der Dividende wird von der Verwaltung vorgeschlagen, auf der Hauptversammlung (HV) beschlossen und binnen drei Werktagen ausbezahlt. Selbst wenn Sie erst am HV-Tag vor der Eröffnung die Aktie kaufen, bekommen Sie die volle Dividende automatisch überwiesen.

Bitte beachten Sie, dass üppige Dividenden der jüngsten Vergangenheit keine Garantie für die Zukunft sind. Die Corona-Krise zeigt, dass all jene Unternehmen, die Kurzarbeit beantragen beziehungsweise weitergehende Staatshilfen benötigen, gewaltig unter Druck gesetzt werden, die Ausschüttung komplett zu streichen oder bis auf einen bescheidenen Rest zu kürzen. Dies dürfte noch ein bis zwei Jahre anhalten. Der Bundesfinanzminister ist kein Freund der Aktionäre, obwohl es vor allem die kleinen Sparer sind, die beispielsweise in dividendenstarke DAX-Aktien investieren, um den Ruhestand angenehmer zu gestalten.

Am meisten schütten gegenwärtig die Versicherungsunternehmen aus. Auch im Konsumgüter- und Pharmabereich wird nicht überall gestrichen und gekürzt.

Allerdings sollten Sie daran denken, dass Aktien mit imponierender Kursentwicklung seit einem Jahrzehnt auch bei verlässlich angehobenen Ausschüttungen nur selten zu den Dividendenstars zählen. Legt der Kursgewinn prozentual stärker zu als die Ausschüttung, beläuft sich die Rendite nur selten auf ein Niveau von über 1 bis 3 %. Umgekehrt steigt bei gleichbleibender Ausschüttung die Rendite prozentual an, wenn es zum Kurseinbruch kommt. Sinkt der Kurs um die Hälfte, verdoppelt sich die Dividende, sofern nicht gekürzt wird.

Wenn Sie Aktien langfristig halten, ist im Laufe der Zeit sogar eine zweistellige Dividendenrendite möglich, wie die folgende Kursliste zeigt. Dies ist keine fiktive Zusammenstellung, sondern ein Bestandteil unseres Depots. Die Liste deutscher Renditestars umfasst deutsche Nebenwerte bevorzugt aus dem MDAX und SDAX, aber auch einige noch kleinere Titel.

Jede Dividendenerhöhung lässt die Rendite weiter wachsen. Dazu ein Beispiel: Die Aktie X kostet 40 Euro. Ausgeschüttet wird 1 Euro. Die Dividendenrendite liegt demnach bei 2,5 %. Vor 15 Jahren kostete der Titel lediglich 4 Euro. Ändert sich die Dividende nicht, beträgt die Rendite nun 25 %.

Dividendenrendite bei Nebenwerten bezogen auf den Kaufpreis 8-29 %

So bleiben Sie mit den besten Werten im Boot. Die Dividendenrendite ist bei vielen Werten zweistellig und dürfte sich im Laufe der Jahre erhöhen. Lange dabei zu sein, zahlt sich oft mehrfach aus. Die erwarteten Dividenden können aufgrund der COVID-19-Pandemie 2021 geringer ausfallen als erwartet und als in den Vorjahren.

Aktie/Unternehmen	WKN	Kauftag	Kaufpreis	Kurs am 08.01.2021	Div. 2021(e) Rendite bezogen auf Kaufpreis
Amadeus FiRe	509310	26.08.2010	22,00 €	123,60 €	2,00 €/9,1 %
Bechtle	515870	20.09.2004	6,65 €	175,90 €	1,32 €/19,8 %
Bertrandt	523280	12.12.2005	17,10 €	41,60 €	1,40 €/8,2 %
CeWe Stiftung	540390	06.07.2009	21,75 €	98,60 €	2,00 €/9,2 %
Dürr	556520	08.08.2011	6,60 €	32,80 €	0,80 €/12,1 %
Fortec Elektronik	577410	30.12.2008	6,05 €	17,90 €	0,70 €/11,6 %
Freenet	A0Z2ZZ	12.08.2011	8,10 €	17,20 €	0,90 €/11,2 %

FUCHS Vz	579043	31.03.2005	3,80 €	45,70 €	0,90 €/23,7 %
Hannover Rück	840221	15.03.2010	33,90 €	134,70 €	5,50 €/16,2 %
Hermle	605283	28.04.2011	59,05 €	296,00 €	5,90 €/10,0 %
Hochtief	607000	29.05.2003	13,50 €	80,85 €	3,88 €/28,7 %
Mensch & Maschine	658080	13.03.2008	4,90 €	43,40 €	1,02 €/20,8 %
Nemetschek	645290	02.08.2012	2,60 €	58,70 €	0,30 €/8,1 %
Rational	701080	08.05.2003	33,80 €	728,50 €	5,95 €/17,6 %
Sartorius Vz	716563	10.01.2006	5,40 €	351,60 €	0,98 €/18,1 %
SIXT Vz	723133	12.09.2011	11,50 €	59,80 €	1,50 €/13,0 %
VIB Vermögen	A2YPDD	29.12.2008	3,70 €	28,90 €	0,75 €/20,3 %

Strategietipp: Bei einer Dividendenrendite von über 20 %, wie bei den Nebenwerten **Bechtle, DÜRR, Freenet, Rational, VIB Vermögen,** und mehr als 40 % beim MDAX-Titel **Hochtief,** immer bezogen auf den damals günstigen Kaufkurs, werden die Kosten für den Kauf bald eingebracht sein. Wenn dies geschieht, wäre es strategisch unklug, die Aktie zu verkaufen, sei es bei Angst im Börsencrash oder bei hohem Kursgewinn im Bullenmarkt. Bezieht man die zweistelligen Dividendenrenditen auf den tatsächlich gezahlten Kaufkurs, gibt es bei gleichbleibender Ausschüttung selbst in Crash-Zeiten keinen Druck, sich von diesen Aktien zu trennen.

Ideal ist eine hohe Dividendenrendite, aber ein faires KGV

Auf die Frage »Soll ich mich nur auf eine hohe Dividende konzentrieren?« lautet die Antwort: Nein! Mitunter gibt es sonst böse Überraschungen.

2020 erfolgte eine komplette Streichung der Dividende im DAX als Folge der Corona-Krise bei Adidas, dem Wirecard-Nachrücker Delivery Hero und bei der Deutschen Bank. Im MDAX geschah das Gleiche bei Aareal Bank, Evotec, Fraport, HelloFresh, Lufthansa, MorphoSys, Osram, QIAGEN, Rocket Internet, RTL Group, Teamviewer, Thyssen Kupp und Zalando. Etliche Werte sind seit der Index-Reform im Herbst 2018 sowohl im MDAX als auch im TecDAX gelistet. Im Allgemeinen sorgen Kurzarbeit und weitere Staatshilfen für Druck, sodass die Ausschüttung zumindest 1, 2 oder 3 Jahre ausgesetzt wird.

Im SDAX wurde prozentual nicht ganz so oft gestrichen. Hier sind zu nennen: ADVA, AIXTRON, Borussia Dortmund, Hypoport, Jungheinrich, LEONI, Nordex, SAF-Holland, Salzgitter, Shop Apotheke, Stabilus, Steinhoff, TAKKT, Talanx.

Börsenerfolge werden gespeist von Kursgewinn und Ausschüttung, gestützt auf eine faire Bewertung. Generell wird ein niedriges Kurs-Gewinn-Verhältnis um 10 angestrebt, was in der Corona-Krise jedoch nur selten erreicht wird.

Wer sich allein an Dividenden orientiert, dürfte nur Bank-, Versicherungs- oder Autoaktien kaufen und dabei übersehen, dass »Premium« einen Aufschlag verdient – vergleichbar mit einem 5-Sterne-Hotel.

Die Kursentwicklungen in den wichtigen Zukunftsmärkten Gesundheitswesen mit Biotechnologie und Medizintechnik, Robotik, Software bei Konzentration auf Digitalisierung und Cloud Computing, Logistik mit Industrie 4.0, Internet der Dinge und vernetzter Welt zeigen oft hohe Bewertungen an. Freilich hängt ein überdurchschnittlich hohes oder niedriges KGV vorrangig vom gesamten Börsengeschehen, dem Börsenklima und den Experteneinschätzungen ab.

Die defensiven, substanz- und dividendenstarken Value-Aktien sind oft fair bewertet, was sich am niedrigen KGV zeigt. Aber die Kursmusik in den Zukunftsmärkten mit neuen Allzeithochs findet in der Corona-Krise zunächst im Growth-Bereich statt.

Es empfiehlt sich nicht, nur auf niedrig bewertete Value-Aktien zu setzen.

Die defensiven Aktien erfreuen die Anleger zwar durch einen deutlichen Kursanstieg zum Jahresbeginn 2021, viele sind aber immer noch unter ihrem Allzeithoch.

Ständig neue Rekordstände seit dem Crash im März 2020 sind national wie international vor allem bei den offensiven Wachstumswerten aus den Branchen Technologie, IT-Software, Halbleiter, Chips, KI, Robotik, Onlinehandel, Gesundheitswesen mit Medtech und Biotechnologie zu beobachten. Deutsche Nebenwerte gehören dazu.

Eine langfristige Betrachtung zeigt allerdings, wie wichtig Dividenden im Laufe der Zeit werden können. Als Beispiel der Bayer-Aktie wird dies sehr deutlich: Der Kurs stieg in den letzten 20 Jahren um 155 %, mit Dividenden beträgt die gesamte Rendite hingegen +400 % – mehr als das Doppelte!

Die folgenden Kurslisten sind auf der Grundlage der für 2021 geschätzten Dividenden berechnet (alle ohne Gewähr!).

9 Dividendenstars im DAX mit fairem KGV und einer Rendite ab ca. 3 %					
Aktie/Unternehmen	**WKN**	**KGV 2020(e)**	**Kurs am 03.01.2021**	**Hoch/Tief 1 Jahr**	**Div. 2021(e) Div.-Rendite**
Allianz	840400	12	200,70 €	232,50/116,50 €	10,17 €/5,0 %
BASF	BASF11	25	64,70 €	72,05/37,40 €	3,12 €/4,8 %
BAYER	BAY001	8	48,16 €	79/45 €	2,09 €/4,3 %
Deutsche Post	555200	17	40,50 €	42,30/19,00 €	1,37 €/3,4 %
Deutsche Telekom	555750	14	14,96 €	16,75/10,45 €	0,62 €/4,1 %
E.ON	ENAG99	15	9,05 €	11,55/7,65 €	0,49 €/5,4 %
HeidelCement	604700	9	61,22 €	70,05/29,10 €	2,13 €/3,4 %
Munich Re	843002	27	242,80 €	283,90/142,00 €	10,44€ /4,3 %
Siemens	723610	22	117,50 €	119,90/58,95 €	3,62 €/3,1 %

9 MDAX-Aktien mit erwarteter Dividendenrendite ab 4 %					
Aktie/Unternehmen	**WKN**	**KGV 2020(e)**	**Kurs am 31.12.2020**	**Hoch/Tief 1 Jahr**	**Div. 2021(e) Div.-Rendite**
Aroundtown	A2DW8Z	16	6,12 €	8,80/3,45 €	0,30 €/4,9 %
Evonik	EVNK01	14	26,68 €	37,55/15,35 €	1,15 €/4,3 %
Freenet	577330	6	17,20 €	21,55/13,95 €	1,59 €/9,2 %
Grand City P.	A1JXCV	9	20,60 €	23,95/14,30 €	0,90 €/4,0 %
Hanno Rück	840221	19	130,30 €	192,70/107,50 €	6,00 €/4,6 %
Hochtief	607000	7	79,55 €	120,60/43,90 €	5,50 €/6,8 %
METRO	725750	neg.*	9,20 €	15,10/6,40 €	0,54 €/5,8 %
ProSiebenSat. 1	PSM777	15	13,75 €	14,25/5,90 €	0,60 €/4,4 %
Uniper	UNSE01	15	28,24 €	30,70/21,55 €	1,36 €/4,8 %

* Bedingt durch die Corona-Krise ist bei einigen Unternehmen für das Jahr 2020 ausnahmsweise mit einem negativen KGV zu rechnen, da die Kursentwicklung in diesem Jahr negativ verlief.

Auch bei der Freenet-Aktie wird die Bedeutung der Dividende im Langzeitvergleich deutlich: Während der Kurs seit 2008 um 16,8 % sank, stieg die gesamte Performance durch die eingerechneten Dividenden um 73,7 %!

6 TecDAX-Aktien mit erwarteter Dividendenrendite ab 1,2 %					
Aktie/Unternehmen	**WKN**	**KGV 2020(e)**	**Kurs am 31.12.2020**	**Hoch/Tief 1 Jahr**	**Div. 2021(e) Div.-Rendite**
Freenet	577330	6	17,20 €	21,55/13,95 €	1,59 €/9,2 %
Jenoptik	A2NB60	29	25,00 €	29,30/13,85 €	0,30 €/1,2 %
Siemens Healthineers	SHL100	25	42,10 €	49,60/29,20 €	0,88 €/2,0 %
Siltronic	WAF300	26	128,10 €	107,30/51,15 €	3,00 €/2,3 %
Software AG	330400	21	33,50 €	28,05/19,75 €	0,70 €/2,1 %
United International	508903	17	34,70 €	40,75/21,70 €	0,51 €/1,5 %

9 SDAX-Aktien mit erwarteter Dividendenrendite ab 2,5 %					
Aktie/Unternehmen	**WKN**	**KGV 2020(e)**	**Kurs am 31.12.2020**	**Hoch/Tief 1 Jahr**	**Div. 2021(e) Div.-Rendite**
Deutsche EuroShop	748020	20	18,50 €	27,25/9,95 €	0,83 €/4,5 %
DIC Asset	A1X3XX	14	13,46 €	7,15/16,05 €	0,68 € /5,0 %
DWS Group	DWS 100	13	34,80 €	39,80/18,15 €	1,96 € /5,6 %
Hamborner REIT	601300	44	8,70 €	10,35/6,80 €	0,47 € /5,2 %
HHLA	A0S848	30	18,44 €	25,25/10,25 €	0,49 €/2,6 %
INDUS	620010	neg.*	32,05 €	40,80/21,40 €	1,13 €/3,5 %
Talanx	TLX100	12	31,75 €	48,35/22,35 €	1,50 €/4,7 %
Traton	TRATON	278*	22,60 €	26,25/11,25 €	0,65 €/2,8 %
Wacker Neuson	WACK01	24	17,50 €	19,85/11,85 €	0,57 €/3,3 %

* Bedingt durch die Corona-Krise ist bei einigen Unternehmen für das Jahr 2020 mit einem sehr hohen oder sogar negativen KGV zu rechnen. Dies geschieht, wenn der Aktienkurs innerhalb eines Jahres gesunken ist. In vielen Fällen wird das jedoch als Ausnahmesituation angesehen und bereits für das kommende Jahr wieder mit einem positiven KGV gerechnet.

6 SCALE-Aktien mit erwarteter Dividendenrendite ab 2,9 %					
Aktie/Unternehmen	**WKN**	**KGV 2020(e)**	**Kurs am 31.12.2020**	**Hoch/Tief 1 Jahr**	**Div. 2021(e) Div.-Rendite**
EDEL	564950	6	2,18 €	2,24/1,45 €	0,18 €/8,2 %
Helma Eigenheimbau	A0EQ57	14	34,10 €	46,70/27,30 €	2,00 €/4,8 %
Noratis	A2E4MK	43	18,00 €	22,30/15,40 €	0,78 €/4,3 %
Nürnberger Beteiligungs-AG	843596	11	72,00 €	73,00/58,00 €	3,30 €/4,7 %
Publity	697250	3,5	34,20 €	40,25/27,90 €	4,00 €/12,5 %
RCM Beteiligungs	A1RFMY	10,4	2,08 €	2,15/1,85 €	0,06 €/2,9 %

Wichtige Information zur Besteuerung inländischer Dividenden bezüglich des Ausgleichs bei Aktienverkäufen mit Verlust

Bitte beachten Sie, dass nur der Gewinn aus Aktienverkäufen und nicht die vereinnahmte Dividende für den Steuerausgleich herangezogen werden kann.

Ein Beispiel: Sie veräußern Aktien mit einem Gewinn von circa 3.000 Euro und zahlen darauf eine immer sogleich abgebuchte Abgeltungsteuer von 25 % plus Solidaritätszuschlag und Kirchensteuer, also rund 28 %. Demnach können Sie etwa 800 Euro für den Verlustausgleich ansetzen. Bekommen Sie statt der üblichen Dividende eine steuerfreie »Ertragsgutschrift« wie bei der Deutschen Telekom aus dem DAX, dem MDAX-Titel KION, dem TecDAX-Wert Freenet beziehungsweise der SDAX-Aktie Jenoptik, so müssen Sie zumindest so lange nichts an das Finanzamt abführen, wie sich die Aktie in Ihrem Depot befindet. Bei einem Verkauf ist eine Verrechnung möglich – außer beim Altbestand mit den vor dem Jahr 2009 gekauften Aktien.

1.7 Die wichtigsten Finanzkennzahlen im Überblick

Die Gewinne vieler Unternehmen brechen vorübergehend in der Corona-Krise ein.

Dennoch schnellen die Aktienkurse bei den hoch bewerteten Wachstumsaktien aus Amerika nach oben. So wird die Aktienauswahl knifflig. Dabei verliert die Fundamentalanalyse an Aussagekraft und rückt bei vielen Anlegern durch die Liquiditätsschwemme eher in den Hintergrund.

Trotzdem bleiben die wichtigsten Kennzahlen unverzichtbar. Sie vermitteln erste Eindrücke und sind wegen der guten Vergleichsmöglichkeiten bei der Vorauswahl für eine Aktienanlage wichtig.

Das Kurs-Gewinn-Verhältnis (KGV)

Das KGV als die wohl wichtigste, bekannteste und am häufigsten genutzte Kennzahl für die Aktienbewertung. Sie gehört zum Bestandteil jeder Aktienanalyse. Das KGV setzt den Unternehmensgewinn ins Verhältnis zum aktuellen Aktienkurs. Es schafft Klarheit darüber, mit welchem Vielfachen des Jahresgewinns jede einzelne Aktie an der Börse bewertet wird, und macht damit unterschiedliche Branchen, Bereiche und Einzelwerte vergleichbar. Geht es um Kursziele, setzen Analysen dabei auf den erwarteten Gewinn in den kommenden 12 Monaten. Jedoch besteht aktuell das Problem, dass die Entwicklung der Unternehmensgewinne in den nächsten ein bis zwei Jahren immer schwieriger berechenbar erscheint. In Europa dürften die meisten Konzerne im kommenden Jahr um knapp ein Drittel weniger verdienen. Anziehende Kurse bei gleichzeitig geringeren Gewinnen führen zu höheren KGV-Bewertungen. Umgekehrt sinkt das KGV bei stabilem Kurs, wenn steigende Erträge zu erwarten sind. Ein KGV-Vergleich ist innerhalb der gleichen Branche aussagekräftig. Dagegen bringt es nichts, Autowerte-KGVs mit der Biotechbranche zu vergleichen.

So wie die Übernachtungskosten in einem 5-Sterne-Hotel die eines einfach ausgestatteten Massenquartiers um ein Mehrfaches übersteigen können, verdient auch an der Börse Premium einen Preisaufschlag. Zahlreiche Analysten sehen beispielsweise die niedrigen Bewertungen in der Automobilindustrie wegen der hohen Herausforderungen hinsichtlich Elektromobilität und autonomem Fahren kritischer als die hohen Bewertungen beispielsweise bei Amazon, Apple, Alphabet, Adobe, Facebook, PayPal und so weiter. An der Börse wird eben in erster Linie die Zukunft gehandelt und nicht die Gegenwart. Wir raten dennoch dringend dazu, sowohl auf die Kennzahlen zu achten als auch gleichzeitig die Möglichkeiten, die sich für das Unternehmen künftig bieten, in den Blick zu nehmen. Viele Hobby-Trader, die im Februar 2021 ohne Hintergrundwissen auf die schwächelnde GameStop-Aktie setzten, wurden dafür mit hohen Kursverlusten bestraft. Das KGV von GameStop wird für 2021 mit -28,99 geschätzt und der Buchwert dieser Aktie liegt lediglich bei 8,15 Euro (Quelle: finanzen.net).

Der Buchwert

Wie wichtig es ist, sich Kennzahlen im Verbund mit anderen Finanzzahlen anzuschauen, zeigt gerade der Buchwert pro Aktie.

Ohne Blick und Rückschluss auf das KGV sagt diese Kennzahl nur wenig aus. Der Buchwert spiegelt die Substanzkraft, die materiellen Werte eines Unternehmens wider, wie beispielsweise Grundstücke und Gebäude, Fuhrpark, Maschinen und Geschäftsausstattung. Die so wichtigen immateriellen Inhalte wie Patente, Erfindungen, Entdeckungen und Innovationskraft werden hier nicht berücksichtigt.

Von daher ist es einleuchtend, dass zum Beispiel Immobilienunternehmen oft hohe Buchwerte haben, die kreativen Hochtechnologie- und Biotechunternehmen hingegen eher niedrige. Im Crash ist es hilfreich, bezüglich niedriger oder hoher Bewertung den Buchwert und den Aktienkurs unter die Lupe zu nehmen. Je mehr der Buchwert den Aktienkurs übertrifft, umso niedriger erscheint die Bewertung, was also durchaus ein Argument ist, hier zuzugreifen.

Bei einigen niedrig bewerteten Value-Aktien aus dem MDAX lag der Buchwert am 14. August 2020 deutlich über dem aktuellen Aktienkurs: Aareal Bank, Alstria Office Reit, Aroundtown, Commerzbank, Fraport, Grand City Properties, K&S, Lufthansa und Rocket Internet.

Beim SDAX mit den 70 kleineren Werten übertraf der Buchwert am 14. August 2020 bei den folgenden Titeln den Aktienkurs: 1&1 Drillisch, Bertrandt, Bilfinger, Corestate Capital, Deutsche Euroshop, Deutsche Pfandbrief, Deutz, Klöckner & Co., König & Bauer, LEONI, SAF-Holland, Talanx, Traton, W&W AG.

Das Kurs-Buchwert-Verhältnis (KBV)

Auch diese Schätzgröße ist mit Unsicherheiten behaftet. Der Buchwert umfasst die Summe aller Vermögenswerte eines Unternehmens abzüglich der Schulden. Ein Kurs-Buchwert-Verhältnis (KBV) unter 1 besagt, dass eine Firma im Falle einer Liquidation mehr Wert wäre, als der Anleger an der Börse dafür bezahlt. Dazu erklärt Day von Rotschild: »Das KBV funktioniert vor allem bei Industriewerten, weniger bei Technologiewerten, die oftmals einen geringen Buchwert haben.«[1] Gegenwärtig liegt das KBV bei europäischen Technologiefirmen bei etwas über vier und damit höher als in sämtlichen anderen Branchen.

Das Kurs-Cashflow-Verhältnis (KCV)

Der für die Analyse wichtige Cashflow bezeichnet das Geld, über das ein Unternehmen nach Abzug sämtlicher Ausgaben, Patente und Investitionen verfügt. Dazu meinen die Experten von Rothschild und Merck Fink: »Die Fähigkeit eines Unternehmens, Cash zu generieren, ist mindestens genauso wichtig wie der Gewinn. – Ein positiver freier Cashflow zeigt an, wie gesund ein Geschäftsmodell ist.« Für das KCV gilt ebenso wie für das KGV: Je niedriger, umso besser und erfreulicher! Die Corona-Krise führt bei zahlreichen Unternehmen im Zuge der Kurserholung trotz Rezessionsgefahr zu einem steigenden Kurs-Cashflow-Verhältnis. Die Schätzungen bewegen sich für das Jahr 2021 im Stoxx Europe 600 auf rund 8 %. Dazu bemerkt Day von Rothschild: »Wachstumsunternehmen in frühen Phasen haben oft einen hohen Investitionsbedarf. Von daher ist ihr Cashflow mitunter gering und das Kurs-Cashflow-Verhältnis für Technologiewerte kein besonders hilfreicher Indikator.«[2]

Das Kurs-Umsatz-Verhältnis (KUV)

Die Höhe der Umsätze sagt zwar heutzutage kaum noch etwas darüber aus, ob das Unternehmen überhaupt Geld verdient oder lediglich wächst, um später Gewinne einzufahren. Jedoch steht fest, dass sinkende Umsätze, wie bei vielen Firmen in den Zeiten der Corona-Krise zu beobachten ist, die Lage noch erheblich verschlechtern. Bei jungen, stark wachsenden Gesellschaften ist ein hoher Umsatzanstieg aber die Voraussetzung dafür, dass die Firma die Dursttrecke bald überwindet und endlich auch Erträge einfährt. Für den weltweit erfolgreichsten Onlinehändler Amazon hielt die Verschuldung jahrelang an. Und bei den beiden deutschen Nahrungsmittel-Aktien Delivery Hero, dem überraschenden DAX-Aufsteiger nach dem Rauswurf von Wirecard, sowie dem MDAX-Unternehmen HelloFresh ist nach dem extrem hohen Umsatzanstieg ein Ende der Verschuldung in Sicht. Der Corona-Crash kennt also nicht nur Verlierer, sondern auch strahlende Sieger, wozu Sartorius und Zalando vom MDAX und insbesondere die Shop Apotheke und die Medizintechnikfirma Stratec vom SDAX zählen. Wichtig erscheint ein organisches Umsatzwachstum. Aber nachdem es für zahlreiche Unternehmen schwierig wird zu überleben, zählt das anorganische Umsatzwachstum durch preiswerte Beteiligungen zum Corona-Trend.

Die Eigenkapitalquote beziehungsweise das Verhältnis von Ertrag und Schulden

Vor dem Nullzins- und Strafzins-Monster zählte eine hohe Eigenkapitalquote zu den erstrebenswerten Unternehmenszielen, denn es winkte eine attraktive Verzinsung. Nachdem nun aber Strafzinsen drohen, investieren Großkonzerne mit gesunder Bilanz lieber in chancenreiche Geschäftsmodelle, erwerben Patente und Beteiligungen an aussichtsreichen Start-ups und unterschiedlich großen Unternehmen, die gut zum Geschäftsmodell passen und möglichst nachhaltig ausgerichtet sind. Dabei spielen Digitalisierung, Cloud Computing und Künstliche Intelligenz eine immer wichtigere Rolle.

Die Gewinnentwicklung je Aktie im Mehrjahres-Vergleich

Interessant ist auch die Gewinnentwicklung pro Aktie möglichst im 5-Jahres-Vergleich. Dabei dürfte die Corona-Krise aus dem bislang wachsenden Plus ab 2021 das bislang schöne grüne Zahlenwerk oftmals tiefrot einfärben. Bei einem Aktiensplit beispielsweise im Verhältnis 2:1, 3:1 oder 4:1 ändert sich zwar der Wert der Aktie durch die Stückelung nicht, aber die Aktien sind nun besser handelbar. Und ein Unternehmen dürfte wohl kaum seine Aktien stückeln, wenn es Kursverluste wie bei Kapitalherabsetzungen erwarten würde. In jüngster Zeit haben 2020 der SDAX-Aufsteiger Atoss Software und das Medizintechnik-Unternehmen Eckert & Ziegler Aktiensplitts erfolgreich durchgeführt.

Die Dividendenrendite

Ein Aktiendepot kann nur auf zweierlei Weise wachsen: durch Gewinnmitnahmen und wieder angelegte Dividenden. Dabei legen die meisten Aktionäre auf eine verlässlich steigende Ausschüttung großen Wert. Hierzulande ist es üblich, einmal jährlich auszuschütten, in den USA viermal. Bei gleichbleibender Dividende steigt die Rendite, wenn der Aktienkurs abstürzt. Umgekehrt sinkt sie, wenn sich der Aktienkurs aufwärts dreht. Jedes vierte europäische Unternehmen hat 2020 die Ausschüttung gekürzt oder gestrichen.

2021 sieht dies keineswegs besser aus. Im Stoxx Europe 600 beträgt die Dividende knapp 3 %, im Leitindex DAX 2,6 %, im MDAX 0,98 %, im TecDAX 1,18 %, im SDAX 0,88 %. Bundesfinanzminister Scholz duldet keine Dividenden, wenn die Firma Staatshilfe beantragt. Ein Beitrag zur Förderung der Aktienkultur sieht anders aus. Zu den deutschen Dividenden-»Königen« zählen vor allem Versicherungs- und Immobilienunternehmen.

1.8 Beim Kennzahlenvergleich überzeugen die Nebenwerte

Der demografische Wandel mit der veränderten Bevölkerungsstruktur beeinflusst das Börsengeschehen.

Langfristige Aktieneinschätzungen zur Groborientierung für Branchen, Indizes und Einzeltitel werden im Zuge fortschreitender Digitalisierung und Vernetzung verlässlicher und genauer. Hinzu kommen gesellschaftliche Veränderungen, neue Ernährungs-, Mode-, Freizeit-, Urlaubs- und Wohnungstrends, andere Arbeits-, Konferenz- und Vortragsformen, Webinare, Fernunterricht und Homeoffice, genährt von Digitalisierung, weltweiter Vernetzung, Cloud Computing und Künstlicher Intelligenz.

Und plötzlich erleben wir seit Februar 2020 die Corona-COVID-19-Pandemie mit dem schärfsten Kurseinbruch in diesem Jahrtausend mit einem Tiefstand beim deutschen Leitindex um rund 40 % und anschließend unerwartet schneller Erholung.

Seriöse Prognosen, die nicht nur Unterhaltungswert bieten, werden von der politischen und wirtschaftlichen Großwetterlage beeinflusst. Viele der folgenden Fragen lassen sich aber heute noch nicht abschließend beantworten. Sie sind aber wichtig für Investitionsentscheidungen!

- Wohin steuert China?
- Wie sieht es mit den Schwellenländern in Ostasien und Südamerika aus?
- Wie entwickeln sich der Ostblock mit Russland und der Koloss Afrika?
- Was passiert mit dem Öl- und Gaspreis?
- Lebt die Kernkraftenergie wieder auf oder läutet das Totenglöckchen?
- Was können wir von den Wechselkursen wichtiger Währungen und der Zinspolitik erwarten?
- Wie wirken sich die Einbrüche bei den Lieferketten, die Reise- und Flugverbote, die notleidende Gastronomie, die Überschuldung von Staaten, Regionen und Unternehmen, der dramatische Rückgang beim Brutto-Inlandsprodukt (BIP) aus?
- Droht eine neue Pandemie durch Mutationen?
- Wann sind wirksame Medikamente und Impfstoffe verfügbar?
- Welchen Einfluss haben die sich häufenden Leerverkäufe und Stop-Loss-Orders, wenn die Aktienkurse in den Keller sausen?
- Bekommen Hedgefonds dauerhafte Probleme?
- Lässt sich mit Börsenmantel-IPOs tatsächlich Geld verdienen?
- Wie gehen Nebenwerte-Unternehmen mit der so wichtigen Nachhaltigkeit um?
- Erweisen sich in diesen schwierigen Zeiten Frauen als die besseren oder die schlechteren Sparer?

- Und wie gehen Sie selbst, liebe Leserin und lieber Leser, mit der Erkenntnis um, dass es in den Zeiten der Null- und Strafzins-Politik keine Alternative zu Aktien gibt?

Wir wollen nun aufzeigen, worauf es ankommt, um erfolgreich zu sein. Hier geht es nicht um ein schnelles »Rein/Raus«, das Zocken mit hohem Hebel, das Day-Trading mit Long und Short. Vielmehr erfahren Sie das Wichtigste über unsere langfristig angelegte, breit gestreute Hoch-Tief-Mut-Strategie mit Einstieg und Zukauf zu niedrigen Kursen und Teilverkäufen nahe dem Jahres- oder Allzeithoch. Wenden wir uns zunächst den wichtigsten Finanzkennzahlen zu.

Finanzkennzahlen sind zusammenhängend zu beurteilen. Ein niedriges oder hohes KGV allein sagt noch nicht viel aus.

Die Branche ist mit einzubeziehen und die Qualität, vergleichbar mit einem 5-Sterne-Hotel.

Die Fundamentalanalyse gewinnt an Schärfe, wenn das Ergebnis pro Aktie im Mehrjahres-Vergleich, die Eigenkapitalquote, die Gewinnmarge, die Dividendenrendite, die Kursentwicklung mit Rückblick auf 3 bis 5 Jahre einbezogen werden, das Jahres-Hoch/Tief, der Buch- und Börsenwert.

Ein Blick auf den Mehrjahres-Chart untermauert den Eindruck: klarer Kauf oder Hände weg. Ein Crashszenario wie bei der ersten Corona-Welle im März 2020 bietet bei Qualitätsaktien günstige Einstiegs- beziehungsweise Zukaufchancen. Beim breit gestreuten Depot sind Koppelgeschäfte denkbar. Selbst bei starkem Kurseinbruch – verbunden mit sinkendem KGV – gibt es einzelne Aktien, die entgegen dem Trend ein Allzeit- oder Jahreshoch verbuchen beziehungsweise nahe daran sind. Um sich das nötige Kapital zu beschaffen, ist antizyklisches Handeln ratsam. So empfiehlt sich bei Siegeraktien ein Teilverkauf, bei chancenreichen Verlierern ein Einstieg oder Zukauf.

Die Kursentwicklung zahlreicher Value- und Growth-Aktien verlief 2020 für viele unerwartet.

Nicht etwa die niedrig bewerteten defensiven, substanz- und dividendenstarken Aktien aus dem Banken-, Versicherungs-, Konsumgüter-, Maschinenbau- und Chemiesektor kamen glimpflich davon.

Ganz im Gegenteil: Die teuren, offensiven, wachstumsstarken Growth-Aktien erholten sich am schnellsten von ihren Tiefständen und verzeichnen neue Rekordstände. Man denke an den IT-Softwarebereich, an Chips, Halbleiter, Onlinehandel, die Nahrungsmittelindustrie, den Cloud-Sektor, Künstliche Intelligenz, Robotik, Medtech, Biotech und

Hightech. Der Kampf um wirksame Arzneimittel und Impfstoffe eröffnet neue Chancen. Ohne Digitalisierung läuft so gut wie gar nichts mehr.

Die *Handelsblatt*-Journalistin Andrea Cünnen aus Frankfurt berichtete am 12. August 2020:

»Die Aktienmärkte fordern Anlegern in diesem Jahr besonders viel ab: Auf den schnellsten Börsenabsturz aller Zeiten folgte eine rekordschnelle Erholung. Um 34 % brach der Welt-Index MSCI zwischen Mitte Februar und Mitte März ein. Bis Anfang Juni schnellte er wieder um mehr als 40 % nach oben. In Europa und den USA war die Börsenentwicklung teils noch dramatischer. Seitdem sind die Börsen unter Schwankungen noch etwas weiter gestiegen. Und das, obwohl die Weltwirtschaft in die Rezession stürzt. Dass Aktien langfristig ordentliche Renditen bieten, zeigen viele Statistiken. Demnach erwirtschafteten Anleger mit Aktien aus dem DAX 30 ab einem Anlagehorizont von 15 Jahren über alle Börsenphasen hinweg positive Renditen. Mit US-Aktien aus dem S&P 500 lagen Investoren noch etwas früher stets im Plus – Olaf Stotz, Professor für Asset-Management, rät sogar zu einem Anlagehorizont von mindestens 10, besser noch 20 oder 30 Jahren. – Die Scheu vor den Aktienmärkten können Anleger minimieren, indem sie ihr Depot nach und nach bestücken. – Anleger müssen sich vor allem drei Fragen stellen: Will ich eine Chance auf Rendite? Bin ich dafür bereit, die Schwankungen am Aktienmarkt auszuhalten? Und wie lange kann ich auf Geld verzichten?«

Mitunter stürzen die Kurse nur deshalb so stark ab, weil bei bestimmten Kursmarken elektronische Computerverkaufsprogramme automatisch starten.

Automatisch ausgelöste Stop-Loss-Orders und Leerverkäufe im großen Stil beschleunigen die Kettenreaktionen. Eventuell ist wenige Wochen später alles ausgestanden. Dann ist die Freude groß, günstig ein- oder ausgestiegen zu sein. All dies funktioniert natürlich nur bei einem breit gestreuten Langzeitdepot. Wir vernachlässigen den DAX und Auslandstitel nicht, gewichten aber TecDAX, MDAX, SDAX und DAXplus Family deutlich über und schauen uns auch noch nach kleineren Titeln um, beispielsweise aus dem GEX und dem SCALE. Dabei werden nationale und internationale Nachhaltigkeitsaktien, die diesen Namen verdienen, immer wichtiger.

1.9 Mittelständler – das Rückgrat der deutschen Wirtschaft?

Im Zuge des demografischen Wandels sieht es für das »Rückgrat unserer deutschen Wirtschaft«, die kleineren und größeren Mittelständler, in den Corona-Zeiten nicht rosig aus.

Die immer noch niedrige Geburtenrate und die größere Unabhängigkeit der Kinder und Enkel führt zu massiven Nachfolgeproblemen. Es ist nicht mehr selbstverständlich, dass der Nachwuchs den gleichen Berufsweg wählt und das elterliche Unternehmen weiterführen will.

Zudem kommt es durch gesperrte Lieferketten, zeitweilige Geschäftsschließungen, Veranstaltungs- und Reiseverbote zum unternehmerischen Massensterben in einigen Branchen, insbesondere in der Gastronomie und im Tourismus. Kurzarbeit, Homeoffice und die Beantragung von Staatshilfen stehen bei zahlreichen Firmen auf der Tagesordnung. Es wird möglicherweise länger dauern, bis sich die mittelständische Wirtschaft wieder erholt hat und die alten Standards erreicht. Andererseits ist auch mit Nachholeffekten zu rechnen, die den Konsum ab 2021 ordentlich antreiben können.

Findet das Seniorunternehmen ohne eigenen Nachwuchs keinen passenden neuen Chef, werden Ressourcen verschenkt und viele Arbeitsplätze vernichtet – ganz zu schweigen von den Belastungen für den Senior beziehungsweise Gründer, dessen Vermögen und Lebenswerk auf dem Spiel steht. Es ist also notwendig, frühzeitig die Weichen für die Übergabe zu stellen und auch Ausschau nach einem seriösen Beteiligungsunternehmen zu halten.

Familienunternehmen stehen nicht erst im Blickpunkt, seit die US-Investoren-Legende Warren Buffett im Frühjahr 2008 auf der Suche nach inhabergeführten Firmen Deutschland bereiste. Das Interesse am GEX, dem Familienunternehmensindex der Deutschen Börse, ist dennoch begrenzt – und das, obwohl er im Corona-Krisenjahr 2020 ein Jahresplus von 25 % verzeichnen konnte. Zumindest anfangs galt dies auch für den 2010 geschaffenen Nachfolger DAXplus Family 30. So richtig durchsetzen konnte sich der neue Index allerdings bisher nicht. Kaum ein Privatanleger weiß, dass es ihn gibt. In den Börsennachrichten wird er wie gesagt gewöhnlich nicht publiziert.

Familienunternehmen unter der Lupe

In Deutschland ist das Geschäft besonders häufig Familiensache. Mehr als 95 % aller deutschen Firmen sind eigentümerdominiert. Darunter versteht das Institut für Mittelstandsforschung, dass zumindest drei natürliche Personen den Betrieb kontrollieren. Die eigentümerdominierten Gesellschaften erwirtschaften zwar nur 42 % des Gesamtumsatzes, sorgen aber für mehr als zwei Drittel aller Arbeitsplätze.

Jedoch ziehen auch düstere Wolken am Familienfirmenhimmel auf, insbesondere dann, wenn die Nachfolge nicht gut geregelt ist. Bei der Stabübergabe an die nächste Generation kommt es nicht selten zu Streitigkeiten und Finanzierungsproblemen. Viele Unternehmen stehen dann vor einem Verkauf – mit ungewissem Ausgang.

Eine auf künftige Generationen, Mitarbeiter und Kunden zugeschnittene Unternehmensstrategie überzeugt mehr als jedes an kurzfristigen Trends und Erfolgen ausgerichtete Geschäftsmodell.

Ein steigender Marktwert ist nicht das oberste Ziel der Eigentümer. Vorrangig erscheinen ein langfristiges Überleben, die Wahrung der Unternehmenswerte, eine intakte Firmenkultur und Unabhängigkeit. Da rücken die Quartalserwartungen eher in den Hintergrund.

Portfoliomanager **Jürgen Meier** vom Bankhaus **Julius Bär** erläutert: »Als Familienfirma hätte **Daimler** alle unprofitablen Sparten längst abgestoßen und heute nur mit Mercedes ein kleineres, aber hoch profitables Unternehmen.«[3]

Viele kleine und mittlere Unternehmen haben internationale Kunden. Sie treiben verstärkt Nachhaltigkeitsziele und die dringend notwendige Digitalisierung voran.

Für die Bundesregierung zählen alle Firmen mit unter 500 Mitarbeitern und weniger als 50 Millionen Euro Umsatz zu den kleinen und mittleren Unternehmen (KMU). Soweit es sich um familien- beziehungsweise inhabergeführte Gesellschaften handelt, zählt auch diese Gruppe zum Mittelstand. Regionale Verwurzelung und ein verantwortungsvoller Umgang mit Mitarbeitern, Kunden und Geschäftspartnern sind Merkmale des international einzigartigen »German Mittelstand«.

Börsentechnisch gelten alle im MDAX, TecDAX, SDAX und SCALE gelisteten Unternehmen als Nebenwerte. Großteils betrifft dies auch den DAXplus Family 30 und den GEX.

Eckdaten der deutschen Mittelständler im Jahr 2020	
Prozent	**Kurze Textbeschreibung**
99,6 %	aller deutschen Unternehmen sind kleine und mittlere Betriebe.
95,0 %	der in Deutschland ansässigen Unternehmen sind familien- beziehungsweise inhabergeführt.
93,0 %	der deutschen mittelständischen Exporteure bedienen den europäischen Markt.
83,0 %	von den in der Bundesrepublik ausgebildeten Lehrlingen verbringen ihre Lehrzeit bei Mittelständlern.
58,0 %	aller sozialversicherungspflichtig Beschäftigten arbeiten in kleinen und mittleren Unternehmen.
58,0 %	der Netto-Wertschöpfung in Deutschland betrifft kleine und mittlere Unternehmen.

2 Wichtige internationale Aktien-Indizes

2.1 NASDAQ 100

Es ist sinnvoll, sich nicht nur mit deutschen Indizes zu befassen, sondern über den Tellerrand hinauszublicken.

Die folgende Tabelle macht das deutlich. Während sich der DAX auch in diesem Vergleich mit dem letzten Platz begnügen muss, zeigt sich vor allem der NASDAQ 100 als der große Gewinner der letzten 5 Jahre.

Vergleich DAX – internationale Indizes				
Index	**WKN**	**Stand am 31.12.2020**	**Hoch/Tief 52 Wochen**	**Kursverlauf 1, 3, 5 Jahre**
DAX	846900	13.669 €	13.818/8.255 €	+3,5/+5/+36 %
MDAX	846741	30.959 €	31.009/17.714 €	+9/+17/+48 %
Dow Jones 30	969420	30.421€	30.588/18.214 €	+7/+23/+72 %
NASDAQ 100	A0AE1X	12.911 €	12.925/6.772 €	+48/+97/+176 %
S&P 500	720327	3.739 €	3.756/2.192 €	+15/+39/+81 %
NIKKEI 225	965338	27.484 €	27.600/16.360 €	+17/+18/+45 %

Im Gegensatz zum DOW JONES (INDUSTRIAL AVERAGE US30), den es schon seit 1896 gibt und der nur die 30 Aktien mit der höchsten Marktkapitalisierung listet, gilt der NASDAQ 100 als die wichtige US-Technologiebörse.

Im NASDAQ sind Hightech-, Biotech-, Internet- und Medienaktien gelistet. Er wurde im Dezember 2018 vom Technologiecrash ausgebremst, notierte aber Anfang November 2019 mit 8.370 Punkten schon wieder auf Allzeithoch. Dieser Aufwärtstrend wurde selbst durch den anfangs mit einem sehr hohen Kursverlust verbundenen Corona-Crash ab März 2020 nur kurzfristig unterbrochen.

Bereits im Juni 2020 kam es zu einem neuen Allzeithoch von über 10.150 Punkten. Der TecDAX orientiert sich am NASDAQ mit so bekannten Titeln wie **Adobe, Alphabet, Amazon, AMD, Amgen, Apple, Applied Materials, Alexion** und **ASML**, um allein beim Buchstaben A aufzuzeigen, wie hoch das Zukunftspotenzial ist. Erstaunlicherweise sind es nicht die niedrig bewerteten Value-Aktien, sondern die eher als absturzgefährdet geltenden hoch bewerteten Wachstumsaktien, die jetzt auf Allzeithoch notieren.

Abbildung 6: Collage mit einer kleinen Auswahl an NASDAQ-Titeln

Amazon	Alphabet	Tesla	Bonvoy
Apple	Adobe	Facebook	Marriott
Microsoft	Expedia	PayPal	eBay
FOX	Kraft Heinz	Netflix	American Airlines
Google	American Airlines	Cisco	Mercado Libre

Der NASDAQ 100 eilte jahrelang von einem zum nächsten Allzeithoch. Er hat im Jahr 2020 trotz der Corona-Krise eine beeindruckende Performance hingelegt: +47 %.

NASDAQ-100-Top/Flop 2020: 1-Jahres-Vergleich			
Siegeraktien	**30.12.2020**	**Verliereraktien**	**03.08.2020**
❶ Tesla	+603,3 %	❶ Netease	-72,6 %
❷ Mercado Libre	+148,9 %	❷ American Airlines	-49,6 %
❸ JD.com	+113,7 %	❸ Walgreens Boots	-38,7 %

NASDAQ-WERTE – Ein Blick in unser Depot

In unseren Depots finden sich viele internationale Werte. Neben der Branchenstreuung und der Streuung nach Unternehmensgrößen machen auch Aktien aus Nordamerika ungefähr ein gutes Viertel der Depotwerte aus (neben einer knappen Hälfte heimischer Titel aus Deutschland und Europa und einem Viertel globaler – vor allem asiatischer – Aktien).

Im internationalen Bereich ist das Aufspüren guter Nebenwerte natürlich ungleich schwerer als in heimischen Gefilden, sofern man nicht einen direkten Bezug zu einer bestimmten Branche oder Region hat. Daher entstammen die meisten internationalen Aktien in unseren Depots größeren Unternehmen, aber nicht nur den allergrößten (siehe auch S&P 500).

Bei den Dividenden muss man im Vergleich zu vielen heimischen Unternehmen allerdings oft Abstriche machen. Gerade die großen US-Unternehmen schütten zum Teil keine Dividenden aus.

NASDAQ – Depotauszug Sander/Sander

Aktie WKN Branche	Ordertag	Anzahl Kurs	Kaufpreis gesamt	Kurs am 26.12.2020	Dividende 2020	Gewinn/ Verlust (ohne Dividenden)
Alphabet **A14Y6H** **IT**	11.08.2017	4 x 774 €	3.096 €	4 x 1.420 € 5.680 €	-	+83 % in 3,3 Jahren
Amazon **906866** **Onlineversand**	29.03.2018	4 x 1175 €	4.700 €	4 x 2.617 € 10.468 €	-	+124 % in 21 Monaten
Apple **865985** **IT**	06.08.2019	50 x 44,50 €	2.225 €	50 x 107,60 € 5.380 €	112 x 0,28 € 31 €	+142 % in 15 Monaten + D
Cisco Systems **878841** **Telekommunikation**	14.11.2019	40 x 40,60 €	1624 €	40 x 36,68 € 1.455 €	40 x 0,30 € 12 €	-10 % in 14 Monaten + D
Netflix **552484** **Medien**	17.10.2019	10 x 253 €	2.530 €	10 x 424,60 4.246 €	-	+68 % in 14 Monaten

2.2 S&P 500

Der S&P 500 ist ein Aktienindex, der die Aktien der 500 größten börsennotierten US-amerikanischen Unternehmen umfasst – und damit auch die 30 allergrößten aus dem DOW JONES sowie viele Werte aus dem NASDAQ.

> Der NASDAQ 100 eilte jahrelang von einem zum nächsten Allzeithoch. Die Wertsteigerung des S&P 500 war im Jahr 2020 nicht so gut wie die des NASDAQ, aber dennoch überzeugend: +16 %.

S&P steht dabei für die US-Kredit-Rating-Agentur Standard & Poor's. Der S&P 500 ist einer der meistbeachteten Aktienindizes der Welt.

Abbildung 7: Collage mit einigen Titeln aus dem innovativen S&P 500

Apple	Visa	Thermo Fisher	GM	Merck
Microsoft	Booking Holdings	Oracle	Striker	FedEx
Facebook	NIKE	McDonald's	Pfizer	CVS Health
JP Morgan Chase & Co.	PayPal	IBM	Boeing	ADP
Alphabet	Schlumberger	Amgen	verizon	Walt Disney
Exxon Mobil	United Technologies	Walmart	Netflix	citi
Johnson & Johnson	Gilead	3M	Master Card	Coca-Cola
Bank of America	Caterpillar	Medtronic	P&G	John Deere
intel	Costco	Honeywell	Morgan Stanley	axy
United Health Group	Qualcomm	Texas Instruments	Black Rock	American Express

S&P-500-Top/Flop 2020: 1-Jahres-Vergleich			
Siegeraktien	**30.12.2020**	**Verliereraktien**	**03.08.2020**
❶ Tesla	+603,3 %	❶ Carnival	-61,4 %
❷ NVIDIA	+99,3 %	❷ Macerich	-60,8 %
❸ PayPal	+92,5 %	❸ Norwegian Cruise	-60,3 %

S&P-500-WERTE – Ein Blick in unser Depot

Die Entwicklung des S&P 500 im Jahr 2020 war außerordentlich gut. Trotz und zum Teil sogar wegen der Corona-Krises konnten viele Unternehmen das Vertrauen der Anlegerinnen und Anleger gewinnen.

Amgen eines der weltweit größten Biotechnologieunternehmen mit einem Jahresumsatz 2018 von circa 24 Milliarden US-Dollar, ist hier ein gutes Beispiel. Den Rücksetzer Ende 2020 werten manche Analysten als guten Einstiegskurs im Gegensatz zu anderen überhitzten Werten.

Sehr erfreulich ist auch der Kursgewinn beim Halbleiter-Hersteller **Qualcom**.

Die **NEXTERA-Energie-Aktie** repräsentiert ein großes US-Energieunternehmen mit Sitz in Florida. Aufgrund der hohen Marktkapitalisierung von etwa 118 Milliarden Euro und dem Buchwert pro Aktie von gut 20 Euro zählt sie schon zu den Value-Werten, hat aber dennoch für ein starkes Wachstum gesorgt.

Schon zu Beginn der ersten Epidemie-Welle schienen Aktien von Unternehmen, die Labore ausstatten, eine sinnvolle Anlage zu sein; so kam es zum Kauf der **Thermo-Fisher-Aktien** am 20.3.2020.

Umgekehrt haben wir uns von den **Gilead-Aktien** inzwischen getrennt, nachdem der Trend aus dem ersten Jahrzehnt über einen langen Zeitraum nicht mal annähernd erreicht wurde.

Neu aufgenommen wurde Ende 2020 auch **Tesla** in den S&P 500. Wie viel übertriebene Erwartung ist im Kurs, der sich 2020 versechsfacht hat und bereits im Dezember 2020 die 500-Euro-Marke durchbrach, bereits eingepreist? Wird es der Tesla-Aktie ähnlich ergehen wie damals der »T«-Aktie?

In unserem Depot bekommt Tesla derzeit keinen Platz. Für kurz- und mittelfristige Gewinne war die Aktie mit einem Plus von über 600 % im Jahr 2020 genial, langfristig wird sie aber erst noch zeigen müssen, ob sie die Vormachtstellung halten kann.

Den Platz im S&P 500 hat Tesla jedoch verdient, zumal sie für viele Menschen Anlass war und ist, sich überhaupt näher mit Aktien befassen zu wollen. Außerdem gilt Tesla als Vorreiter darin, Elektromobilität in der Öffentlichkeit als trendig, cool und zukunftsfähig darzustellen – und somit auch aus der heimischen Auto-Industrie mehr Innovationskraft herauszukitzeln.

S&P 500 – Depotauszug Sander/Sander						
Aktie Branche WKN	**Ordertag**	**Anzahl Kurs**	**Kauf-preis gesamt**	**Kurs am 26.12.2020**	**Dividen-de 2020**	**Gewinn/ Verlust (ohne Divi-denden)**
Amgen Biotech 867900	22.09.2015	20 x 127,40 €	2.548 €	20 x 182,90 € 3.658 €	20 x 5,50 € 110 €	+44 % in 5 Jahren + D
Gilead Pharma 885823	15.05.2014	30 x 54,40 €	1.632 €	30 x 47,13 € 1.414 €	30 x 2,70 € 81 €	-13 % in 6,5 Jahren + D (verkauft)
Qualcom Halbleiter 883121	23.01.2017	24 x 51,50 €	1.236 €	24 x 121,96 € 2.927 €	24 x 2,50 € 60 €	+137 % in 4 Jahren + D
Nextera Energie A1CZ4H	15.04.2019	30 x 42,05 €	1.262 €	30 x 60,97 € 1.829 €	30 x 1,40 € 42 €	+45 % in 1,5 Jahren + D
Thermo Fisher Laboraus. 857209	20.03.2020	20 x 262 €	5.240 €	20 x 380,05 7.601 €	20 x 0,92 € 18 €	+45 % in 9 Monaten +D

NIKKEI 225

Der japanische Leitindex und bedeutendste Aktienindex Asiens, der NIKKEI 225, basiert auf den Kursen von 225 Aktiengesellschaften, die an der Tokioter Börse gehandelt werden.

> Seit seinem Absturz von 40.000 auf 7.000 Punkte im Februar 2020 gelang dem NIKKEI eine Erholung auf über 24.100 Punkte, um im Verlauf des Corona-Crash bis auf 16.350 Punkte zurückzufallen.
> Performance 2020: +16 %

Globale Nebenwerte-Experten mit sehr viel Zeit für die Recherche können auch auf den breit aufgestellten **TOPIX** (Tokyo Stock Price Index) mit 1.700 Titeln zurückgreifen.

Abbildung 8: Collage mit einigen Titeln aus dem NIKKEI

Fujitsu	Panasonic	Ajinomoto	Canon	Kyocera
Marubani	Nissan	Mitsui & Co.	Konami	FamilyMart
JR	Hing	Epson	dentsu	Secom
DOWA	NTT	Mitsubishi	SONY	ShinEtsu
HITACHI	Cyber Agent	Hitachi	Takeda	Recruit
ISUZU	Yamaha	JT	Olsuka	TDK
Takashimaya	Itochu	Kirin	Denso	Honda
Toray	KSEI	Komatsu	Bridgestone	astellas
Shimz	Sekisui House	Suzuku	Yaskawa	Shiseido
Rakuten	meiji	Olympus	Toyota	Fujifilm

NIKKEI-Top/Flop 2020: 1-Jahres-Vergleich			
Siegeraktien	**30.12.2020**	**Verliereraktien**	**03.08.2020**
❶ Nippon Light Met.	+715,9 %	❶ Mitsui Engine	-61,1 %
❷ Mizuho Financial	+651,8 %	❷ Mitsubishi Motors	-55,7 %
❸ Softbank	+62,8 %	❸ Nikon	-55,5 %

NIKKEI-WERTE – Ein Blick in unser Depot

Aus dem NIKKEI sind vergleichsweise wenige Titel aus Japan und Südkorea im Depot, dafür aber nach einigen Zukäufen mit hoher Stückzahl.

Ein gutes Beispiel mit einer seit Jahren anhaltenden tollen Performance stellt **Samsung** dar. Diese Aktie stellt inzwischen mit über 5 % den größten Einzelwert im Depot dar. Bei derzeit rund 300 Aktien-Titeln ist sie also stark überrepräsentiert – und das, obwohl Samsung zu den Großunternehmen und nicht zu den flexiblen Schnellbooten zählt. Es ist eben die Ausnahme von der Regel.

Das Unternehmen hat ein bisschen etwas von einem »Fels in der Brandung« – und Teilverkäufe gab es bislang nur, wenn schnell Kapital benötigt worden ist, beispielsweise auch, um in Krisenzeiten mit übertrieben abgestraften Aktien wieder einzusteigen. In der Folgezeit haben wir dann kleinere Rücksetzer genutzt, um hier wieder zu reinvestieren. So kam es zwischen 2002 und 2020 zu 15 Zukäufen zu jeweils 1.000 bis 2.500 Euro.

Die **Chugai-Aktie** steht aufgrund des künftigen Potenzials übrigens ganz weit oben auf der Liste baldiger Zukäufe.

Bei der **SONY-Aktie** hat Beate Sander kurz vor ihrem Tod auf ihrem Aktienauszug wie bei Samsung übrigens noch handschriftlich »LL« notiert. Das Kürzel bedeutet »lebens-lang« behalten. Diese Auszeichnungen haben sich nur sehr wenige Aktien bei ihr verdienen können, aber immerhin zwei der folgenden fünf NIKKEI-Aktien.

NIKKEI – Depotauszug Sander/Sander						
Aktie WKN Branche	**Ordertag**	**Anzahl Kurs**	**Kauf- preis gesamt**	**Kurs am 26.12.2020**	**Divden- de 2020**	**Gewinn/ Verlust (ohne Divi- denden)**
Chugai 857216 Pharma	25.07.2019	100 x 20,25 €	2.025 €	100 x 42,20 4.220 €	100 x 0,40 € 40 €	+105 % in 1,5 Jahren + D
Mitsubishi 856532 Electric	15.04.2016	120 x 9,40 €	1.128 €	120 x 12,14 € 1.457 €	-	+29 % in 4,5 Jahren
Samsung 881823	11.03.2003 19.03.2020	40 x 50,90 € 3 x 675,50 €	2.036 € 2.026 €	40 x 1284 € 51.360 € 3x 1.284€ 3.852 €	40 x 13,00 € 520 €	+2424 % in 17,5 Jahren + D +47 % in 9 Monaten

Sony **853687**	07.02.2019	50 x 38,20 €	1.910 €	50 x 80,20 € 4.010 €	50 x 0,36 € 18 €	+110 % in 22 Monaten
Toyota **853510**	17.122019	30 x 48,70	1.461 €	30 x 62,13 € 1.864 €	30 x 1,17 € 35 €	+27,6 % in 1 Jahr + D

2.3 DAXglobal Asia Index und Hang Seng Index

Das größte Risiko für Anleger ist, nicht in China zu investieren.«[4] Um neben Japan auch die wichtigsten Unternehmen in China und Südost-Asien mit im Blick behalten zu können, empfiehlt es sich, z. B. den **DAXglobal Asia Index**, der von der Deutschen Börse aufgelegt wird, zu betrachten. Hier wird zwar nur eine kleine Auswahl abgebildet, was aber angesichts der Informationsflut als sinnvolle Begrenzung angesehen werden kann. Vertreten sind darin 40 große Topunternehmen aus China, Südkorea, Singapur, Hongkong, Taiwan, Thailand, Indonesien, den Philippinen und Malaysia.

Der DAXglobal Asia
ISIN: DE000A0LLPW4
Performance 2020: +7 %

Im Hang Seng Index (HSI) aus Hongkong finden sich die 50 größten und meistgehandelten Unternehmen an der Hongkonger Aktienbörse. Dieser Börsenplatz gewann dadurch 2020 an Bedeutung, da die USA androhte, einige chinesische Aktien nicht mehr an der NASDAQ zuzulassen. Der Kursrückgang des HSI 2020 trotz der vergleichsweise positiven wirtschaftlichen Entwicklung kann ein Indiz dafür sein, dass hier noch viel Wachstumspotenzial vorhanden ist.

Hang Seng Index (HSI)
WKN: 145733
Performance 2020: - 3,3 %

Ein Blick in unser Depot

Chinesische Aktien – Depotauszug Sander/Sander					
Aktie WKN Branche	**Ordertag**	**An-zahl**	**Kurs am Ordertag**	**Kurs am 05.02.2021**	**1-Jahres-Performance am 05.02.2021**
ALIBABA A117ME Onlinehandel	03.04.2018	30	141,00 €	221,00 €	+ 10 %
BAIDU A0F5DE Onlinebetreiber, Suchmaschine	05.08.2012	20	82,50 €	223,00 €	+ 89,1 %
BYD A0M4W9 Hightech, IT, Auto, regenerati-ve Energie	15,11.2017	200	8,20 €	27,00 €	+ 392,5 %
BYD Electronic A0M0HG Komponenten für Mobiltelefone	15.11.2017	2000	2,25 €	5,80 €	+ 222 %
GEELY Auto A0CACX Automobilher-steller	15.09.2018	1200	1,85 €	3,05 €	+97,4 %
JD.com A112ST Online-Versand-haus	05.01.2021	150	71,80 €	79,60 €	+119,3 %

LENOVO 894983 zweitgrößter PC-Anbieter der Welt	20.03.2020	2000	0,48 €	1,07 €	+71,5 %
NIO A2N4PB Elektroautos	02.12.2020	50	36,50 €	47,30 €	+1.092 %
TENCENT A1138D riesiges Social-Media-Unternehmen	22.03.2018	400	46,50 €	79,20 €	+84,2 %
XIAMOI A2JNY1 Elektrogeräte: Smartphones und SmartHome	20.03.2020	1000	1,25 €	2,92 €	+91,5 %

Die **Alibaba-Aktie** (WKN A117ME, Jahresplus am 04.02.2021 11 %) sorgte schon häufig für Schlagzeilen, zum einen wegen der guten Kursentwicklung und zum anderen wegen der kartellrechtlichen Maßnahmen, die die chinesische Staatsführung plant, um eine zu starke Marktbeherrschung zu verhindern. Der Kurs der Aktie fiel daraufhin. Diese Chance nutzten wir zum Nachkauf. So konnte der Anteil chinesischer Aktien weiter ausgebaut werden.

Auch der chinesische Mischkonzern **BYD Company** (WKN A0M4W9, Jahresplus 434 %) mit seinen 220.000 Mitarbeitern wird wohl noch für manche Überraschung sorgen. Wir haben bereits 2017 in drei Chargen Aktien ins Depot aufgenommen und kauften auch BYD weiter zu. Spannend ist nämlich nicht nur der Name: BYD steht für »build your dreams« – Erschaffe deine Träume! Zu dem Konzern gehören zukunftsfähige Technologien, von Handy-Akkus über Umwelttechnologie bis hin zu LED-Lichttechnik. Selbst Elon Musk von Tesla spielt mit dem Gedanken, im großen Stil Aktien von BYD zu kaufen.[5]

Da der Kurs von **Baidu** (WKN A0F5DE, Jahresplus am 04.02.2021 78 %) in den letzten Jahren nicht so anzog wie die branchenverwandten Aktien aus den USA, sehen wir bei diesem chinesischen Suchmaschinen-Anbieter ebenfalls noch viel Potenzial. Die Baidu-Aktien schmücken unser Depot seit 2012, und sie wurden 2017 und am 13.11.2020 weiter zugekauft.

Lenovo (WKN 894983, Jahresplus am 04.02.2021 76 %) zählt zu den weltweit führenden PC- und Smartphone-Herstellern. Eine Aktie hingegen ist für rund einen Euro zu haben. Die Entscheidung, davon gleich ein paar Tausend ins Depot zu nehmen, scheint angesichts des enormen Entwicklungspotenzials sinnvoll zu sein.

Tencent (WKN A1138D, Jahresplus am 04.02.2021 72 %). Der chinesische Anbieter von Social Media und Instant-Messaging-Dienst ist eines der größten Serviceportale Chinas. In einem breit gestreuten Depot führt an diesen Aktien zumindest aus wirtschaftlichen Gesichtspunkten kaum ein Weg vorbei.

Auch **XIAOMI** (WKN A2JNY1, Jahresplus am 04.02.2021 96 %) muss hier erwähnt werden. Sie ist recht neu im Depot und steht zudem ganz oben auf der Watchlist. Der Kursrücksetzer Anfang 2021 hat mit dem Streit zu tun, ob beziehungsweise wie lange diese Aktie in den USA gehandelt werden dürfe. Die hinter Xiaomi stehende Wirtschaftskraft als einer der größten Smartphone-Hersteller Chinas bietet risikoorientierten Anlegern viele Chancen. Xiaomi ist derzeit nicht im DAXglobal Asia Index gelistet, aber (noch) über viele internationale Handelsplätze orderbar.

2.4 Internationale Index-Übersicht

Internationale Indexübersicht 2021 mit Punkten und Kursverläufen

Index	WKN	Kurs Punkteam 06.01.2021	Kursverlauf 1, 3, 5 Jahre	Hoch/Tief 52 Wochen
DAX Performance	846900	13.903 P.	+6/+4/+36 %	8.255/13.919 €
DAX Kursindex	846744	6.010 P.	+3/-5/+17 %	6.136/3.669 €
MDAX	846741	31.126 P.	+10/+15/+56 %	31.280/17.714 €
TecDAX	720327	3.239 P.	+8/+21/+81 %	3.302/2.128 €
SDAX	965338	15.260 P.	+22/+23/+71 %	15.121/7.841 €
DivDAX Perform.	A0C33D	369 P.	+6/+7/+47 %	369/206 €
DAXplus Family 30	A0YKTP	5.246 P.	+7/+11/+38 %	5.250/3.320 €
GEX	A0AER0	2.973 P.	+27/+11/+67 %	2.976/1.555 €
EURO STOXX 50	965814	3.620 P.	-4/0/+15 %	3.867/2.302 €
STOXX 50	965816	3.166 P.	-7/-2/+5 %	3.539/2.260 €
DOW JONES	969420	30.932 P.	+8/+22/+83 %	31.022/18.213 €
S&P 500	A0AET0	3.768 P.	+16/+37/+90 %	3.783/2.191 €
NASDAQ 100	A0AE1X	12.703 P.	+44/+92/+187 %	12.950/6.771 €
NIKKEI 225	969244	27.336 P.	+17/+13/+49 %	27.602/16.358 €

Hang Seng (Hongkong)	145733	27.692 P.	-2/-10/+32 %	29.174/21.139
Shanghai Stock Exchange	ISIN: CNM0000001P8	3.630 P.	+23/+19/+91 %	3.630/2.490
RTX Russland	965707	1.863 P.	-19/+8/+87 %	2.409/1.088
SMI Schweiz	969000	10.747 P.	+1/+13/+25 %	11.270/7.650
FTSE 199 GB »Footsie«	969378	6.841 P.	-10/-11/+13 % Brexit!	7.689/4.898 (Großbritannien)

*Anmerkung: An den Kursentwicklungen erkennt man, dass hohe Kursgewinne winken, wenn man Aktien mehrere Jahre, möglichst sogar über ein Jahrzehnt, hält. Wer lange genug dabei war, zählte bislang immer zu den Siegern mit einer Durchschnittsrendite der letzten Jahre von jährlich circa 8 %.

3 Auf der Suche nach erfolgreichen Nebenwerten in den wichtigsten Branchen und Zukunftsmärkten

3.1 Welchen Unternehmen aus den Nebenwerten kann ich vertrauen?

Die wesentlichen Beurteilungsfaktoren, die auch für Privatanleger erkennbar und nachvollziehbar sind, seien an dieser Stelle aufgeführt:

- **Von zentraler Bedeutung ist ein nachvollziehbares, zukunftsträchtiges, nachhaltiges Geschäftsmodell.**
  Gut ist es, Nutznießer des globalen Wandels zu sein durch Aktivitäten in Zukunftsmärkten, also wachstumsstarken Branchen mit Internationalisierungschancen. Auch der klimatische Wandel ist möglichst mit einzubeziehen – das bedeutet, eine Ausrichtung auf erneuerbare Energien wie Windkraft und Fotovoltaik, einen niedrigeren Wasser- und Energieverbrauch, eine umweltfreundliche Produktion und Infrastruktur. Hinzu kommt ein Gespür für den gesellschaftlichen Wandel, die Bedürfnisse und Vorlieben der Zielgruppe, die Bewältigung der riesigen Herausforderungen, auch im Hinblick auf bezahlbaren Wohnraum und bessere Bildungschancen durch schnelles Internet, Computerausstattungen und die digitale Transformation in Schulen.
  Nicht zu vergessen ist der Medizin- und Gesundheitssektor. Infolge der COVID-19-Epidemie ist zum einen mit langen Folgebehandlungen zu rechnen, anderseits wird es auch künftig Herausforderungen in der Impfstoffentwicklung und der medizinischen Behandlung chronischer Erkrankungen geben.

- **Ein entscheidender Beurteilungsfaktor ist die Nutzung individueller Möglichkeiten durch Industrie 4.0, Internet der Dinge, Digitalisierung, Cloud Computing und Vernetzung.**
  Wer aktuelle Trends verschläft, keinen leistungsfähigen Onlinehandel aufbaut und gebotene Vernetzungsplattformen nicht nutzt, muss längerfristig mit der Pleite rechnen. Wer nicht für bestmöglichen Datenschutz sorgt und auf einen wirkungsvollen Internetauftritt verzichtet, wird sich gegen engagierte Wettbewerber kaum dauerhaft durchsetzen. IT-Sicherheit wird dabei immer wichtiger werden, um sich als Unternehmen gegen Cyber-Kriminalität wehren zu können. Tradition darf nicht zulasten des gesellschaftlichen Wandels geschehen. Mit Fortdauer der Corona-Krise wächst die Herausforderung, sich mit neuen Arbeitsformen wie Homeoffice, Videokonferenzen und Webinaren auseinanderzusetzen. Dies kann dazu führen, dass überreichlich vorhandene Geschäftsräume vermietet, verkauft oder anderweitig genutzt werden müssten. Die meisten Mitarbeiter wünschen sich wöchentlich zwei oder drei Arbeitstage im Betrieb und zwei oder drei Arbeitstage zu Hause, wobei sich auch hier neue Kommunikationsformen durchsetzen.
- **Insbesondere familiengeführten mittelständischen Unternehmen muss daran gelegen sein, langfristig erfolgreich zu sein.**
  Es darf nicht das Ziel sein, im Interesse guter Zahlen im Quartalsbericht kurzsichtig zu entscheiden. Nachhaltigkeit und Substanzkraft im Interesse von Angehörigen und Mitarbeitern, Kunden und Geschäftspartnern sind ebenso wichtig wie eine intakte Unternehmenskultur mit Einbindung der Region in wichtige Prozessabläufe.
- **Wer Luftschlösser baut und unseriös bilanziert, hat bereits im Ansatz verloren.**
  Die Geschäftsangaben müssen klar und wahr sein. Wirecard sollte ein warnendes Beispiel sein, wozu übertriebene Gier führen kann. Das Unternehmen wurde aus dem Leitindex DAX und allen übrigen deutschen Indizes gefeuert.
- **Es ist kein Beinbruch, Fehler zu machen, sofern daraus gelernt und intensiv daran gearbeitet wird, dass sie sich nicht wiederholen.**
  Was ist das Kernproblem? Statt Strategie, Verhalten, die Zusammensetzung von Management und Mitarbeitern, Produktlinien, Logistik, Dienstleistungen und innerbetriebliche Prozesse genau zu überprüfen, wird oft nach Sündenböcken gesucht. Das Problem ist dabei das starre Festhalten am Gewohnten, statt couragiert die Missstände zu beseitigen.
- **Häufig sind Misserfolge vorprogrammiert, weil in Familienunternehmen die Nachfolge aufgeschoben oder zu spät geregelt wird.**
  Früher war es normal, dass der Sohn oder die Tochter den Betrieb übernahm. Heute mangelt es nicht nur am Nachwuchs, sondern auch an der Bereitschaft, im elterlichen Betrieb tätig zu sein. Mitunter werden die ersten beruflichen Erfahrungen woanders gesammelt und eine Rückkehr in den elterlichen Betrieb meist ausgeschlossen. Schätzungsweise die Hälfte kleinerer Familienfirmen dürfte mangels Nachfolge aufgegeben werden.

Nicht selten scheitert die Nachfolge auch an Familien- und Erbstreitigkeiten. Ideal ist es, wenn der Gründer allmählich loslässt, als Senior wöchentlich weniger Stunden aktiv ist, sich aber innerlich voll mit seinem Unternehmen verbunden fühlt.

- **Nicht zu unterschätzen sind die positiven Auswirkungen einer intakten Aktionärskultur.**
  Eine intakte Aktionärskultur ermöglicht eine innere Bindung der Anteilseigner an das Unternehmen, was insbesondere in Krisen wichtig ist, beispielsweise im Überlebenskampf der Gastronomie und der Reisebranche, dessen Ursache die Sicherheitsmaßnahmen in der Corona-Krise sind. Dies betrifft die neuen Arbeits- und Kommunikationsformen wie Homeoffice, Videokonferenzen, Webinare und Kurzarbeit, aber auch die zunehmenden Übernahmeaktivitäten bei Insolvenzgefahr.
  Ein sozialverträglicher Kapitalismus mit dem Anspruch auf Nachhaltigkeit fördert die Anlage mit gutem Gewissen. Das von den Unternehmen eingesammelte Kapital kann dazu dienen, den Klimawandel mit der drohenden Erderwärmung zu bekämpfen – durch einen geringeren CO_2-Ausstoß, die Umstellung auf erneuerbare Energien, nachwachsende Rohstoffe, den Verzicht auf Kohleförderung, mehr Tier- und Pflanzenwohl, eine umweltfreundliche Infrastruktur und kluge Investitionen in die Bildung mit schnellem Internet und ausbaufähiger Digitalisierung.
- **Wichtig sind verständliche Eckdaten zum Geschäftsverlauf, die wesentlichen Finanzzahlen über das vergangene Geschäftsjahr und das letzte Quartal.**
  Die Gewinn- und Verlustrechnung (GuV) sowie die Bilanz sollen überzeugen, wobei vor allem Aussagen über das Verhältnis von Eigenkapital und Schulden (kurz- und langfristige Verbindlichkeiten) sowie Umsatz und Ertrag gehören. Erbsenzählerei und Spitzfindigkeiten sind nicht gefragt.
  Fehlen darf nicht ein ungeschönter, wahrheitsgemäßer Ausblick für das laufende und das nächste Geschäftsjahr. Es gehört schon einiger Mut dazu, niedrigere Umsätze und Erträge als Folge der Corona-Pandemie zu melden und über Kostensparprogramme zu informieren. Dabei ist zu wünschen, dass auch in bedrohten Branchen betriebsbedingte Kündigungen vermeidbar sind.
- **Ohne betriebswirtschaftliche Kompetenz läuft nichts.**
  Manche innovative Idee scheitert bei Start-ups schon deshalb, weil die Gründer, Erfinder oder Entdecker sie nicht marktwirtschaftlich klug umsetzen können und es an Visionen und der Fähigkeit mangelt, Geschäftspartner und Investoren davon zu begeistern. Dazu gehört das Beantragen von Patenten und Schutzrechten, eine ungeschönte Kalkulation, geplante Investitionen, Krisen-, Risiko- und Kostenmanagement. Unverzichtbar ist ein realistisches Bild über Ein- und Ausgaben, Mitarbeiter und Geschäftspartner sowie die Fähigkeit, korrekt zu bilanzieren. Ohne fachkundige Rechts-, Wirtschafts- und Steuerberatung geht wenig. Die Firmenziele müssen überzeugen.

Fazit

Nur wer als Unternehmen seine Chancen in einem möglichst nachhaltigen Zukunftsmarkt wahrnimmt, hat Chancen auf Überleben, Wachstum, Weiterentwicklung, Marktführerschaft, Internationalisierung und ansehnliche Erträge.

Die Vorausschau von Zukunftsexperten und Wahrsagern unterscheidet sich kaum in ihrer Trefferquote. Beides hat jedoch Unterhaltungswert und wird deshalb gern gelesen und gehört.

Zukunftsmärkte zutreffend zu beschreiben, ist schwierig. Irrtümer sind mit einzuplanen. Dies wird deutlich, wenn wir die Marktprognosen der letzten Jahre lesen. Was hat sich doch alles seit der Corona-Pandemie ereignet!

Wer bei seinen Planungen den demografischen, globalen, gesellschaftlichen und klimatischen Wandel ausklammert, hat schon im Vorfeld verspielt. Um Zukunftsmärkte treffsicher zu erkennen und auszuwerten, ist es notwendig, ungeschönte Erkenntnisse aus den Veränderungen zu gewinnen und im Unternehmensalltag umzusetzen.

3.2 Branchenauswahl statt Index-Wiedergabe

Zugegeben, Stock Picking mit Nebenwerten ist eine mühsame Sache, es erfordert einen hohen Zeitaufwand, fundiertes Börsenwissen, aufmerksame Marktbeobachtung und das nötige Kapital.

Oft setzen Beruf, Familie und Freizeitgestaltung hier natürliche Grenzen. Da kann es hilfreich sein, sich bei der Auswahl von Nebenwerten auf zukunftsfähige Branchen zu konzentrieren, statt die gesamten Nebenwerte-Indizes hierzulande Aktie für Aktie durchzusehen. Allein bei MDAX, SDAX, TecDAX und DAXplus 30 Family sind dies über 180 Titel. Dazu kommt dann noch der Blick auf Europa (EURO STOXX 50) und vor allem auf die außereuropäischen Märkte (NASDAQ, S&P 500 und NIKKEI). Das ist anstrengend und zeitaufwendig, aber für ein gut zusammengestelltes und zukunftsfähiges Depot sehr wichtig.

Neben dieser Branchen-Zusammenstellung, die keinen Anspruch auf Vollständigkeit erhebt, wollen wir Sie auch mit Nebenwerte-Auswahlen erfreuen, zugeschnitten auf vorsichtige, erfolgsorientierte und risikofreudige Anlegerinnen und Anleger.

Gerade bei Growth-Aktien, denen man ein starkes Wachstum unterstellt, spielt die Branche, denen sie angehören, eine wichtige Rolle, wenn es darum geht, die künftige Entwicklung einzuschätzen.

Wir zeigen Ihnen im Folgenden Aktien- und ETF-Vorschläge von kleinen, mittleren und größeren Mittelständlern, die sich für unterschiedliche Anlagesummen ab 5.000 Euro eignen können.

3.3 Rohstoffe der Zukunft

Nach jahrelanger Durststrecke haben sich viele Rohstoffwerte erholt.

Industriemetalle befinden sich teilweise im Aufwärtstrend. Der Kakaopreis bleibt neben Kaffee weitgehend stabil, vor allem wegen der großen Nachfrage nach Schokolade. Andere Rohstoffe wie Lithium, Kobalt, Kupfer, Nickel und Zinn notieren meist aufwärts. Durch die Wahl Bidens in den USA könnte das umstrittene Fracking von Öl jedoch einen Dämpfer bekommen.

Die gedrosselte Ölförderquote durch die OPEC-Länder versetzte dem Ölpreis und damit auch etlichen russischen Aktien zunächst einen Schub, wovon 2020 nach dem Ausbruch der Corona-Pandemie kaum etwas übrig blieb. Der kolossale Ölpreisverfall erfreut umgekehrt jedoch die Autofahrer und Öl-Heizer. Auf der anderen Seite erleiden die fossilen Energien fördernden Länder erhebliche Umsatz- und Ergebniseinbrüche. Bei Fracking ist die Existenz gefährdet.

Rohstoffe begleiten Sie durch den Tag

Wenn Sie morgens aufstehen, verlassen Sie Ihr Bett, dessen Gestell aus Holz, Kunststoff oder Metall besteht, Ihre Bettdecke ist vielleicht mit Gänsedaunen gefüllt. Sie duschen, trocknen sich mit einem baumwollenen Badetuch ab, ziehen Ihren Bademantel aus Naturfasern an und bereiten das Frühstück vor. Es gibt Kaffee, Kakao oder Tee mit Zucker, Milch oder Kaffeesahne, Orangensaft, Getreidemüsli oder Joghurt, Brötchen oder Brot mit Butter, Konfitüre, Honig, wahlweise mit Schinken, Käse und Bio-Ei. Sie frühstücken an einem hölzernen Tisch, unter dem ein wollener Teppich liegt. Sie fahren mit dem Rad, öffentlichen Verkehrsmitteln oder Ihrem Auto zur Arbeit. Überall begegnen Ihnen Rohstoffe. Im Büro besteht der Fußboden aus Naturholz oder Holzwerkstoffen. Computeranlage, Bildschirm, Tastatur, Drucker, Kopierer und sonstige Geräte enthalten unterschiedliche Materialien. Nach der Arbeit sind Sie auf der Suche nach einem Schmuckstück aus Gold oder Silber mit einem Edelstein besetzt.

Einteilung der Rohstoffe

Rohstoffe werden in vier Gruppen unterteilt:

- **Energierohstoffe:** Fossile Energien wie Erdöl und Erdgas sind in zahlreichen Branchen und Geschäftsfeldern vorläufig noch unverzichtbar. Zum Teil winken hier attraktive Dividenden. Das gleicht Kursschwächen etwas aus, nicht aber die negativen Umweltfolgen und die teilweise erheblichen Probleme beim Abbau (z. B. Fracking).

- **Industriemetalle:** Hierzu zählen Aluminium, Chrom, Gallium, Indium, Kobalt, Kupfer, Lithium, Nickel, Palladium, Stahl und Zinn.
- **Edelmetalle:** In diese Rohstoffgruppe gehören Gold, Silber, Platin und Palladium. Gerade beim Abbau der Metalle und der Seltenen Erden gibt es noch große ökologische (und soziale) Probleme, zumal viele Minen in wenig industrialisierten Ländern liegen, deren Betreiber beim Abbau oft rücksichtslos vorgehen.
- **Agrarrohstoffe:** Baum- und Schurwolle, Getreide, Zucker, Kaffee, Kakao, Mais, Raps, Rind- und Schweinefleisch sind Agrarrohstoffe, wobei Mais, Zucker, Weizen und Raps auch zu Ethanol und Biodiesel verarbeitet werden. Das bei der Verbrennung entstehende frei werdende Kohlenstoffdioxid entspricht der Menge, die beim Wachstum aus der Atmosphäre entnommen wird, daher sind Antriebe mit Biodiesel klimaneutral.

Fossile Energien sind Brennstoffe beziehungsweise Rohstoffe, die in vielen Millionen Jahren aus urzeitlichen Tieren und Pflanzen entstanden sind. Dazu gehören Steinkohle, Braunkohle, Torf, Erdöl und Erdgas. Fossile Energieträger dienen vor allem der Wärme- und Stromerzeugung. Die Chemieindustrie entwickelt viele Produkte auf Erdölgrundlage. Fossile Energieträger sind keine nachwachsenden Rohstoffe. Also werden sie irgendwann aufgebraucht sein. Alternativen müssen her. Wasser-, Wind- und Solarkraft sind auch als Energieträger wegen der Erderwärmung durch den Klimawandel notwendig. Sie erreichen immer größere Anteile und erbringen dank intensiver Forschung mehr Leistung. Bislang sind Gas- und Ölheizungen bei erprobter Technik ausgereift, preiswert und finanzierbar. In den nächsten Jahren ist zu erwarten, dass die Wasserstoff- beziehungsweise Brennstoffzellen-Technik auch in den großen Heizungsbereich einziehen wird.

Die Erdölproduktion rentiert sich nur noch in leicht zugänglichen Regionen und wird zunehmend durch erneuerbare Energien abgelöst. Die globale Erdgasförderung wird für die blaue Wasserstofftechnik, Vorreiter in Skandinavien und Favorit der EU, eingesetzt. Die Kohleförderung verliert an Boden und spielt hierzulande keine Rolle mehr. Aber noch wird auf Kohle nicht weltweit verzichtet.

Deutsche Rohstoff-Aktien mit DAX-Werten				
Aktie/Unternehmen Index	**WKN**	**Kurs am 26.08.2020**	**Hoch/Tief 1 Jahr**	**Kursentwicklung 1, 3, 5 Jahre**
Aurubis	676650	57,65 €	62,65/30,85 €	+59/-14/+21 %
MDAX: Verarbeitung Kupferkonzentrat/Altkupfer/Recycling, KGV 13, Div. 3,2 %				
E.ON	ENAG99	10,20 €	11,55/7,65 €	+30/+21/+44 %
DAX: Versorger Wind-/Wasserkraft/Biomasse/Solarstrom, KGV 14, Div. 4,8 %				
HeidelCement	604700	52,40 €	70,10/29,10 €	-11/-30/-11 %
DAX: Rohstoffproduzent Zement, Beton, Baugrundstoffe, KGV 9,0, Div. 3,3 %				
K&S	703712	6,45 €	15,55/4,50 €	-53/-67/-78 %
MDAX: Kalium/Magnesium Landwirtschaft/Industrie, Salz, KGV 20, Div. 2,4 %				
RWE	703712	33,25 €	34,90/20,15 €	+36/+82/+183 %
DAX: Globaler Strom-/Gasanbieter & Wasserstoffhändler, KGV 16, Div. 2,6 %				
Thyssen-Krupp	750000	6,20 €	13,90/3,30 €	-40/-74/-65 %
MDAX: Werkstoff-/Technologie-Konzern Stahl und Industriegüter, Div. 0,0 %				
Uniper	UNSE01	27,75 €	31,00/20,80 €	+6/+48 %
MDAX: Abspaltung E.ON; Handel/Vertrieb Strom und Gas, KGV 16, Div. 4,7 %				

Gold und Edelmetalle werden oft auch zur Geldanlage empfohlen. Abgesehen davon, dass viele schwarze Schafe in der Szene unterwegs sind, die mit unseriösen Angeboten auf sich aufmerksam machen, muss man bedenken, dass der aktuelle Goldpreis bereits sehr stark bewertet ist. Im Gegensatz zu den Aktiengesellschaften erzielen Edelmetalle langfristig betrachtet keinen Mehrwert, und es gibt keine Dividende. Andererseits verhält sich der Goldpreis oft antizyklisch zu den Aktienkursen. Von daher kann in einem großen Depot eine Beteiligung an einer Edelmetall-Minen-Gesellschaft eine sinnvolle Ergänzung im Sinne einer breiten Streuung sein.

Wir haben in geringem Ausmaß Gold- und Edelmetallaktien im Depot, allerdings nur solche, die sich an Mindest-Umweltstandards halten, wie zum Beispiel diese beiden kanadischen Unternehmen:

AGNICO EAGLE MINES LTD. (WKN: 860325): 86 Stück, +7 % (2020)
BARRICK GOLD CORP. (WKN: 870450): 30 Stück, +21 % (2020)

3.4 Erneuerbare Energien

Die Sonne schickt in 6 Stunden mehr Energie zur Erde, als die Menschheit pro Jahr verbraucht. Aber Treibhausgase schädigen die Umwelt und begünstigen den gefährlichen Klimawandel.

Die Energiemenge, die jährlich von der Sonne auf die Erde strahlt, entspricht dem Zehntausendfachen des Weltenergiebedarfs. Insgesamt kommt die Energiewende im Stromsektor voran. Der Fortschritt ist sichtbar. Der Ökoanteil an der Stromproduktion wächst planmäßig von ungefähr 10 auf 30 % in einem Jahrzehnt. Bis Mitte dieses Jahrhunderts sollen überwiegend erneuerbare Energien eingesetzt werden, mindestens 80 %.

Allerdings gibt es auch Probleme. Bei den Windrädern besteht Platzmangel. Solarstrom wird zwar immer leistungsfähiger, bleibt aber teuer und belastet den Strompreis. Zudem sind auf Hunderten von Kilometern neue Stromtrassen zu installieren. China bestimmt die Marschrichtung in der Solarindustrie. Durch technologischen Fortschritt, Standardisierung, Serienfertigung, Massenproduktion und harten Wettbewerb dürften bei Fotovoltaik die Preise kaum steigen.

Nur substanz- und finanzstarke Firmen haben in Europa Chancen, sofern sie Industrie 4.0 und Digitalisierung schnell umsetzen. Kleinen AGs droht die Übernahme durch chinesische Anbieter zum Schnäppchenpreis, vielleicht sogar die Pleite. Chinesische Solarzellenhersteller haben weitaus geringere Fixkosten als westliche Konkurrenten. China hat Deutschland als größte Solarnation abgelöst.

Weiterhin eine große Herausforderung: Windenergie im Meer

Die einst verhöhnten und bekämpften Windräder befinden sich wieder im Aufwind. Dies zeigt sich an eher stabilen Börsenkursen nach dem starken Einbruch in den Jahren zuvor. Der Kurs des dänischen Weltmarktführers **Vestas** befindet sich am 26. August 2020, mit 131 Euro auf Allzeithoch. Und auch die mittelständische Firma **ABO Wind** vom Börsenindex SCALE für junge Unternehmen zeigt einen klaren Aufwärtstrend.

Den Offshore-Projekten auf dem Meer gehört die Zukunft, mögen auch Tsunamibrecher zu überwinden sein und Umweltschützer immer weitere Abstände zum Land fordern. Es geht um den Schutz der bedrohten Tierwelt, um Netzwerke, Speicherkapazität, staatliche Auflagen für Errichtung und Betrieb, Aufbau, Wartung und Reparatur – das ist alles kostspielig und zeitraubend. Es gilt, den Problemen in der Meerestiefe an den 30 bis 60 Kilometer von der Küste entfernten Standorten zu trotzen. Windkraftanlagen dürften bis 2030 zwanzigmal mehr Windenergie erzeugen als derzeit. Mit Nordex zählt nur eine Firma zum TecDAX.

Mittelständische Aktien Windkraft und Solar, Deutschland				
Aktie/Unternehmen Land/Index	**WKN**	**Kurs am 30.12.2020**	**Hoch/Tief 52 Wochen**	**Entwicklung 1, 3, 5 Jahre**
ABO Wind AG	576002	46,40 €	46,60/16,00 €	+114 %/IPO*
m:access: Innovativer Entwickler von Windkraft-, Solar-, Biogasanlagen mit »Effekt-Check«				
BEFESA	A2H5Z1	51,70 €	53,20/22,90 €	+37 %/IPO*
SDAX: Recycling von Stahlstaub, Salzschlacke und Aluminium-Rückständen				
Deutsche Rohstoff-AG	A0XYG7	8,50 €	26,00/6,10 €	-46/-58/-41 %
SCALE: Marktführend bei Offshore-Windkraft, Bioenergie, Energielösungen				
Encavis	609500	21,35 €	21,40/6,85 €	+121/+235/+185 %
SDAX: Unabhängiger Windkraft- & Solarparkbetreiber in Europas Kernmärkten				
Nordex	A0D655	22,16 €	22,60 €/5,75 €	+80/+136/-32 %
Tec-/SDAX: Produktion Windkraftanlagen & Rotorblätter der Megawattklasse				
PNE Wind	A0JBPG	8,00 €	8,28 €/3,25 €	+98/+177/+288 %
CDAX: Windkraftprojekte im Meer (offshore) und an Land (onshore) und Management				
Siemens Gamesa	A0B5Z8	32,78 €	33,40//10,85 €	+109/+181/+104 %
IBEX 35 Index, Spanien: Weltweiter Anbieter von Windkraftturbinen offshore und onshore				
SMA Solar Tech.	A0DJ6J	56,85 €	57,00/17,85 €	+59/+52/+8 %
SDAX: SMA entwickelt marktführend Wechselrichter und Überwachungssysteme				
VERBIO	A0JL9W	30,70 €	39,20/20,75 €	+156/+277/+432 %
SDAX: Biokraftstoff-Anbieter/Biodiesel aus nachwachsenden Rohstoffen				

Solarenergie-Nutzung rund um den Globus: Licht und Schatten

Solarenergie hilft, den drohenden Klimawandel zu bekämpfen.

Bis 2020 sollten die alternativen Energien den Strombedarf in Deutschland zur Hälfte abdecken und den Ausstoß von Kohlendioxid deutlich verringern. Rohstoffaktien fossiler Brennstoffe werden abgestraft. Bei einigen Solar- und Windkraft-Unternehmen winken dagegen Allzeithochs.

Herausragend ist die Kursentwicklung beispielsweise von **Enphase Energy** (WKN: A1JC82) aus den USA – auf Rekordniveau mit 145 Euro am 23. Dezember 2020. Vor genau einem Jahr stand der Kurs noch bei 24 Euro, das Jahresplus beträgt hier unglaubliche 504 %.

Ebenso gilt dies für das israelische Unternehmen **SolarEdge Tech** (WKN: A14QVM). Der Wechselrichter-Spezialist begeistert mit immer neuen Rekordständen, zum Jahresende 2020 gar 267 Euro. Damit hat sich der Kurs im Jahresverlauf verdreifacht!

Kurzer Rückblick: Fotovoltaik, abgeleitet vom griechischen Wort für Licht und der Einheit für elektrische Spannung, Volt, ist geräuschlos, geruchlos, abgasfrei, beständig und unentbehrlich im Kampf gegen Treibhausgase. Die ersten Solarzellen aus Silizium wurden 1954 in den USA präsentiert und 1958 in der Raumfahrt eingesetzt. Hierzulande wurde Fotovoltaik durch das »100.000-Dächer-Programm« angetrieben.

Die damalige Preisgarantie für 20 Jahre als Anreiz für das Programm gilt heute als Riesenfehler. Um umweltfreundliche Produkte voranzutreiben, ist eine großzügige Förderung für wenige Jahre gerechtfertigt, aber keine Preisgarantie für zwei Jahrzehnte!

Die Anlage in erneuerbare Energien und Projekte gegen die Erderwärmung erfordert Zeit und Börsenwissen. Gute Aktienfonds sind die beste Alternative im zersplitterten Sektor. Erkundigen Sie sich, ob Sparpläne zugelassen sind. Aktienfonds mit langem Anlagezeitraum sind ideale Anlagen für Kinder und Enkel.

Aktienfonds Nachhaltigkeit, neue Energie, Umweltschutz				
Fondsname	**WKN**	**Kurs am 27.08.2020**	**Hoch/Tief 1 Jahr**	**Kursverlauf 1, 3, 5, 10 Jahre**
LOF Lombard Odier Funds global	A0RNUR	35,80 €	69,60/26,00 €	+10/+40/+97/+253 %
	Umfang 1,75 Milliarden Euro, Alter 11 Jahre, Ausgabeaufschlag 5,00 %, Gebühr 1,00 %, ausschüttend. Anlageziel sind die Aktien nachhaltiger Firmen, wie Alphabet, Thermo Fisher, Baxter, Cognizant.			
Nordea 1 Global Climate Environment	A0NEG2	22,20 €	22,25/15,00 €	+20/+38/+90/+202 %
	Umfang 3,58 Milliarden Euro, Alter 12 Jahre, Ausgabeaufschlag 5,00 %, Gebühr 1,50 %, thesaurierend. Anlage in Aktien, die im Umweltschutz aktiv sind: LINDE, Synopsis, ASML, ENEL, Infineon und Merck.			
terrAssisi Aktien AMI P	984734	34,55 €	37,00/24,90 €	+12/+31/+64/+191 %
	Umfang 113 Millionen Euro, Alter 20 Jahre, Ausgabeaufschlag 4,50 %, Gebühr 1,35 %, thesaurierend. Investition in nachhaltige Aktien wie United Health, Microsoft, VISA, LINDE, L' Oreal, Abbot Lab.			

3.5 Die Automobilindustrie im Umbruch

Damit die Autoindustrie künftig wieder boomt, geht es um mehr als eine leistungsfähige und preiswerte Elektromobilität mit Infrastruktur, autonomen Autos und umweltfreundlichen Dieselfahrzeugen.

Ebenso wichtig sind Forschung und Entwicklung unter Einsatz Künstlicher Intelligenz. Mit neuartigen Kunststoffen lässt sich das Gewicht bei Motoren und Karosserien verringern. Damit auch 70-, 80- und 90-Jährige noch Auto fahren können, sind neben autonomen Fahrzeugen zuverlässige Navigationssysteme, Einparkhilfen und Unfallwarnsysteme wichtig. Es ist auch zu hinterfragen, ob jedes neue Modell breiter, länger, teurer sein muss. Ältere Garagen sind für Premiumfahrzeuge fast immer zu eng. Es geht hier nicht nur um den Geldbeutel.

Die deutschen Automobilbauer müssen ihre Vormachtstellung im Premiumsektor verteidigen. Viele Experten fordern, den Batteriebereich nicht China, Japan und den USA zu überlassen, sondern in der EU gemeinschaftliche Projekte zu entwickeln.

Die Elektroautos sollen dem Klimawandel entgegenwirken. Doch für Akkus, die Energie zum Fahren speichern, brauchen wir die knapper werdenden Rohstoffe. Kobalt, Lithium und Nickel sind die für Batterien verwendeten Favoriten. Bis 2040 sollen 35 % der weltweit verkauften Autos von einem Elektromotor angetrieben werden.

Die Autoindustrie plant eigene Netze für sich selbst steuernde Fabriken und autonom fahrende Autos. Der künftige Mobilfunkstandard 5G wird für die Autoindustrie zur Schlüsseltechnologie. Einen großen Anteil hat die Künstliche Intelligenz mit flexiblen, lernfähigen, kommunizierenden Maschinen. Unentbehrlich ist ein funktionierendes Cloud-Computing mit Datenspeicherung und Datenanalyse auf sicheren Servern.

Die Zulieferer brauchen vernetzte Lieferketten und Logistik. Cyber-Security, Prozessüberwachung, vorausschauende Wartung und genaue Überprüfung sind unverzichtbar. Aktien des Fahrzeugsektors profitieren vom demografischen Wandel. Aufgrund innovativer Assistenzsysteme als Übergangstechnologie zum autonomen Fahren wird es auch älteren Verkehrsteilnehmern künftig ermöglicht, mobil zu bleiben.

In der Antriebstechnik der Automobile geht es nicht nur um die sogenannte E-Mobilität, die Batterie-Entwicklung mit der entsprechenden Infrastruktur. Vor allem im Nutzfahrzeugbereich bieten sich Brennstoffzellen als umweltfreundliche Alternative an, also blauer und vor allem CO_2-frei produzierter grüner Wasserstoff. Die Wasserstoff-Technologie erlebte 2020 und zu Beginn 2021 einen wahren Hype. Im Gegensatz zu den Elektroantrieben erscheint derzeit ein Einzug in die Massenproduktion privatgenutzter Fahrzeuge fraglich. Von daher wirken einige Aktienkurse von Wasserstoffaktien inzwischen als überbewertet. Hier gilt es die Marktchancen aktuell zu verfolgen.

Hier erscheinen die folgenden schwankungsfreudigen Aktien interessant, die in unserem Depot sind. Von manchen dieser Aktien wurden Anfang 2021 Teile gemäß der Hoch-Tief-Mut-Strategie zu Höchstständen verkauft.

Auswahl einiger Wasserstoff-Aktien				
Aktie/Unternehmen Land	**WKN**	**Kurs am 23.12.2020**	**Hoch/Tief 1 Jahr**	**Kursverlauf 1, 3, 5 Jahre**
Ballard Power Kanada	A0RENB	19,25 €	19,28/6,19 €	+152/+398/ +1.221 %
NEL ASA Norwegen	A0B733	2,56 €	2,60/0,63 €	+189/+619 %/ neu
Plug Power USA	A1JA81	29,70 €	31,00/2,35 €	+810/+1246/ +1.352 %
PowerCell Schweden	A14TK6	32,20 €	36,50/12,70 €	+93/+725 %/ neu
ITM POWER Großbritannien	A0B57L	5,29 €	5,30/0,76 €	+450/+1146/ +1.855 %

Die Wissenschaft mit innovativen Visionen für das marktbeherrschende Zukunftsauto erforscht und entwickelt die Künstliche Intelligenz mit lernfähigen Robotern ständig weiter. Im Blickpunkt stehen Kraftfahrzeugteile, Umweltfolgen, die Sicherheit von Produkten, Anlagen und Prozessen, zu verwendende Materialien, Werkstoffe und Leichtbaukomponenten. Gearbeitet wird an Hybridtechnik, Energieersparnis durch verringertes Gewicht, Rußpartikelfilter auch für Benziner. Es geht um bessere Motor- und Bremstechnik sowie um mehr Fahrsicherheit mithilfe von Assistenzsystemen.

Die Automobilgiganten und Internetriesen veranstalten ein heißes Wettrennen um ein funktionstüchtiges selbstfahrendes Auto. Die mit Abstand höchste Testkilometerquote weist **Google** mit der Tochterfirma **Waymo** auf. Google verfügt wohl über die am meisten ausgereifte Technologie. Letztlich kommt es auf ein funktionierendes 5-G-Netz an; denn Autos erzeugen Unmengen an Daten. Deutschland kann nur dann den Leitmarkt für Elektromobilität erobern, wenn die Batteriereichweite steigt und Karosserien sowie Motoren weniger wiegen durch Leichtbauteile. Dazu gehört eine passende Infrastruktur mit Ladestationen in allen Städten und an Rastplätzen. **Tesla** dominiert den Markt.

Autobauer, Zulieferer, Vermietung: Nebenwerte weltweit				
Aktie/Unternehmen	**WKN**	**Kurs 27.08.2020**	**Hoch/Tief 1 Jahr**	**Kursverlauf 1, 3, 5 Jahre**
Bertrandt (SDAX)	523280	34,40 €	56,70/25,00 €	-22/-48/-59 %
Elring Klinger	785602	6,00 €	9,60/3,40 €	+24/-60/-70 %
Fuchs Petrolub	579040	29,20 €	40,80/24,25 €	-1/-22/-3 %
Geely (China)	A0CACX	1,70 €	2,20/1,20 €	+29/-11/+500 %
HELLA (MDAX)	A13SX2	41,35 €	50,25/20,25 €	+21/+1/+27 %
Jenoptik (SDAX)	A2NB60	22,65 €	23,10/13,00 €	+8/+3/+104 %
Knorr-Bremse (S)	KBX100	106,55 €	108,50/70,80 €	+28,3 %/IPO
LEONI (SDAX)	540888	6,20 €	13,95/5,20 €	-41/-88/-88 %
SCOUT24 (SDAX)	A12DM8	77,65 €	79,70/43,50 €	+55/+141/+33 %
SIXT St (SDAX)	723132	75,40 €	100,00/33,30 €	-6/+34/+119 %
TRATON (SDAX)	TRATON	17,05 €	26,25/11,00 €	-24 %/IPO
VARTA M/TDAX)	A0TGJ5	132,00 €	132,5/50,50 €	+74 %/IPO
Washtec (SDAX)	750750	36,80 €	57,80/28,85 €	-23/-43/+81 %

Zwei Aktienfonds mit Schwerpunkt Automobilindustrie				
Fondsgesellschaft	**WKN**	**Kurs am 28.08.2020**	**Hoch/Tief 52 Wochen**	**Kursverlauf 1, 3, 5, 10 Jahre**
Janos Henderson Gartmore Conti	A0DLKB	11,30 €	12,25/7,95 €	+8/+13/+24/+132 %
	Umfang 1,9 Milliarden Euro, Alter 16 Jahre, Ausgabeaufschlag 5,00 %, Gebühr 1,50 %, thesaurierend. Europa-Aktien Autoindustrie.			
Janos Henderson Gartmore Global	A0DNEW	20,85 €	21,10/14,55 €	+20/+44/+79/+226 %
	Umfang 615 Millionen Euro, Alter 16 Jahre, Ausgabeaufschlag 5,00 %, Gebühr 1,5 %, thesaurierend. Wachstum/Ertrag Fahrzeugsektor.			

3.6 Neue Trends im Versicherungs- und Bankenwesen

Wird es in 20 oder 30 Jahren noch Bargeld in Scheinen und Münzen geben? Wie sehen die vom Digitalisierungstrend geprägten Banken morgen und übermorgen aus?

Laufen die »Fintechs« (technisch weiterentwickelte Finanzinvestitionen) den etablierten Geldinstituten den Rang ab? Setzt sich das Zweigstellensterben fort? Die gesamte Finanzwirtschaft – ob Geldinstitute oder Versicherungen – steht vor gewaltigen Herausforderungen. **Für das deutsche Bankenwesen ist die 3-Säulen-Struktur kennzeichnend:**

- Die 1. Säule umfasst die Genossenschaftsbanken mit der DZ Bank und den Volks- und Raiffeisenbanken.
- Die 2. Säule bilden alle öffentlich-rechtlichen Geldinstitute, z. B. die KfW Bank, die Landesbanken und Sparkassen.
- In der 3. Säule sind die privaten Geschäftsbanken vereint.

Im Zuge von Kostensenkungsmaßnahmen und des Umbruchs durch Digitalisierung und Onlinebanking sinkt die Zahl der Bankfilialen in Deutschland dramatisch. Die internetkundige jüngere Generation, ausgestattet mit modernen Handys beziehungsweise Smartphones, hat damit kein Problem. Die meisten jungen Leute wickeln sämtliche Bankvorgänge elektronisch ab. Jede Wertpapierorder läuft sekundenschnell online ab, oft auch im Abendhandel bis 22:00 Uhr, wo keine Bank mehr geöffnet hat. Dagegen leiden viele ältere Menschen darunter, dass die Wege zur nächsten Bank immer länger und die Öffnungszeiten zusehends kürzer werden.

Vermehrt drängen Auslandsbanken und Fintechs (Finanztechnologie-Banken, die oft als Start-ups reine Online- beziehungsweise App-basierte Dienste anbieten) auf den allmählich verwaisten deutschen Markt.

Die Corona-Krise führte zu weiteren Filial-Schließungen – oft kombiniert mit Entlassungen.

Innovative Finanzdienstleister erzielen Gewinne, wenn sie die Digitalisierung gekonnt umsetzen und mit neuartigen Geschäftsmodellen Alleinstellungsmerkmale aufbauen.

Da das Lebensversicherungsgeschäft wegbricht, sorgen Policen gegen Cyberkriminalität und Umweltschäden bei höherer Gewalt für einen gewissen Ausgleich. Die Anforderungen an Datenschutz und Datensicherheit steigen, oft verbunden mit zeitraubender und überflüssig erscheinender Bürokratie. Die elektronischen Zahlungsverkehrskonzerne wie **PayPal** verzeichnen dagegen einen deutlichen Aufschwung. Und Robo-Advisor-Systeme, wenn sie im Corona-Crash auch nicht immer überzeugend waren, finden immer mehr Liebhaber.

Das frühere Zugpferd Kapitallebensversicherung ist nicht mehr attraktiv. Der Zukunftsmarkt heißt »Versicherungen gegen Datenkriminalität«. Nur wer mit zukunftsfähigen Geschäftsmodellen Kunden bei Laune hält, kann überleben. Ein warnendes Beispiel, wie schnell man im Abwärtssog untergehen kann, war die Pleite der US-Großbank **Lehman Brothers**, Hauptauslöser der Weltwirtschaftskrise 2008/2009. Die Rückversicherer sehen Silberstreifen an der Preisfront. Im Zeitalter digitaler und vernetzter Industrie wittern die Versicherungskonzerne Einnahmen in Milliardenhöhe durch teure Policen gegen Cyber-Attacken.

Finanzdienstleistungsaktien aus DAX, MDAX und SDAX

Die deutschen Indizes enthalten etliche Finanztitel, sodass sich alternativ ein ETF anbietet.

Die US-Notenbank FED und die Europäische Zentralbank (EZB) bestimmen den geldpolitischen Kurs. Die Geldinstitute leiden unter deren Nullzinspolitik. Die Versicherungswirtschaft kann Kapitallebensversicherungen kaum mehr schmackhaft machen.

Die sich häufenden Naturkatastrophen durch den Klimawandel schmälern die Gewinne. Mit Sparbuch und seriösen Staatsanleihen lässt sich kein Kapital vermehren. Umso interessanter sind Aktien. Was Freude macht, sind – sofern nicht wegen der Corona-Krise gekürzt – die üppigen Dividenden bei Versicherungstiteln.

Auswahl deutscher Finanzaktien aus MDAX und SDAX				
Aktie/Unternehmen	**WKN**	**Kurs am 30.12.2020**	**Hoch/Tief 1 Jahr**	**Kursverlauf 1, 3, 5Jahre**
Commerzbank (MDAX)	CBK100	5,27 €	6,85/2,80 €	-11/-58/-44 %
eine der führenden Geschäftsbanken Deutschlands KGV 26, Div. 2019 2,7 %				
Hannover Rück (MDAX)	840221	130,30 €	192,8/99,15 €	-25/+26/+28 %
Rückversicherung, hohes Prämienvolumen, KGV 16, Div. 2021 (e) 4,0 %				
Hypoport (SDAX)	549336	515,00 €	525,10/250,00 €	+57/+250/+581 %
Kreditplattform, Finanzdienste/Finanztechnologie, KGV 82, Div. 0,0 %				
Talanx (SDAX)	TLX100	31,70 €	48,40/21,40 €	-11/+6/+39 %
Versicherung/Finanzdienstleistung, KGV 12, Div. 2021(e) 4,75 %				

Neue Trends und Merkmale moderner Bankensysteme

- Auslandsgeschäfte: rasche, preiswerte Geldtransfers auch in Fremdwährung
- Bezahlvorgänge: bequemes, einfaches und schnelles Bezahlen mit E-Mail und Passwort statt PIN, TAN oder Unterschrift
- Kontoführung: sehr günstige oder kostenlose Konten und Kreditkarten, die sich mit Apps steuern lassen
- Umgang mit unbezahlten Rechnungen: bei Zahlungsverzug die Rechnung übernehmen und Schulden per App eintreiben
- Überweisungen: Geld anweisen mit SMS oder Klick ins Telefonbuch ohne zeitraubende 22-stellige IBAN-Eingabe
- Geld abheben und einzahlen: elektronisch, auch im Laden vor Ort
- Kapitalanlage: auf Social-Trading-Plattformen ohne hohen Aufwand
- Wegweiser für bargeldloses Bezahlen: schrittweiser Übergang mit dem Ziel, das Bargeld in Deutschland abzuschaffen (wie schon in Skandinavien geschehen)
- Der deutsche Fintech-Markt im Aufwärtstrend: Laut Umfrage 2019 kann sich ein gutes Drittel der Erwachsenen ein Smartphone-Konto vorstellen. Die Hälfte verneint dies. Junge Leute sind durch den Umgang mit modernen Medien aufgeschlossener als Senioren, von denen etliche nicht internetkundig sind.
- Preiswerte Kredite: Einerseits bekommen Sparer für ihr Geld kaum Zinsen, andererseits sind die Kreditzinsen niedrig. So lassen sich größere Anschaffungen und Immobilien leichter finanzieren. Da steigt die Versuchung, übertrieben zu konsumieren, Abzahlungsgeschäfte zu tätigen und sich zu verschulden. Allerdings sieht die Gegenrechnung bei Immobilien alles andere als erfreulich aus für Menschen, die an bezahlbaren Immobilien interessiert sind, sich aber Immobilien in vernünftiger Lage kaum leisten können. In guten Lagen steigen die Preise nämlich viel schneller, als durch die Zinsersparnis halbwegs ausgleichbar ist.

3.7 Künstliche Intelligenz

Die unterschiedlichsten Roboter sind weltweit im Einsatz.

Sie wirken nicht mehr Furchteinflößend, sind nicht durch Gitter abgesperrt, sondern arbeiten als »Kollege Roboter« neben den Menschen und mit ihnen. Sie fahren allein Auto, steuern selbstständig Schiffe, fliegen, schwimmen, spielen und hüpfen auf dem Wasser. Die lernfähigen Maschinen werden militärisch eingesetzt, sind unentbehrlich bei schwierigen chirurgischen Operationen und bewähren sich bei Naturkatastrophen. Sie mähen den Rasen und erobern den Haushalt.

Mensch gegen Maschine – Wettkämpfe in Strategiespielen

Jahr	Spiel	Wettbewerbsbeschreibung
1996	Schach	Der Schachcomputer Deep Blue besiegt den Weltmeister Garri Kasparow – damals eine Sensation.
2011	Jeopardy	Der Computer IBM Watson schlägt menschliche Gegner in dem Ratespiel, wo es auf Wortspiele und Ironie ankommt – ein ganz neues Gebiet für KI.
2016	GO	Google AlphaGo besiegt die Spieler im vermeintlich undurchdringbaren chinesischen Brettspiel.
2017	Poker	Ein Programm von Carnegie Mellon triumphiert in dem Kartenspiel, das von Bluff und Abwägung lebt.
2018	Dota 2	Fünf neuronale Netze bezwingen ein Team von fünf Experten im Videospiel Dota 2. Hier kommt es vorrangig auf Vorstellungskraft und Teamplay an.
Quelle: *Handelsblatt*, Nr. 158: Digitaler Umbruch, 17. August 2018, S. 40		

Sie kümmern sich um das Wohl der Gäste in Hotels und Restaurants, bewähren sich auf Kinderkrankenstationen, dienen als Spielzeug und Kuschelwesen, pflegen betagte Menschen. Den Forschern fallen immer neue Anwendungen ein, wie zum Beispiel der Einsatz in Schulen und Universitäten, um den Bildungssektor zu fördern, zu unterstützen und neue Wissensgebiete zu erschließen.

Die Roboter übernehmen auch wichtige Aufgaben bei der Berufsaus-, -fort- und -weiterbildung. Möglicherweise entwickeln sie auch vernünftige Arbeitsformen zwischen einem effizienten digitalisierten Fernunterricht und dem gewohnten Unterricht in Schulen und Hochschulen.

Roboter beschwören aber auch Ängste herauf. Sind die mit der Künstlichen Intelligenz ausgestatteten lernfähigen Supermaschinen möglicherweise schon jetzt oder zumindest bald klüger als Nobelpreisträger? Bestimmen sie die Richtung, wo es langgeht? Geht von ihnen eine Gefahr aus? Die Roboter der Zukunft werden besser sprechen und Emotionen ihrer menschlichen Partner genauer deuten. Letztlich tun sie aber das, wofür sie programmiert wurden. Ein Superroboter lässt dem Schachweltmeister kaum Gewinnchancen. Aber fühlen wird er als seelenloses Wesen nie können, auch wenn es so aussehen mag.

Humanoide Roboter, ausgestattet mit menschlichen Eigenschaften, werden immer leistungsfähiger. Sie gehen, sehen, hören, sprechen, ähneln uns zunehmend und finden Eingang ins Alltagsleben. Humanoide Roboter können uns helfen, eine neue Stufe der Zivilisation zu erreichen. Dank ausgefeilter Technologie wären die Supermaschinen aber auch fähig, Vernichtungskriege zu führen und uns in den Abgrund zu stürzen. Umgekehrt sind die intelligenten, lernfähigen Maschinen noch weit davon entfernt, überall, also in sämtlichen Anwendungsbereichen, perfekt zu sein. Dies wird beispielsweise bei Haushaltsrobotern deutlich. Sie können seit geraumer Zeit verlässlich den Boden wischen oder erfolgreich Teppiche saugen. Sie sind fähig, Fenster zu putzen, aber nicht alles zugleich. Tüchtige Raumpfleger und Raumpflegerinnen erledigen diese Aufgaben oft besser.

Spezialroboter bieten einfache automatisierte Portfolios an. Die meisten Bundesbürger zählen zur Gruppe der Aktienmuffel. Aber an einer einfachen, automatisierten und damit kostengünstigen Vermögensverwaltung, um die sich Roboter statt echte Bankberater kümmern, besteht durchaus Interesse. Dies gilt umso mehr, wenn die Angebote fair und preisgünstig sind. Da können auch Bürger zugreifen, die sich in finanziellen Fragen schlecht auskennen und wenig Lust verspüren, sich gründlich mit Vermögensaufbau und Altersvorsorge zu befassen.

Die einfache Vermögensverwaltung per Robo-Advisor füllt schon deshalb eine Lücke, weil viele Geldinstitute weitere Filialen schließen, die Öffnungszeiten kürzen beziehungsweise auf zwei bis drei Wochentage begrenzen. Jede Bank und Sparkasse muss aber bemüht sein, den Weg zu ebnen zum eigenständigen Onlinehandel mit Aktien, ETFs, Aktienfonds und so weiter.

Was leistet ein Robo-Advisor?

1. Schritt: Die Geldanlage ist auf unterschiedliche Anlegertypen zugeschnitten. Das System will wissen, ob man sich selbst als konservativ, sicherheitsbewusst, neutral, chancenbewusst, risikofreudig oder spekulativ einstuft.

2. Schritt: Nach dieser Selbsteinschätzung legt der Roboter dem Kunden einen Vorschlag mit oder ohne Alternative vor. Vor allem junge Leute sind daran interessiert.

3. Schritt: Wird eine Einmaleinlage oder ein Sparplan gewünscht? Eine Einmaleinzahlung ist insofern vorteilhaft, als nur ein mal Transaktionskosten anfallen. Ein Sparplan macht bei Aktienfonds oder Indexfonds (ETF) den Cost-

Average-Effekt möglich. Dadurch werden bei hohen Kursen weniger, bei niedrigen Kursen mehr Anteile erworben.
Thesaurierend bedeutet, dass sämtliche Dividenden gleich wieder angelegt werden. Ausschüttend heißt, dass die Dividende ausgezahlt wird, mindestens einmal jährlich.

4. Schritt: Nun wird die Portfoliostrategie in der gewünschten oder vorgeschlagenen Form umgesetzt.

Je nach Absprache beziehungsweise bestehender Kündigungsvereinbarung wird die hoffentlich im Plus befindliche Geldanlage ausgezahlt.

Kaum Nebenwerte-Robotik-Firmen

Unter den deutschen Index-Unternehmen haben wir außer der MDAX-Gesellschaft Eckert & Ziegler keine »naturreinen« Robotik-Spezialisten entdeckt. International sieht dies ähnlich aus.

Es ist aber festzustellen, dass alle forschenden Unternehmen KI einsetzen. Dies gilt vor allem für den Maschinenbau, aber auch für den Biotech-, Medtech- und Pharma-Bereich.

Drei innovative Industrieroboter-Neuheiten:

Das Robotertrio Industrie 4.0	
Name und Typ	**Leistungsbeschreibung**
Exoskelett Mate von Comau	Typ: Medizintechnikroboter zur Vorbeugung. Er unterstützt Arbeiter beim Beugen und Strecken der Schultern und sorgt für Kraft, Kontrolle, Balance. Die Zahl der Fehltage sinkt, Arbeitsqualität und Effektivität steigen.
OnRobot Gecko Gripper	Typ: Weltweit erster Roboter mit neuartigem Greifsystem. Gecko kann Werkstücke mit unebener oder löchriger Oberfläche aufheben und absetzen.
Yaskawa MotoMINI	Typ: Minitalent. Das bislang kleinste Modell der Motoman-Roboterserie eignet sich für die Montage kleinerer Werkstücke. Bei einer Reichweite von 35 Zentimetern und einer Tragfähigkeit von 500 Gramm bewegt er sich blitzschnell.

Wettrennen der Roboterautos mit Google-Tochter Waymo

16 Millionen Kilometer hat der Autoroboter von Waymo, Tochter des Weltkonzerns Google, auf öffentlichen Straßen bereits zurückgelegt. Der Minivan ist in der Stadt Phoenix im Bundesstaat Arizona unterwegs. Hier erhielt Waymo als erster Entwickler von selbst fahrenden Autos die Genehmigung, seine Kraftfahrzeuge ohne menschlichen Fahrer zu testen. Der weiße Van ist schon so weit entwickelt und fahrtüchtig, dass er eigenständig auf den Straßenverkehr, kreuzende Autos, Radler, Fußgänger, Ampeln und Stoppschilder reagieren kann. Er beschleunigt das Tempo, wenn die Fahrbahn frei ist, und drosselt die Geschwindigkeit, wenn sich ein Verkehrsteilnehmer vordrängeln will. So weit sind die deutschen Autohersteller noch nicht.

Nachdem wir im Sektor Künstliche Intelligenz und Robotik kaum Nebenwerte finden, dieses Thema aber zu den wichtigsten Zukunftsmärkten gehört, haben wir uns entschlossen, die marktführenden Unternehmen mit guter Kursentwicklung zu bringen.

Freilich gibt es viele mittelständische Unternehmen, für die Künstliche Intelligenz mit Robotik unverzichtbar ist. Man denke an die Fahrzeug- und Bauindustrie, das große Feld Gesundheitswesen mit Medizintechnik, an Prothetik und Implantate, an Operationsroboter, Weltraumforschung und den großen Militärbereich.

Internationale Aktien mit Bezug zu Künstlicher Intelligenz und Robotik					
Aktie/Unternehmen	**WKN**	**Index**	**Kurs am 4.9.2020**	**Hoch/Tief 1 Jahr**	**Kursverlauf 1, 3, 5 Jahre**
Alphabet A	A14Y6F	Nasdaq	1.294,80 €	1.419,00/938,90 €	+17/+59/+115 %
Google als weltweit größte Suchmaschine spielt bei KI vorn mit.					
Amazon	906866	Nasdaq	2.679,80 €	1.505,00/2.997,00 €	+67/+270/+341%
Der Weltmarktführer beim Onlinehandel präsentiert KI in jedem Lager.					
Intuitive Su.	888024	Nasdaq	583,60 €	605/345 € €	+21/+118/+254 %
Der globale Marktführer roboterunterstützter Chirurgie setzt Qualitätsmaßstäbe.					
iRobot	A0F5CC	S&P 500	62,30 €	79,05/30,05 €	-7/-32/+116 %
US-Pionier und Spezialist für Haushaltsroboter, Saugen/Wischen.					
Kla-Tencor	865884	Nasdaq	167,30 €	183,60/116,20 €	+33/+105/+252 %
USA, Weltmarktführer Prozesssteuerung für Halbleiter/Mikroelektronik mit KI.					
Medtronic	A14M2J	NYSE	82,10 €	111,30/68,30 €	-10/+22/+28 %
US-Pionier Medizintechnik: Herzschrittmacher, Herzklappen, Diagnostikgeräte					
Siemens	723610	DAX	109,45 €	119,80/58,75 €	+14/+5/+36 %
Industrie-Automatisierung und Mobilitätslösungen z. B. für ICE-Lokomotiven.					
SoftBank	891624	Nikkei	53,65 €	56,00/22,50 €	+18/+58/+121 %
Telekommunikationsdienstleistung, Fonds und Robotik.					
Sony	853687	Nikkei	65,15 €	69,00/44,250 €	+32/+97/+161 %
Elektronische Geräte, Spielkonsolen, Software, Musik, Robotik.					
Stryker	864952	S&P 500	162,95 €	210,10/117,0 €	-11/+35/+82 %
Implantate, Gelenkersatz, chirurgische Navigation, Robotik, Notfallausrüstungen.					
Synopsys	883703	Nasdaq	109,15 €	111,20/20,50 €	+42/+36/+282 %
Design-Software, Chips und Schaltkreise für Elektronik-Industrie mit Schulunge.					
Xilinx	880135	Nasdaq	93,45 €	94,00/61,10 €	-11/+75/+148 %
Weltmarktführer selbstentwickelter programmierbarer Schaltkreise und Platinen.					

3.8 Die Bauwirtschaft und Immobilien vor neuen Herausforderungen

Die Bevölkerungsentwicklung – eine noch ziemlich niedrige Geburtenrate von 1,6 % gepaart mit längerem Leben – und die Corona-Krise lassen eher auf eine zurückgehende Bautätigkeit mit Stillstand der Immobilienmärkte schließen. Doch das Gegenteil ist der Fall. Es gibt einen riesigen Neubau-, Sanierungs- und Renovierungsbedarf durch Verschleiß, die Umstellung auf umweltfreundliche Materialien und erneuerbare Energien beim Heizen und bei der Stromversorgung. Die Ansprüche an das eigene Zuhause, die Eigentums- oder Mietwohnung steigen. Im Schnitt geben Privathaushalte monatlich fast 900 Euro für ihr Zuhause aus. Die Wohnkosten verschlingen über ein Drittel aller Konsumausgaben. Die Zahl der Singlehaushalte nimmt zu. Das »Hotel Mama« ist nicht mehr begehrt. Wer allein lebt, wünscht 40 Quadratmeter, besser 60 Quadratmeter Wohnfläche. Der Bedarf an altersgerechten Wohnungen wächst. Den Lebensabend bei Sohn oder Tochter zu verbringen, bildet die Ausnahme. Frauen arbeiten oft beruflich und empfinden die Pflege der Eltern als belastend.

Die städtischen Ballungsräume Berlin, Dresden, Düsseldorf, Frankfurt, Freiburg, Hamburg, Heidelberg, Köln, Leipzig, Magdeburg, München, Nürnberg und Stuttgart wachsen. Die ostdeutschen Länder Sachsen-Anhalt, Mecklenburg-Vorpommern und Thüringen verlieren in ländlichen Regionen dramatisch an Einwohnern. Hier ist es schwierig, Wohnungen und Häuser gewinnbringend zu verkaufen oder zu vermieten.

Zum einen muss bezahlbarer Wohnraum bereitgestellt werden. Zum anderen zählt eine Infrastruktur mit intakter Verkehrseinbindung, medizinischer Versorgung, guten Arbeits- und Einkaufsmöglichkeiten, Freizeitangeboten und schnellem Internet ebenso dazu wie ein ausgefeiltes Bildungs- und Kulturangebot mit der Übernahme von Eingliederungsaufgaben. Sorgen bereiten die Enteignungsdebatten und die fünfjährige Mietpreisbremse in Berlin. Wer will da noch millionenschwere Investitionen wagen und Mietwohnungen bauen, wenn keine sicheren Einnahmen winken?

Naturkatastrophen häufen und verstärken sich. Sie bringen unendliches Leid über die betroffene Bevölkerung, bedeuten aber auch neue Herausforderungen und Aufträge für die Bauindustrie mit Infrastruktur. Man erinnere sich an die Zerstörung in Indonesien, als der Tsunami 2018 alles überrollte. Grauenhaft waren auch die Überflutungen durch Sturmböen und Starkregen in Italien und auf Mallorca, der Hurrikan im Bundesstaat Florida, der Brückeneinsturz in Genua, die schlimmsten Waldbrände seit Menschengedenken in Kalifornien. Der Klimawandel sendet gefährliche Warnsignale aus.

Da muss die Bauindustrie bezüglich Sicherheit kraftvoll reagieren. Momentan sorgt die Warnung »Meer frisst Land« für große Verunsicherung z. B. an den Uferstraßen in Hamburg, Amsterdam, Rotterdam durch den Anstieg des Meeresspiegels.

Die deutschen Wirtschaftsforschungsinstitute erwarten eine robuste Baukonjunktur. Dies zeigt sich an vollen Auftragsbüchern und höheren Baupreisen. Im Wohnsektor dominieren mehrgeschossige Mietshäuser und Dachausbauten. Noch steigen die Immobilienpreise in attraktiven Großstädten. Doch der durch Corona bedingte Trend zum Homeoffice dürfte den Gewerbesektor wegen freiwerdender Geschäftsräume mittelfristig belasten.

Das richtige Immobilieninvestment für Privatanleger

Den Grundstock der Altersvorsorge kann eine Eigentumswohnung, ein Reihenhaus oder ein freistehendes Haus zur Eigennutzung bilden. Entscheidend sind die Lage, die Infrastruktur mit Bildungs-, Freizeit- und Kulturangebot für Familien mit Kindern. Altersgerechte barrierefreie Wohnungen mit Aufzug, moderner Bad- und Küchengestaltung, öffentlichem Nahverkehr und medizinischer Versorgung sind begehrt. Gut geführte Pflegeeinrichtungen und ambulante Dienste für ältere Menschen dürfen nicht fehlen.

Der Kauf von Mietshäusern bei hohem Vermögen, Fachkenntnis und guter Gesundheit ist zu überlegen, soweit Fitness und Arbeitsaufwand dies zulassen. Gute Lage, hohe Wohnqualität und intakte Infrastruktur bei wachsender Bevölkerung sind entscheidend.

Wichtige Unternehmen sind im DAX, MDAX, SDAX notiert. Die beiden REIT-AGs **Alstria** und **Hamborner** gelten wegen der Schuldenbremse von 55 % als relativ sicher.

Der SDAX enthält jetzt mehr Immobilien-Unternehmen durch MDAX-Absteiger und Börsenneulinge.

Deutsche Nebenwerte Bau, Immobilien, Finanzierung				
Aktie/Unternehmen	**WKN**	**Kurs am 18.09.2020**	**Hoch/Tief 52 Wochen**	**Kursverlauf 1, 3, 5, 10 Jahre**
Ado Properties	A14U78	26,00 €	35,20/12,40 €	-19/-26/+47 %
SDAX: KGV 14, Konzentration auf kleinere Wohnungen in Berlin, Div. 3,2 %				
Alstria Office	A0LD2U	12,55 €	19,15/9,90 €	-17/+3/+13/+471 %
MDAX: KGV 19, Spezialisierung auf hochwertige Büroimmobilien, Div. 4,2 %				
Aroundtown	A2DW8Z	4,55 €	8,90 €/2,90 €	-35/-22 %
MDAX: KGV 10, Gewerbe- und Wohnimmobilien, Deutschland/Holland, Div. 5,8 %				
Dt. Pfandbrief	801900	5,85 €	15,75/4,95 €	-48/-53/-48 %
SDAX: KGV 7,9, Spezialbank zur Finanzierung von Gewerbeimmobilien, Div. 8,3 %				
DIC Asset	A1X3XX	11,30 €	17,55/6,65 €	+1/+20/+41 %
SDAX: KGV 12, künftig mehr Verkäufe, um Verschuldung zu senken, Div. 5,5 %				
Grand City Pr.	A1JXCV	22,40 €	23,95/13,95 €	+13+20/+41 %
MDAX: KGV 18, Wohnimmobilien in Nordrhein-Westfalen und Berlin, Div. 4,9 %				
Hamborner R.	601300	8,75 €	10,75/7,30 €	-8/-4/+2 %
SDAX: KGV 31, Einzelhandelsflächen in Innenlagen von Großstädten, Div. 5,5 %				
Hochtief	607000	78,25 €	121,90/41,55 €	-33/-52/-6/+17 %
MDAX: KGV 8,1, globale Infrastrukturprojekte, Verkehr und Energie, Div. 8,0 %				
Hypoport	549336	482,00 €	525,00/205,00 €	+107/+272/+1.163 %
SDAX: KGV 71, Finanzdienstvertrieb, Unterstützung FinTech-Technologie, Div. 0 %				
Instone Real	82NBX8	21,30 €	26,05/13,15 €	+18,5 %/IPO
SDAX: KGV 8,4, urbane Mehrfamilienhäuser und Denkmalschutz, Div. 1,4 %				
LEG Immobilien	LEG111	125,35 €	126,50/76,70 €	+26/+61/+109 %
MDAX: KGV 19, Verwaltung Wohnimmobilien in Nordrhein-Westfalen, Div. 3,1 %				
Patrizia Immobilien	PAT1AG	23,45 €	25,30/16,15 €	+44/+45/+43/+1.200 %
SDAX: KGV 33, der gesamte Immobilienlebenszyklus wird abgedeckt, Div. 1,3 %				
TAG Immobilien	830350	25,85 €	26,25/14,20 €	+32/+103/+216 %
MDAX: KGV 14, Wohn- und Gewerbeimmobilien mit Dienstleistungen, Div. 3,4 %				

Zwei Immobilienaktienfonds, global ausgerichtet				
Fonds/Firma	**WKN**	**Kurs am 18.09.20**	**Hoch/Tief 1 Jahr**	**1, 3, 5, 10 Jahre**
JSS Sustainable Equity Real Estate	A0MM6T	141,75 €	185,80/113,00 €	-15/-6/-2/+53 %
	Umfang 15 Millionen Euro, Alter 13 Jahre, Ausgabeaufschlag 3,00 %, Gebühr 1,5 %, thesaurierend. Weltweite Anlage in Immobilienaktien.			
Janos Henderson Horizon Pan European	989232	52,35 €	64,45/36,05 €	+5/+24/+35/+181 %
	Umfang 142 Millionen Euro, Alter 22 Jahre, Ausgabeaufschlag 5,00 %, Gebühr 1,2 %, thesaurierend. Hauptanteile: Vonovia, Dt. Wohnen, LEG.			

Trotz hitziger Enteignungsdebatten und fünfjährigem Mietpreisdeckel in Berlin werden in den Ballungszentren bei anhaltender Niedrigzinspolitik etliche Immobilienaktien weiter gut laufen. Die Börsenkurse notieren nahe dem **Net Asset Value** (NAV) je Aktie, also dem bilanzierten Vermögenswert.

3.9 Die Industrie 4.0 und der Wachstumstreiber Onlinehandel

Mit der Erfindung der Dampfmaschine Ende des 18. Jahrhunderts begann die industrielle Revolution – die Vorstufe für das Zeitalter der Digitalisierung und Vernetzung, die Welt der Roboter und neuartigen Maschinen.
Dies alles übersteigt unser Vorstellungsvermögen, prägt den Produktionsprozess und die Arbeitswelt mit großen Chancen und Risiken. Die Industrie 4.0, Big Data, Internet der Dinge, Cloud-Computing, Digitalisierung und weltweite Vernetzung wecken Wunschträume, aber beschwören auch Ängste in Richtung »gläserner Mensch« und endloser Datenschutzdebatten mit immer neuen Beachtungs- und Einhaltungsauflagen für Unternehmen.

Die digitalen Technologien, der Siegeszug der Robotik, die Nutzung gewaltiger Datenmengen, Big Data genannt, die Künstliche Intelligenz und die Vernetzung verändern unsere Welt. Dies gilt für Politik, Wirtschaft, Gesellschaft, Bildung, Erziehung, Kultur und Sport. Das Internet der Dinge prägt das familiäre, berufliche und private Leben.

Man denke an autonome Fahrzeuge, Genomentschlüsselung und Haushaltssteuerung vom Sofa aus, den medizinischen Fortschritt mit längerem Leben im Zuge des demografischen Wandels. Die ungeheure Produktivität mit ihrer Warenvielfalt schafft aber nicht unbedingt eine schöne, heile Welt. Hier der Wohlstandsglaube, das Gefühl, zu den Siegern zu zählen. Dort Scheitern, Überforderung, Vereinsamung, Resignation und

Armut – eine auseinanderklaffende Schere zwischen Reich und Arm, stark beeinflusst durch die Corona-Krise. Wir sehen neben Erlebniswelten viele Läden, die dem blühenden Onlinehandel nichts entgegenzusetzen haben. In der Arbeitswelt führt Homeoffice zu neuen Formen der Berufstätigkeit und stellt die Gewerbeimmobilien-Besitzer und Anbieter vor neue Herausforderungen bezüglich Gestaltung der Räumlichkeiten, Verkauf und Vermietung.

Die Technologiegiganten Alphabet (Google), Amazon, Apple, Facebook und Microsoft machen sich die Welt und ihre Märkte untertan. Wer sich hartnäckig widersetzt und in den Weg stellt, wird aufgekauft, übernommen oder mit harten Bandagen bekämpft. Der Wirtschaftswissenschaftler Erik Brynjolfsson bringt Fortschrittsgläubigkeit und Skepsis auf den Punkt: *»Ich sehe die Gefahren, die durch die enorme Datensammlung für die Privatsphäre entstehen. Aber die unglaublichen Chancen für die Bekämpfung bislang unheilbarer Krankheiten sind größer. Unter dem Strich bringt uns die digitale Revolution mehr Gutes als Schlechtes.«*[6] Die Arbeitswelt dürfte sich genauso radikal verändern wie durch die industrielle Revolution vor 200 Jahren. Für viele Berufe und Menschen wird es künftig keinen Platz oder nur Teilzeit im Homeoffice geben. Roboter werden nicht nur die Arbeiter am Fließband vertreiben. Die Oxford-Wissenschaftler Carl Frey und Michael Osborne rechnen damit, dass Robotik fast die Hälfte aller Beschäftigten in den USA ersetzen kann.

Wie verhält es sich mit den Finanzen? Die Digitalisierung ermöglicht eine sekundenschnelle Teilnahme am Börsengeschehen mit der Chance, die Altersvorsorge bestmöglich zu managen. Aber die meisten Bundesbürger sind Aktienmuffel, fühlen sich enteignet, geben ihr Geld lieber für Konsum aus, anstatt die Weichen für finanzielles Wohlergehen auch im Alter zu stellen. Wer handelt tatsächlich nach dem Motto: Weg vom Sparbuch – hin zu Aktien?

Die leistungsfähigsten IT-Spezialisten wachsen kräftig. Der IT-Markt wird auch nach der Corona-Krise durch Übernahmen und Fusionen geprägt. Die führenden deutschen IT-Unternehmen sind im DAX, TecDAX und seit der Neuordnung der Indizes am 24.9.2018 zusätzlich im MDAX und SDAX notiert.

Die auf Cloud-Computing spezialisierten IT-Firmen verdienen mit der Vernetzung von Haushaltsgeräten, Uhren, Brillen, Messgeräten und Gesundheits-Apps viel Geld. Das Wachstumspotenzial ist riesig. Der Datenschutz sollte noch wirksamer sein und das Eindringen von Hackern erschweren. Nemetschek dominiert den Sektor Architektur/Statik. Gesundheits-, Immobilien- und Software-Aktien erzielen Höchststände. Value ist längst nicht mehr alles.

Nebenwerte-Auswahl IT/Software TecDAX, MDAX, SDAX				
Aktie/Unternehmen	**WKN**	**Kurs am 21.09.2020**	**Hoch/Tief 1 Jahr**	**Kursverlauf 1, 3, 5 Jahre**
Bechtle	515870	172,30 €	173,80/80,00 €	+80/+181/+377 %
TecDAX/MDAX: Software Firmenkunden, Cloud, KGV 32, Div.-Rendite 0,8 %				
Cancom SE	541910	45,35 €	58,30/32,10 €	-14/+52/+190 %
TecDAX und MDAX: führend bei IT-Infrastruktur, KGV 27, Div.-Rendite 1,1 %				
CompuGroup	A28890	77,65 €	81,35/46,75 €	+50/+64/+171 %
TecDAX und MDAX: Software für Ärzte/Kliniken, KGV 31, Div.-Rendite 0,7 %				
Fabasoft	922985	35,30 €	37,50/16,60 €	+77+274/+920 %
Prime: Kundenbeziehungsmanagement Behörden, KGV 45, Div.-Rend. 1,2 %				
LPKF Laser	645000	22,20 €	25,80/10,35 €	+91/+173/+163 %
SDAX: laserunterstützte Leiterplatten, SMD-Schablonen, KGV 27, Div. 0,5 %				
Mensch & M.	658080	53,20 €	56,00/28,70 €	+70/+191/+753 %
SCALE: computerunterstützte Konstruktions-Software, KGV 36, Div. 0,7 %				
Nemetschek	645290	65,40 €	73,00/33,50 €	+41/+192/+585 %
TecDAX/MDAX: Planen/Bauen/Verwalten BIM 5, KGV 60, Div.-Rendite 0,5 %				
Software AG	A2GS40	42,40 €	44,40/21,50 €	+72/+12/+83 %
TecDAX/MDAX: Systeme für Geschäftsprozesse, KGV 23, Div-Rendite 1,7 %				

Aktienfonds Internet und IT 2020				
Fondsgesellschaft	**WKN**	**Kurs am 21.09. 2020**	**Hoch/Tief 1 Jahr**	**Kursentwicklung 1, 3, 5, 10 Jahre**
BGF Black-Rock Global	A0BMAN	51,60 €	55,85/30,90 €	+50/+135/+240/ +509 %
	Umfang 16 Milliarden Euro, Alter 26 Jahre, Ausgabeaufschlag 5,0 %, Gebühr 1,5 %, thesaurierend; zukunftsfähige Informationstechnologie.			
DNB Fund Technology A EUR ACC	A0MWAN	617,05 €	649,70/433,20 €	+8/+75/+157/ +544 %
	Umfang 803 Millionen Euro, Alter 13 Jahre, Ausgabeaufschlag 5,0 %, Gebühr 1,50 %, thesaurierend. Anlage in Technologie von Zukunftsmärkten, wie Alphabet, Playtech, Samsung und SAP.			
DWS Technology Typ 0	847414	271,85 €	294,10/178,50 €	+31/+83/+147/ +400 %
	Umfang 324 Millionen Euro, Alter 37 Jahre, Ausgabeaufschlag 0,0 %, Gebühr 1,70 %, ausschüttend. Anlage in Aktien für Informations-, Kommunikations-, Biotechnologie, z. B. Apple, Alphabet.			
Nordinternet	978530	155,50 €	174,40/97,50 €	+22/+81/+142/ +441 %
	Umfang 92 Millionen Euro, Alter 23 Jahre, Ausgabeaufschlag 5,00 %, Gebühr 1,00 %, thesaurierend. Es geht um Internet, Infrastruktur, Onlineplattformen, wie Amazon, Facebook, Alphabet, Netflix.			

3.10 Megatrends: Medizin- und Biotechnologie

Gesundheit ist vergleichbar mit der Eins vor mehreren Nullen beim Vermögen. Fehlt ganz vorn diese Eins, sind selbst viele Nullen nichts wert.

Haben Sie gewusst, dass Sie in einem Jahrzehnt im Schnitt 2 Jahre, in 50 Jahren ein Jahrzehnt und in 75 Jahren ungefähr 15 Jahre länger leben? Wesentliche Grundbedingung: wenig Alkohol, nicht rauchen, viel Bewegung und gesunde Ernährung. Wer heute geboren wird, darf damit rechnen, seinen 90. Geburtstag zu feiern. Stellen Sie die Weichen für gesunden Lebenswandel, Wohlstand und einen finanziell sorgenfreien Ruhestand.

Das längere Leben, das Sie mit vernünftiger Lebensführung günstig beeinflussen können, zeigt das Gesundheitswesen als Wachstumstreiber. Ob es um Arzneimittel mit neuartigen Wirkstoffen, bessere Operationstechniken, Behandlungsformen und Verfahren geht – der medizinische Fortschritt ist groß und der Forschungs- und Entwicklungseinsatz gewaltig im Kampf um die gefährlichsten Krankheiten, wie Krebs, Herz-Kreislauf-Leiden und Alzheimer-Demenz. Die internationalen Pharmariesen haben das Geld und die innovativen Biotech-Firmen die Ideen, um bessere Heilungserfolge zu erzielen.

Da sind Aktien aus den Bereichen Pharma, Biotech und Medizintechnik mit immer neuen Geräten, Maschinen, Prothetik und Heilmitteln gefragt. Robotik und Künstliche Intelligenz sind Wachstumstreiber. Mit Blick auf die Corona-Krise muss hier differenziert werden: Einerseits wird es eine Zunahme an Therapien für Patienten mit Langzeitfolgen geben, andererseits verringert sich übergangsweise die Nachfrage beispielsweise von betagten Dialysepatienten, was Anfang Februar gar 2021 zu einem Kursrücksetzer der DAX-Aktie Fresenius Medical Care geführt hat.

Ein Blick auf die Biotech-Entwicklung in diesem Jahrtausend

Die Biotech-Sparte ist Entwickler der Therapievielfalt und neuartiger Arzneimittel-Wirkstoffe, deren Geburtsstunde die Entschlüsselung der DNA und die Entdeckung der Gen-Technologie um die Jahrtausendwende war.

Im ersten Jahrzehnt des neuen Jahrtausends war es für einen dauerhaften Durchbruch börsennotierter Biotech-Gesellschaften noch zu früh. Getrieben von Gier und Euphorie schnellten im Neuen Markt bei Kurs-Gewinn-Verhältnissen jenseits von Gut und Böse die Aktienkurse ungebremst in luftige Höhen. Alles wurde angefacht von windigen Gurus ohne Moral. Reichtum ohne Arbeit hieß die Parole. Sie hielt nicht lange an. Die Bestrafung war brutal: Kursverluste am Neuen Markt von über 95 %.

Bis ein neuer Wirkstoff die begehrte behördliche Arzneimittelzulassung erhielt, vergingen vor der Corona-Pandemie oft 10 bis 18 Jahre. Nicht einmal einer von 100 Wirkstoffkandidaten ist siegreich. Ihm winken milliardenschwere Einnahmen als Blockbus ter. Wegweisende Therapieansätze bei der Bekämpfung von Krebs und anderen schweren Krankheiten sowie die Aussicht auf hohe Einnahmen beim Verkauf neuartiger Wirkstoffe treiben die Forschung in Hochschulen und Firmen voran. Man denke an die personalisierte, auf den einzelnen Patienten zugeschnittene Medizin, an Immuntherapie, molekulare Biotechnologie, monoklonale Antikörper, kombinierte Verfahren und Gen-Technologie.

Der Fortschritt ist auch in der Medizintechnik, der Wundversorgung, neuen Verbandsmaterialien, Werkstoffen, Prothesen, Operationsbestecken und Schläuchen, Diagnosegeräten und Apparaturen in Arztpraxen und im Klinikbetrieb offenkundig. Neuartige Kunststoffe erobern den Markt. Wegen der angestrebten Miniaturisierung findet auch die Nanotechnologie Zugang in den Krankenhausbetrieb. Die moderne Operationstechnik ist ohne Anwendung minimal-invasiver Verfahren kaum mehr denkbar. Durch die kleineren Operationswunden werden der Heilungsprozess beschleunigt, die Schmerzen und Infektionsgefahr verringert.

Ob es jedoch gelingt, dass Querschnittgelähmte bald wieder gehen können, da gehen die Meinungen auseinander. Ungeahnte Möglichkeiten bei Implantaten für Hüft- und Kniegelenke bietet die 3-D-Druck-Technologie. Das Preiskarussell dreht sich durch neue Wirkstoffe, Therapieansätze und Übernahmen immer schneller.

Bei Nachahmer-Präparaten (Generika) sind Biosimilars begehrt. Biosimilars wirken so gut wie Originalmedikamente, deren Patente ablaufen, kosten aber weniger und stellen vollwertige Therapiealternativen dar. Nachbildungen von Biotech-Medikamenten lassen sich nicht in chemischen Prozessen entwickeln. Die Eiweißstrukturen erfordern Einwirkungen in den Zellaufbau. Biosimilars werden in lebendigen Organismen gezüchtet, also aus gentechnisch veränderten Zellen hergestellt.

Diese modernen Nachahmer-Präparate müssen behördlich zugelassen werden, für die EU durch die Europäische Arzneimittel-Agentur (EMA).

Biosimilars sind nicht mit dem Originalmedikament identisch, wirken aber ähnlich. Konzerne, die Generika herstellen, treiben ihre eigene Biosimilar-Forschung tatkräftig voran.

Deutsche Nebenwertefirmen Pharma, Biotech, Medtech				
Aktie/Unternehmen	**WKN**	**Kurs am 08.01.2021**	**Hoch/Tief 1 Jahr**	**Kursverlauf 1, 3, 5 Jahre**
Carl Zeiss Meditec	531370	112,50 €	122,10/67,70 €	-3/+111/+321 %
TecDAX/MDAX: Carl Zeiss konzentriert sich auf innovative Produkte in der Augenheilkunde und Mikrochirurgie, stellt zudem Operationsmikroskope her.				
Dermapharm	A2GS5D	60,00 €	60,40/28,05 €	+58/+129 %/ neu
SDAX: Patentfreie Marken-Arzneimittel, über 900 Zulassungen für 200 Pharma-Wirkstoffe, auch Gesundheitsprodukte und Nahrungsergänzungsmittel.				
Drägerwerk Vz	555063	65,00 €	108,50/40,20 €	+15/-18/-1 %
TecDAX/SDAX: Drägerwerk entwickelt Geräte und Systeme für Medizin und Sicherheitstechnik, z. B. Messung von Vitalfunktionen, Beatmungsgeräte.				
Eckert & Ziegler	565970	42,20 €	51,15/22,35 €	-6/+391/+826 %
TecDAX/MDAX: Weltmarktführend bei radioaktiven Komponenten für Medizin, Wissenschaft und Messtechnik, Strahlentherapie bei Krebserkrankungen.				
Medios	A1MMCC	40,00 €	42,00/18,20 €	+49/+115/+299 %
SDAX-Aufsteiger: Anbieter von hochpreisigen Arzneimitteln für chronische und/oder seltene Erkrankungen; patientenindividuelle Therapien bei Krebs.				

MorphoSys	663200	98,25 €	146,3/65,25 €	-24/+19/+93 %
TecDAX/MDAX: Entwicklung von innovativen menschlichen Antikörpern für therapeutische Zwecke, Aufbau einer Arzneimittel-Pipeline mit 90 Kandidaten.				
QIAGEN	A2DKCH	42,50 €	45,00/22,55 €	+40/+62/+74 %
TecDAX/MDAX: QIAGEN entwickelt innovative Technologien und Geräte für Probenvorbereitung, Testverfahren, Kontrolle bei der molekularen Diagnostik.				
Sartorius Vz	716563	353,20 €	364,60/157,30 €	+84/+313/+535 %
TecDAX/MAX: Weltmarktführender Labor- und Prozess-Technologie-Anbieter mit Konzentration auf Biotechnologie-, Pharma- und Nahrungsmittelindustrie.				
Shop Apotheke	A2AR94	153,00 €	166,40/32,30 €	+269/+231/+439 %
MDAX-Aufsteiger: Europäische Beteiligungen an Onlineapotheken mit dem Schwerpunkt rezeptfreie Arzneimittel sowie Schönheits- und Pflegeprodukte.				
Siemens Healthineers	SHL100	44,30 €	47,30/28,50 €	+3/+44 %/ neu
TecDAX/MDAX: Internationaler Anbieter Gesundheitslösungen und Dienstleistungen, Bildgebungsverfahren, neuartige Therapien, Diagnose-Produkte.				
Stratec SE	STRA55	125,00 €	128,80/46,60 €	+100/+82/+122 %
SDAX: Stratec produziert patentgeschützte vollautomatische Systeme für klinische Diagnostik. Kunden sind Forschungsinstitute, Laboratorien, Blutbanken.				

4 Die Hoch-Tief-Mut-Strategie bei Nebenwerten

Der Kursverlauf einer Aktie ist entscheidend dafür, ob ein Kauf, Zukauf, Verkauf und Teilverkauf sinnvoll ist. In Hoch- und Tiefphasen bieten sich vollkommen unterschiedliche Chancen und Gefahren. Als Langzeitanleger haben wir dabei nicht nur die Charttechnik im Blick, sondern achten auch auf die psychologischen Hintergründe. Wichtiger als das Über- oder Unterschreiten charttechnischer Unterstützungslinien ist für uns die Antwort auf die Frage, wie gerechtfertigt der Kurs mit Blick auf das dahinterstehende Unternehmen ist, beziehungsweise wie stark hier ein allgemeiner Trend zur Abstrafung oder Überhöhung des aktuellen Kurses führt. In Abhängigkeit der Kursentwicklung ist dann ein mutiges, aber nicht übermütiges, entschlossenes Handeln gefragt. Die folgenden zehn Grundsätze konkretisieren diese Strategie.

4.1 Die zehn Grundsätze

1. Breit gestreut – nie bereut

Setzen Sie nicht alles auf eine Karte! Käufe in zwei oder drei Tranchen und Teilverkäufe bei hohem Kursgewinn sind die richtige Antwort.

Nicht jede Aktie entwickelt sich zu einer Kursrakete. Und die Kursraketen von gestern sind nur manchmal die Kursraketen von morgen.

Ins Depot gehören zahlreiche Titel aus dem Value- und Growth-Bereich.

Bei uns befinden sich derzeit über 200 Titel im Depot. Sie sind äußerst divers zusammengesetzt, sowohl im Hinblick auf die Größe der Unternehmen, ihrer globalen Herkunft und ihres Unternehmenssegments. Auch einige ETFs finden sich im Depot, die konnten allerdings nur in seltenen Fällen langfristig bei der Rendite mit den Aktien mithalten.

Achten Sie auf eine breite Streuung – nicht nur nach Branchen, sondern auch nach Regionen und Unternehmensgröße! Haben Sie sich bislang zu sehr auf den DAX konzentriert und die Nebenwerte-Indizes MDAX, TecDAX, SDAX sowie ausländische Aktien weitgehend verschmäht? Dann ist es höchste Zeit, das zu ändern. Die Kurstabellen in diesem Buch zeigen, wie viel Potenzial Nebenwerte haben.

Freuen Sie sich, wenn 5 % bis 10 % Ihrer breit gestreuten Aktien bei langem Anlagehorizont einen Kursgewinn von über 200 % verzeichnen und Sie trotz gelegentlicher Teilverkäufe diese Werte noch immer besitzen.

Während Sie mit verlustreichen Aktien nur Ihren Einsatz verlieren können, sorgen üppige Kursgewinne, die keine obere Grenze kennen, für erfreuliche Renditen.

2. Kein Fluch, sondern ein Segen: Langfristig anlegen

Selbst wer unmittelbar vor den großen Einbrüchen im März 2020 zu den Höchstständen in Aktien investiert und dann schnell 30 % verloren hatte, hat diese Verluste ebenso wie bei den Krisen in den Jahren 2001 und 2008 nach einigen Monaten wieder ausgeglichen. **Zu einem vermeintlich schlechten Zeitpunkt einzusteigen, ist allemal besser, als gar nicht einzusteigen.**

Zu viel Aktionismus erfreut die Banken, die ja bei jeder Order mitverdienen, dem Anleger bringt das mittel- und langfristig gesehen allerdings nicht viel ein. Ein übertriebener Aktionismus führt auch zu vorschnellen Verkäufen in Krisenzeiten.

Wer sich genug Zeit nimmt, setzt einige »Stop-Buy«-Orders einiger Lieblingsaktien zu einem niedrigen Kurs mit einem langen Order-Zeitraum. Unterschreitet die Aktie dann den gewählten Kurs, erfolgt die Order automatisch. Mit dieser Strategie steigen Sie dann ein, wenn andere möglicherweise im Herdentrieb aussteigen. Wir nutzen diese Strategie allerdings nur bei besonders vertrauenswürdigen Value-Titeln, bei denen existenzielle Nöte nahezu ausgeschlossen werden können (z. B. Allianz, Amazon, Apple, Samsung, SAP).

Sehen Sie sich den 10-Jahres-Verlauf der wichtigen Indizes (DAX, MDAX, NASDAQ) mal in Ruhe an! Sie werden vielleicht bemerken, dass es ein bisschen so aussieht, als würde ein Bergsteiger ganz langsam emporsteigen und dabei immer wieder plötzlich etwas abrutschen.

Die Kursrückgänge sind also ziemlich abrupt, die Aufstiege oft eher gemächlich und scheinbar unspektakulär. Und dennoch! Der Trend insgesamt zeigt nach oben. In den letzten Jahrzehnten verloren daher vor allem Kurzzeit-Anleger und Zocker, nicht aber die Beharrlichen. Entscheidend ist eben die Gesamt-Performance. Das ist wie bei einer erfolgreichen Fußballmannschaft, die es durchaus verkraftet, wenn einer der Spieler mal keine 100-%-Leistung bringt.

Hätten Aktionäre die bisherigen Krisen »verschlafen« und wären jeweils erst einige Monate später wieder »aufgewacht«, wäre der Schreck deutlich kleiner gewesen. Mit dem Wissen, dass sich Aktien von Unternehmen, die sich nicht in einer (oft hausgemachten) existenziellen Krise befinden, mittelfristig wieder erholen werden, hält man »Krisenzeiten« besser aus und nutzt sie dann eher für Zuläufe – womit wir schon beim dritten Grundsatz wären.

3. Kurseinbrüche zum Kauf nutzen

Ein Crash ist gut – für Leute mit Mut! Militärisch klingt dies so: Kaufen Sie, wenn die Kanonen donnern. Abseits vom Kriegsgeschrei lautet der von mir umgesetzte Ratschlag: **Greifen Sie bei Panik zu, wenn Angsthasen all ihre Papiere zu Tiefstkursen auf den Markt werfen.**

Nehmen Sie hier und da Gewinne durch Teilverkäufe mit, wenn gierige Aktionäre überteuert ordern. Sie leiden im Crash weniger, wenn Sie nicht jammern, sondern überlegt handeln.

Auf der Suche nach günstigen Zukaufmöglichkeiten erkennen Sie plötzlich, dass der Crash viel von seinem Schrecken verliert. Die Chancen bei starken Einbrüchen zum Depotaufbau zu nutzen, heißt, genau das Gegenteil von dem zu machen, was dann gerne von Banken und sogenannten Börsenexperten empfohlen wird, nämlich Zukauf statt Abverkauf.

Von daher sollte man auch vorsichtig mit Stoppkursen sein. Diese können hilfreich sein, wenn man für einige Zeit keinen Depotzugriff hat oder der Großteil des Geldes für eine anstehende Investition benötigt wird. Sie steht meist jedoch im Widerspruch zur Hoch-Tief-Mut-Strategie, denn durch Stop-Loss-Orders werden (wenn auch im geringeren Umfang) Verluste realisiert. Das ist nur dann sinnvoll, wenn das einzelne Unternehmen in ernsthaften Schwierigkeiten steckt, nicht aber, wenn sich das gesamte Umfeld in einer hysterischen Ausnahmesituation befindet.

Ansonsten bewirken die von vielen Anlageberatern empfohlenen Stop-Loss-Orders eher eine Selbstverstärkung des Abwärtstrends und dadurch wiederum unrealistisch niedrige Kurse. Das ist gut für den, der jetzt einsteigen kann! Und schlecht für diejenigen, die jetzt automatisiert Verluste einfahren! Hier liegt also ein wesentlicher Unterschied zwischen der Hoch-Tief-Mut-Strategie und der konventionellen Anlageberatung.

4. Meiden Sie die gefährlichen Vier: Euphorie, Panik, Angst und Gier

Zu viel Euphorie kann man entgegenwirken, indem man bei hohen Kursen Gewinne durch Teilverkäufe realisiert. Steigen die Kurse dann weiter, so kann man sich über den verbliebenen Anteil der »Rennpferde« freuen.

Wer panisch oder ängstlich auf schwächelnde Märkte reagiert, wird es als Aktionär und Aktionärin schwer haben und sich dann eher mit ETFs oder anderen Anlageformen zufriedengeben, auch wenn diese langfristig gesehen meist deutlich weniger Rendite bringen.

Wer zu gierig ist, wird mit hoher Wahrscheinlichkeit dazu tendieren, zu überbewerteten Aktien zu greifen und diese zu lange zu halten. Der Absturz nach einer vorhandenen

Blasenbildung geht dann meist zu schnell, um noch mit Verkäufen reagieren zu können.

Bei hohen Gewinnen nicht übermütig werden – bei Verlusten nicht verzagen!

Stürzt Ihre Aktie ab, dann begrenzen Sie bei schlechten fundamentalen Nachrichten den Verlust – zumindest mit Teilverkäufen. Erwarten Sie nicht, dass sich jede gute Aktie ständig positiv entwickelt. Auch in einem Spitzenteam bringt nicht jeder Fußballer stets seine Höchstleistung. Es ist gefährlich, Verluste mit spekulativen Investments wettmachen zu wollen. Bei Pech und Kontrollverlust ist ein noch tieferer Absturz vorprogrammiert.

Fatal und nervlich belastend ist es, Aktien auf Pump zu kaufen. Es droht der finanzielle Ruin.

Verinnerlichen Sie den Ausspruch des berühmten Börsenaltmeisters André Kostolany mit fünfmal G, den ich inhaltlich wiedergebe: Geld – Geduld – Gute Gedanken – Glück. Geduld ist dabei die Komponente, die Sie am besten selbst bestimmen können.

5. Aktien im angemessenen Volumen ordern

Pro Order empfiehlt sich in der Regel ein Einsatz zwischen 1.200 Euro und 2.500 Euro, maximal 4.000 Euro, um mit preiswerten Zukäufen die Basis für lukrative Teilverkäufe zu schaffen.

Normalerweise wird für eine Order ein Fixbetrag verlangt, der häufig zwischen 5 Euro und 15 Euro liegt und der meist noch um weitere Gebühren ergänzt wird (je nach Ordervolumen und Handelsplatz). **Aufgrund der Fixbeträge ist ein Ordervolumen von weniger als 1.000 Euro meist nicht sinnvoll.**

6. Keine Komplettverkäufe erstklassiger Aktien bei hohen Kursen

Als die Samsung-Aktie aus Südkorea (zugegebenermaßen kein Nebenwert) die 1.000-Euro-Marke durchbrach, konnte ich es nicht lassen und habe einige Samsung-Aktien verkauft. Nun (Anfang 2021) steht der Kurs bei etwa 1.400 Euro. Das Gute daran: Durch Teilverkäufe konnten wir genug Aktien halten und freuen uns daher über den beträchtlichen Zugewinn.

Der Teilverkauf floss übrigens in asiatische, vor allem chinesische Aktien, denn auch dort sehen wir langfristig viele Chancen, zumal die Kurse dort 2020 weniger stark zulegten, obwohl die chinesische Wirtschaft auch 2020 ein Wachstum erzielen konnte.

Auf diese Weise bleiben grundsätzlich die meisten Rennpferde im Stall. Dazu zählen neben Samsung, Amazon und Alphabet als Schwergewichte natürlich auch zahlreiche »Nebenwerte« wie Nemetschek, Sartorius, TeamViewer, aber auch besonders nachhaltige Werte wie 2G Energy oder ABO Wind.

Im Bullenmarkt bei hohen Kursständen trennt man sich also durch Teilverkäufe nur von einem Teil der Aktien und behält so genügend Rennpferde im Stall.

7. Nicht nur defensive, substanzstarke, niedrig bewertete Aktien kaufen

Genauso wichtig wie weniger volatile (weniger schwankende) Value-Aktien sind die oft hoch bewerteten offensiven Wachstumstitel aus den Bereichen Bio-Technologie, Medtech, Künstliche Intelligenz mit Robotik, Halbleiter, Cloud-Computing, Digitalisierung und Internet-Sicherheit. Zwar sind die bisherigen positiven Erwartungen häufig bereits im Kurs eingepreist, aber oft steigen solche Aktien noch einige Zeit weiter an, obwohl viele Untergangspropheten vor »platzenden Blasen« warnen.

Es geht also um eine gute Mischung: Growth-Aktien – oft verbunden mit einem gewissen Risiko – und Value-Aktien. In beiden Fällen lohnt sich eine langfristige Betrachtung. Wie wird sich das jeweilige Unternehmen in 5 oder 10 Jahren am Markt behaupten können? Einem Unternehmen, dem man eine wichtige Rolle auch in einer veränderten Welt zutraut, sollte man dann auch den Vorzug geben – und es trotz hoher Bewertung mit ins Depot nehmen.

8. Auf wesentliche Geschäftszahlen und den langfristigen Chart achten

Der überwiegende Teil der Depotwerte sollte aus Unternehmen bestehen, die bereits profitabel sind und deren Kurs-Gewinn-Verhältnis möglichst unter 20 liegt oder sich zumindest in diese Richtung bewegt. Auch ein hoher Buchwert hilft dem Anleger, Kursrücksetzer besser auszuhalten, da er weiß, dass beim betreffenden Unternehmen viele Sachwerte wie Immobilien, Produktionsanlagen etc. hinterlegt sind. Daneben kann das Depot dann um einzelne riskantere Werte von »jungen Unternehmen« ergänzt werden, selbst wenn diese aktuell noch nicht profitabel sind, dafür aber besonders gute Zukunftsaussichten in ihrer Nische haben. Bei der Chartentwicklung sollte man möglichst drei Jahre zurückblicken, um besser einschätzen zu können, welche Entwicklungen das Unternehmen bislang durchgemacht hat und wohin der Trendkanal langfristig zeigt. Bei dividendenstarken Aktien ist es sinnvoll, dabei auch auf den Dividenden-Chart zu achten.

9. Raus aus der regionalen und medialen Komfortzone!

Viele Wachstumschancen blieben ungenutzt, wenn man sich nur auf den DAX und nur auf Deutschland fokussiert. Eine internationale Ausrichtung mit einer Mischung aus kleinen, mittleren und großen Titeln scheint hier ein guter Mittelweg zu sein, was Risiko und Chance betrifft. In diesem Zusammenhang weisen wir ausdrücklich darauf hin, wie glimpflich die Wirtschaft in China und Teilen Südostasiens durch das Krisenjahr 2020 gekommen ist. Dort lassen sich Anfang 2021 beispielsweise nachhaltige Aktien von Solar- und Windenergie-Herstellern vergleichsweise günstig ordern.

10. Aktuelle Entwicklungen und Megatrends früh erkennen

Der letzte Grundsatz besagt, dass man nicht nur kaufen soll, was man gut kennt, liebt und mag. Nutzen Sie Ihren Verstand, um auch Zukunftsmärkte kennenzulernen und hier Ihr Wissen, Ihre Börsenkenntnisse zu erweitern.

Das kostet allerdings viel Zeit. Meine Mutter, Beate Sander, hat damit mehrere Stunden pro Tag verbracht, und meine Kinder sehen mich inzwischen auch nicht mehr so oft. Doch die einzige Alternative dazu besteht darin, sich auf externe Berater zu verlassen, was angesichts der Befangenheit vieler sogenannter Experten fraglich erscheint.

Natürlich bedarf es auch eines gewissen Gespürs, um aus der Informationsflut die entscheidenden Informationen herauszufiltern. Sogenannte Insider-Tipps sehen wir trotzdem sehr kritisch. Das, was da als heißer Tipp angepriesen wird, entpuppt sich nicht selten als lahme Ente oder als kommerzieller Versuch, auf kostspielige Anlageformen auszuweichen.

Anstatt solchen Meldungen hinterherzueilen, ist es wesentlich sinnvoller, die längerfristigen Veränderungen und Wandlungen zu erkennen und entsprechend darauf zu reagieren. Aktuelle Informationen finden Sie auf hoch-tief-mut.de.

4.2 Hinweise zur Hoch-Tief-Mut-Strategie

Starten Sie mit einer Bestandsaufnahme!

Börsenerfolg setzt eine kritische Selbstanalyse voraus. Verschaffen Sie sich einen Überblick. Wie viel wollen, wie viel können Sie investieren, wenn Sie sich Ihre Vermögensdecke, die Einnahmen und Ausgaben, vor Augen halten?

Bevor Sie sich mit kleinem Einsatz nur fünf Einzeltitel zulegen, ist es besser, mit passenden ETFs die wichtigsten Märkte abzudecken. Analysieren Sie Ihre Fehler, und arbeiten Sie zielstrebig an einer verbesserten strategischen Ausrichtung.

Verfolgen Sie die Entwicklungen an der Börse!

Wichtig ist es dabei, nicht nur auf die Mainstream-Meldungen und auf den DAX zu schauen. Ein Blick über den Tellerrand führt dann auch zu den Nebenwerten und den internationalen Schauplätzen. Während beispielsweise der unbekannte GEX am besten durch das Corona-Jahr kam und allen Problemen zum Trotz mit einem Plus von 22 % abschloss, schaffte es der DAX gerade mal auf ein Plus von 3 %. Bei der 3-Jahres-Performance lag der TecDAX mit rund 26 % ganz vorn und innerhalb von 5 Jahren konnte der TecDAX sein Kursplus mit 85 % ausbauen.

Vergleich Leitindex DAX und deutsche Nebenwerte-Indizes				
Index	**WKN**	**Stand am 30.12.2020**	**Hoch/Tief 52 Wochen**	**Kursverlauf 1, 3, 5 Jahre**
DAX Performance	846900	13.718 P.	13.818/8.255 P.	+3/+5/+36 %
MDAX	846741	30.796 P.	30.808/17.714 P.	+8/+14/+54 %
TecDAX	720327	3.212 P.	3.302/2.128 P.	+5/+26/+85 %
SDAX	965338	14.729 P.	14.735/7.841 P.	+16/+21/+69 %
DAXplus Family	A0YKTP	5.216 P.	5.258/3.273 P.	+6/+13/+39 %
GEX	A0AER0	2.910 P.	1.862/1.303 P.	+22/+11/+65 %

Höchststand der DAX-Familie im Zeitraum 2000 bis 2020			
DAX	**MDAX**	**TecDAX**	**SDAX**
2020: 13.900 P.	2020: 31.009 P.	2020: 3300 P.	2020: 14.800 P.

Tiefster Stand der DAX-Familie im Zeitraum 2000 bis 2020			
DAX	**MDAX**	**TecDAX**	**SDAX**
2003: 2.200 P.	2003: 2.647 P.	2003: 310 P.	2003: 1.622 P.

Seien Sie Börsenbriefen gegenüber misstrauisch!

Werbung ist nur selten seriös. Neue Produkte von Versicherungen und Banken werden aus Eigennutz entwickelt und vertrieben. Die teilweise hohen Verwaltungskosten müssen letztlich Sie bezahlen – und zwar Jahr für Jahr!

Bestimmen Sie Ihren Anlagezeitraum; vermeiden Sie Hektik, aber reagieren Sie auf Trend und Marktlage!

»Viel hin und her macht die Taschen leer!« Bei einer Langzeitorientierung ist der Kaufzeitpunkt weniger entscheidend.

In ruhigen Börsenzeiten lassen Sie es gemächlicher und entspannter angehen. In der Crashphase »Panikausverkauf« hingegen sollten Sie aktiv sein und das Börsengeschehen genau verfolgen. Wo befinden sich Aktien in Ihrem Depot nahe dem Jahreshoch für einen Teilverkauf, um Zukäufe von substanzstarken Aktien zu finanzieren, die 30 bis 60 % abgestürzt sind?

Glauben Sie im Ernst, dass eine AG, die vorgestern noch einen Börsenwert von 2 Milliarden Euro aufwies, nun plötzlich nur noch 1 Milliarde Euro wert ist?

Beherzigen Sie die wichtige Börsenweisheit: »Gewinne laufen lassen – Verluste begrenzen!« Ein stark diversifiziertes, breit gestreutes Depot lässt den Schmerz über ein paar verlorene Euro gut verkraften.

Beispiel »gefallene Engel«: Das sind die Verlustbringer im Depot. Auch sie gehören zum Börsenleben. Mitunter erholen sich »gefallene Engel«. Aber nicht jeder, der zu Boden stürzt, steht wieder auf. Denken Sie an die vielen Solarstrom-Firmen, die erst wie Pilze aus dem Boden geschossen sind und zeitweilig den TecDAX bevölkert haben. Etliche Unternehmen gingen pleite, wurden zu Schnäppchenpreisen übernommen oder führen heute ein tristes Dasein im Niemandsland mit Kursverlusten um die 90 %. Was blieb von der SolarWorld-Herrlichkeit übrig?

Stabilisiert hat sich dagegen SMA Solar. Global Player sind nun First Solar (WKN: A0LEKM, Börsenwert: gut 8 Milliarden US-Dollar, Kurswert 2020: +50 %) aus den USA, Jinko Solar (Kurswert 2020 mehr als verdoppelt) aus China und Canadian Solar (Kurswert 2020 fast verdoppelt).

Vermeiden Sie eine Informationsüberflutung! Mitunter ist weniger mehr.

Verzetteln Sie sich nicht, indem Sie zu viele Internetmeldungen studieren. Konzentrieren Sie sich auf solche Nachrichten, die inhaltlich überzeugen. Prüfen Sie genau: Was ist wirklich nützlich?

Welche Onlineanbieter verdienen Ihr Vertrauen? Wir vertrauen vor allem auf angesehene Verlage und Medien, die nicht einseitig Werbung machen, wie z. B. den Internetauftritten der öffentlich-rechtlichen Medienanstalten.

Gehen Sie beharrlich Ihren eigenen Weg, aber denken Sie daran, dass Sie nicht der Erste sind, dem Nachrichten zuteilwerden!

Sie können es mit dem Sekundenhandel nie aufnehmen. Hartgesottene Profis verfügen früher über wichtige Informationen. Hohe Kursgewinne sind dennoch erzielbar. Lassen Sie sich als Privatanleger aber nicht zum riskanten Day-Trading überreden. Hier sind Ihnen die Profis mit ihren exzellenten Computer- und Nachrichtensystemen auf dem neuesten Wissensstand überlegen. Auch von Hebel-Geschäften raten wir dringend ab, da dies nicht zu einer langfristigen Anlagestrategie passt.

Betrachten Sie den Trend als guten Freund, aber machen Sie nicht das, was alle machen!

Setzen Sie den kleineren Teil Ihrer Aktienauswahl für zyklisches Handeln ein. Dies bedeutet nicht, gegen den vorherrschenden Trend zu handeln, sondern frühzeitig auf eine mögliche Trendumkehr zu reagieren und neben Value zu günstigen Kursen auch bei konjunkturabhängigeren Growth-Titeln beherzt zuzugreifen. Boomt die Börse im langfristigen Bullenmarkt, ist es durchaus vernünftig, »Spitzenaktien« auch im Aufwärtstrend zu kaufen. Vertreiben die Bären die Bullen aus der Börsenarena, ist es besser, übertrieben abgestrafte Aktien zu kaufen. Nutzen Sie hier auch die Charttechnik. Schauen Sie sich die Kursentwicklung Ihrer Favoriten im 5- und 10-Jahres-Chart an, und werfen Sie außerdem einen Blick auf die prozentuale Kursentwicklung.

Schauen Sie nicht nur auf Wachstum, stabilen Umsatz und Ertrag, sondern auf eine attraktive Dividende!

In den Zeiten des Neuen Marktes stand Wachstum an erster Stelle; Gewinn und Dividende spielten eher eine Nebenrolle. Diese Einstellung hat sich gewandelt. Wer Qualitätsaktien jahrelang hält, bei dem steigt die beim Einstandspreis errechnete Ausschüttungsrendite möglicherweise sogar zweistellig an. Ein Blick in die Kurslisten zeigt etliche Dividendenstars, auch wenn 2020 viele deutsche Unternehmen keine Dividende zahlen durften, um nicht aus den Hilfezahlungen ausgeschlossen zu werden.

Trotz Übergewichtung von Dividenden-Favoriten sollten Sie auch Aktien aus Sektoren erwerben, in denen gar nichts oder spärlich ausgeschüttet wird. Dies gilt vor allem für die Biotechnologie-, die Hightech- und die Internetbranche, für Aktien von Software-Häusern, Onlinehändlern und sozialen Netzwerken.

Eine einseitige Ausrichtung auf hohe Dividenden führt dazu, dass Sie wichtige Zukunftsmärkte in den Zeiten des demografischen und globalen Wandels nicht abdecken. Es ist zwar verständlich und richtig, Aktien zu bevorzugen, deren Geschäftsmodell Sie kennen, verstehen und mögen. Aber Anlagen in Zukunftsmärkten dürfen Sie nicht vernachlässigen.

Machen Sie sich ein genaues Bild von Ihrem Depot!

Eine ansehnliche Dividende ersetzt den verlorenen Guthabenzins. Wichtiger als eine einmalige, besonders hohe Ausschüttung ist eine verlässlich steigende Dividende im Zeitraum von 5, noch besser 10 Jahren.

Wie schon gesagt, ist dabei aktuell dabei zu beachten, dass 2020 und 2021 Dividenden aufgrund der Corona-Krise nicht in dem üblichen Maß ausgeschüttet werden (können). Achten Sie daher auf die zurückliegenden Ausschüttungen der Jahre 2019 und davor.

Da bei Spitzenaktien der Kurs oft schneller steigt als die Dividende, ist die Rendite hier nicht so hoch wie bei Titeln, deren Kurs abgestürzt ist, sei es berechtigt oder übertrieben. Wie hoch ist über den Daumen gepeilt der prozentuale Anteil an Dividendentiteln? Und grob geschätzt: Wie groß ist der Anteil mit einer Dividende von mehr als 4 %? Sofern Sie genau Buch führen: Wie sieht es mit steuerfreien Ertragsgutschriften aus? Bei dem historisch niedrigen Zinssatz nahe 0 % kann allein schon die Dividende eine schleichende Kapitalvernichtung stoppen.

Fühlen Sie sich nicht länger enteignet, sondern handeln Sie zielstrebig.

Die folgenden Kurslisten zeigen Nebenwerte mit guten Dividenden. 2020 musste die Dividenden-Ausschüttung bei einigen deutschen Unternehmen zwar entfallen, aber durch Nachholeffekte nach dem Ende der COVID-19-Pandemie ist zumindest in einigen Branchen auch wieder mit steigenden Dividenden zu rechnen.

Dividendenstarke Nebenwerte – MDAX				
Aktie/ Unternehmen	**WKN**	**Kurs am 03.01.2021**	**Ausschüttungen 2018/2019/2020(e)/2021(e)**	**Dividenden-rendite 2020(e)**
Alstria	A0LD2U	14,80 €	0,52/0,53/0,52/0,53 €	4,4 %
Aroundtown	A2DW8Z	6,12 €	0,25/0,28/0,23/0,20 €	2,3 %
Brenntag	A1DAHH	63,34 €	1,20/1,25/1,29/1,35 €	2,5 %
DÜRR	556520	33,40 €	1,00/0,80/0,19/0,59 €	3,5 %
Evonik	EVNK01	26,68 €	1,15/1,15/1,15/1,15 €	4,7 %
FUCHS Petrolub	579043	46,44 €	0,95/0,97/0,99/1,02 €	2,7 %
GEA	660200	29,18 €	0,85/0,85/0,79/0,82 €	2,9 %
Grand City	A1JXCV	20,96 €	0,77/0,82/0,83/0,84 €	3,8 %
Hannover Rück	840221	130,30 €	4,98/5,80/3,88/5,48 €	3,8 %
Hochtief	607000	79,55 €	4,30/5,08/3,88/5,48 €	7,9 %
LEG Immobilien	LEG111	127,00 €	3,53/3,60/3,73/4,10 €	2,9 %
Metro	BFB001	9,20 €	0,70/0,70/0,70/0,54 €	5,6 %
Siltronic TecDAX	WAF300	128,10 €	05,00/3,00/2,10/2,37 €	3,3 %
Ströer	749399	81,00 €	2,00/2,00/1,76/2,15 €	3,2 %
TAG Immobilien	830350	25,90 €	0,75/0,82/0,88/0,92 €	3,7 %

Dividendenstarke Nebenwerte – TecDAX				
Aktie/ Unternehmen	**WKN**	**Kurs am 31.12.2020**	**Ausschüttungen 2018/2019/2020(e)/2021(e)**	**Dividenden-rendite 2020(e)**
Deutsche Telekom	555750	14,96 €	0,70/0,60/0,60/0,62 €	4 %
Freenet	A0Z2ZZ	17,20 €	1,65/1,65/1,30/1,59 €	7,6 %
Siemens Healthineers	SHL100	41,98 €	neu/0,80/0,80/0,88 €	2,1 %
Telefonica Deutschland	A1J5RX	2,26 €	0,27/0,17/0,17/0,18 €	7,6 %
United Internet	508903	34,40 €	0,88/0,50/0,50/0,51 €	1,4 %

Dividendenstarke Nebenwerte – SDAX				
Aktie/ Unternehmen	**WKN**	**Kurs am 31.12.2020**	**Ausschüttungen 2018/2019/2020(e)/2021(e)**	**Dividenden-rendite 2020(e)**
BayWa	519409	35,80 €	3,41/3,10/274/2,80 €	2,9 %
Deutsche Beteiligungs	A1TNUT	33,10 €	1,45/1,50/0,80/1,10 €	2,5 %
DIC Asset	A1X3XX	13,46 €	0,48/0,66/0,65/0,68 €	5,2 %
DWS Group	DWS100	34,80 €	1,37/1,67/1,77/1,96 €	4,7 %
Hamborner Reit	601300	9,01 €	0,46/0,47/0,44/0,47 €	5,1 %
Hamburger Hafen	A0S848	18,44 €	0,80/0,70/0,49/0,61 €	3,0 %
Schaeffler	SHA015	6,84 €	0,55/0,45/0,25/0,38 €	6,5 %
Talanx	TLX100	31,76 €	1,45/1,50/1,51/1,60 €	4,4 %
Traton	TRATON	22,61 €	neu/1,00/0,21/0,65 €	4,2 %

Verluste lassen sich kaum mit spekulativen Titeln ausgleichen.

Nicht jede Aktie kann ein Kurstreiber sein. Wichtig ist ein positives Ergebnis insgesamt. Als schlimmster Patzer gilt, Verluste mit hochspekulativen Anlagen ausgleichen zu wollen. Ein ähnliches Verhalten ist in Spielbanken zu beobachten.

Verluste z. B. mit hohem Hebel bei Hebelzertifikaten in Gewinne umzumünzen, funktioniert nur selten. Allein schon Ihre strapazierten Nerven könnten Spielverderber sein.

Zeichnet es sich ab, dass Firmen pleitegehen und den Gang zum Insolvenzgericht antreten, ist es immer noch besser, verlustreich auszusteigen, als überhaupt nichts mehr vom angelegten Geld wiederzusehen. Kapitalherabsetzungen z. B. im Verhältnis 10:1 weisen auf ein solches Ungemach hin. Nur selten gelingt es dann, sich wieder hochzurappeln.

Wünsche erhöhen nicht die Wahrscheinlichkeit, dass Ihre eigene Prognose eintritt. Auch Verdrängung, Herdentrieb und Sündenbocksuche helfen nicht weiter. Es gilt, selbstkritisch zu analysieren, wann und warum Sie ein- oder mehrmals überteuerte Aktien gekauft haben beziehungsweise große Chancen durch Tiefpreisorder ungenutzt verstreichen ließen.

Gerade in schwierigen Börsenzeiten, bei stark schwankenden Kursen mit ständigem Auf und Ab sollten Sie einen kühlen Kopf bewahren und diszipliniert sich bietende Chancen nutzen.

Wenn Ihnen jemand erzählt, dass er mit den folgenden Aktien 1.000 % Plus gemacht hat, entspricht dies durchaus der Wahrheit, aber der Kaufzeitpunkt ist immer mit einzubeziehen.

Stammen die Aktien aus dem steuerfreien Altbestand von vor 2008, können Sie den gesamten Kursgewinn einstreichen, ohne das Finanzamt mit der Abgeltungsteuer von 25 % plus Solidaritätszuschlag und eventuell Kirchensteuer zu beteiligen. Leider wird darüber diskutiert, ob künftig wieder der persönliche Steuersatz als Berechnungsgrundlage gelten sollte. Für die Aktien-Anlegerkultur und die dadurch erzielten wichtigen Investitionen besonders in mittelständische Unternehmen wäre dies ein enormer Rückschlag, vielleicht sogar eine Katastrophe.

Zeigen Sie Ausdauer bei den Aktien, die sich richtig gut entwickeln!

Die folgende Kursliste zeigt einige unserer Spitzenwerte, die weiterhin das Depot schmücken und nur Teilverkäufe zulassen. Nebenwerte als größte Gewinnbringer sind übergewichtet.

Wenn Aktien-Kursträume von rund 1.000 % wahr werden!					
Aktie/Unternehmen	**WKN**	**Kauftag**	**Kaufpreis**	**Kurs am 29.12.2020**	**Kursanstieg zzgl. Dividenden**
Aurelius	A0JK2A	02.09.2009	2,70 €	17,91 €	+452 %
Biogen	789617	28.02.2005	27,80 €	198,00 €	+1.300 %
Dialog Semiconductor	927200	09.02.2004	3,95 €	45,30 €	+1.120 %
Eurofins	910251	05.11.2001	15,90 €	709,00 €	+4.358 %
Fuchs VZ*	579043	31.03.2005	3,80 €	46,94 €	+1.135 %
Nemetschek**	645290	10.06.2005	3,80 €	61,40 €	+1.516 %
Rational	701080	08.05.2003	33,80 €	758,00 €	+2.142 %
Sartorius VZ	716563	10.01.2006	21,70 €	344,00 €	+1.482 %
** Teilverkauf am 13.11.2020 * verkauft am 15.12.2020					

Schlechter als ein Sparbuch können Aktien kaum laufen.

Die Erkenntnis, dass Sie mit dem beliebten Sparbuch bei einer Verzinsung von 0 % Ihr Kapital schleichend vernichten und nichts für Ihre Altersvorsorge mit weiterhin sinkenden Renten tun, hilft sicherlich dabei, den langen Anlagezeitraum zu betrachten und bei zwischenzeitlichen Rücksetzern cool zu bleiben.

In früheren Jahren erzielten Mischfonds ordentliche Renditen. Zieht man die jährliche Verwaltungsgebühr von rund 2 % ab, gibt es nur wenige Mischfonds mit einem bescheidenen Kursgewinn. Aktuell ist es das größte Risiko, überhaupt kein Risiko eingehen zu wollen. Bei einem breit gestreuten Langzeitdepot sind Aktien unverzichtbar, insbesondere bei einer Übergewichtung guter Nebenwerte.

Runde Zahlen bergen Risiken; limitieren Sie großzügig!

Ob Limit oder Stoppkurse: Meiden Sie runde Zahlen. Bei schlechten Nachrichten fällt der Kurs oft darunter; bei positiven Meldungen dürfte er die glatte Zahl überspringen.

Unwissenheit ist der größte Feind einer vernünftigen Aktienanlage.

Börsenwissen lässt sich durch gute Literatur und Seminare aufbauen. So werden Sie schon bald erkennen, was an dem ziemlich bekannten Börsenspruch »100 minus Lebensalter = Aktienanteil« problematisch ist: Junge Leute wollen, aber können oft nicht investieren. Gründe dafür sind: geringes Einkommen, Wohnung, Familie, Auto, Karriere, Anschaffungen, Immobilie, Firmengründung und so weiter.

Unser Rat: Niemand ist zu jung, um sich mit der Materie vertraut zu machen und dann vielleicht zunächst mit einem breit gestreuten, nachhaltigen ETF zu starten.

Andere Ratschläge halten oft nicht, was sie versprechen: Hebelprodukte und Derivate sind mit dem langen Anlagehorizont der Hoch-Tief-Mut-Strategie und einer möglichst gelassenen Reaktion auf kleinere Krisen unvereinbar. Davon raten wir dringend ab.

»Sell in May and go away«, frei übersetzt: »Verkaufe deine Aktien im Mai, und halte dich dann zunächst fern von der Börse!« Dazu schrieb Robert Halver am 11.05.2020 in *Börse Online*:

»Tatsächlich kam dieser saisonalen Aktienweisheit früher eine große Bedeutung zu, da zu Jahresbeginn erwirtschaftete Gewinne vor den typischerweise ereignisarmen Sommermonaten eingestrichen wurden, um sich dann erst im Herbst wieder neu zu positionieren.«

Mittlerweile ist dieser Effekt allerdings verpufft. Die Profitabilität von Unternehmen ist in der digitalisierten Welt weitgehend saisonunabhängig, da spielen die psychologisch motivierten Effekte eine größere Rolle. So lässt sich die Gewinnmitnahme an Donnerstagen und Freitagen und am Wochenende mit den dann oft sinkenden Kursen erklären, während zu Wochenbeginn die Kurse eher steigen.

Kapital braucht Verstand und Disziplin.

An der Börse lässt sich Geld verdienen, aber nicht zaubern. Das Internet ist voll von solchen »Zauber-Versprechen«, aber bei genauerer Betrachtung erkennt man schnell den faulen Zauber (vgl. www.hoch-tief-mut.de).

Zusammenfassung: Hinweise zur Hoch-Tief-Mut-Strategie	
❶	**Es gibt mehrere Erfolgswege.** Feilen Sie an einer passenden Strategie. Sind Sie risikoscheu, starten Sie erst mit »stabileren«, dividendenstarken »Value«-Aktien. Sind Sie risikobewusster, ordern Sie neben DAX-Aktien vor allem Nebenwerte und Auslandstitel.
❷	**Nehmen Sie Ihre Emotionen wahr.** Lassen Sie sich nicht vom Bauchgefühl zu unüberlegten Handlungen verleiten. Folgen Sie nie einer einzigen Empfehlung, sondern nutzen Sie mehrere glaubwürdige Informationsquellen.
❸	**Seien Sie geduldig, wenn Sie den besten Einstiegskurs verpasst haben.** Oft kommt ein empfohlener Titel preislich zurück. Sie müssen nicht immer voll investiert sein. Bei unsicherem Börsenklima ist es oft besser, abzuwarten und genügend verfügbares Geld anzusammeln. Wenn Sie geduldig sind, können Sie auch eine Kauf-Order mit Limit zu einem Kurs festlegen (Stop-Buy-Limit), bei dessen Unterschreitung dann sofort die gewünschte Anzahl von Aktien gekauft wird. Einen solchen Kurs setzen Sie am besten etwas über einen runden Betrag beziehungsweise über eine Widerstandslinie, um die Kauf-Chance zu erhöhen. Wir kauften auf diese Weise beispielsweise Allianz-Aktien als Value-Wert im September 2020 für 10 x 181,30 Euro zu.
❹	**Sie brauchen Zeit und Durchhaltevermögen.** Den Markt exakt zu beobachten und vernünftige Schlüsse zu ziehen, bedeutet konzentrierte Arbeit. Das kann Spaß machen und spannend, aber auch anstrengend sein.
❺	**Risikokontrolle ist der Schlüssel zum Erfolg.** Begrenzen Sie – abhängig von Ihrer Vermögensdecke – die einzelne Position auf 2 bis 8 % Ihres Gesamtvermögens, um sich vor extremen Verlusten zu schützen. Die einzelne Order sollte jedoch mindestens 1.000 Euro betragen. Ist das nicht durchsetzbar, starten Sie besser mit ETFs.

4.3 So optimieren Sie Ihre Strategie

Ob ambitioniert oder zurückhaltend: Fehler unterlaufen jedem Aktionär. Solange sie den Impuls auslösen, es künftig besser zu machen, können fehlerhafte Entscheidungen sogar nützlich sein.

Jammern wir nicht über die Verluste, die einzelne Aktien im Depot verursachen, sondern bemühen wir uns lieber, innovative Ideen einzubringen. Auch der beste Börsianer wird gelegentlich die falsche Aktie erwerben und in kritischen Phasen bestimmte Titel zu früh, zu spät oder gar nicht verkaufen. So sieht der Börsenalltag aus. Lassen wir uns nicht entmutigen. Seien wir zufrieden, wenn es uns gelingt, große Fehler konsequent zu vermeiden. Orientieren wir uns nicht an den Vorschlägen der Masse. Übernehmen wir stattdessen selbst die Verantwortung für unser Handeln.

Das eigene Anlegerverhalten kritisch hinterfragen. Läuft es im eigenen Depot nicht wie gewünscht und zeigt ein Vergleich mit der Kursentwicklung beim DAX, MDAX, TecDAX, SDAX und anderen Börsenbarometern im In- und Ausland, dass wir schlechter abschneiden, so wird es Zeit, selbstkritisch nach den Gründen zu suchen.

Das Marktgeschehen genau beobachten. Kurz vorm Platzen der Spekulationsblase im Jahr 2000 bedurfte es nur eines Börsengurus im Fernsehen oder in den Printmedien, um den Kurs einer Aktie aus der 2. oder 3. Börsenliga mit nur einer einzigen Kaufempfehlung in luftige Höhen zu katapultieren. So wurde im Februar 2000 in der 3satBörse die anfangs im Neuen Markt gelistete und jetzt im TecDAX notierte Biotechnologieaktie **MorphoSys** mit der Empfehlung »Starker Kauf und Kursziel 1.000 Euro« versehen. Ende 1999 kostete der Titel 25 Euro, zwei Monate später bis zu 430 Euro. 2 Jahre später rutschte die Aktie auf ihr Allzeittief unter 5 Euro – eine irrationale Übertreibung nach unten. 2013 setzte ein erneuter Höhenflug von MorphoSys ein – unterfüttert durch die begehrte Antikörperbank und den Aufbau einer eigenen Wirkstoffpalette. Großkonzerne wie **GlaxoSmithKline** und **Celgene** stiegen hier ein und trieben den Kurs Ende 2014 bis auf 87 Euro hoch. Abhängig vom Zeitpunkt waren mit MorphoSys sowohl stattliche Gewinne als auch hohe Verluste möglich.

Fazit: Es ist gefährlich, sich auf eine einzige Expertenstimme zu verlassen und die Marktbeobachtung zu vernachlässigen. Auch Informationsüberflutung ist nicht nützlich, kostet vielleicht Geld, zumindest aber Zeit.

Den demografischen Wandel mit längerer Lebenserwartung berücksichtigen. Die steigende Lebenserwartung in Verbindung mit der niedrigen Geburtenquote bedeutet keine reine Freude. 2060 dürfte es hierzulande fast so viele 80-Jährige geben wie unter 20-Jährige. Ein Mädchen, das heute geboren wird, dürfte im Schnitt seinen 100. Geburtstag feiern. Die Lebenserwartung wird trotz der vielen Corona-Toten 2020 und 2021 langfristig weiter steigen, insbesondere wegen der Fortschritte in Medizin, Medizintechnik und Biotechnologie.

Folgende Bereiche werden vom demografischen Wandel besonders profitieren:

- Pharma- und Biotechnologie, Medizintechnik (Zahnprothetik, Hörgeräte und Sehhilfen, künstliche Bandscheiben und Hüftgelenke, Rollstühle, Arm- und Beinprothesen, moderne Verabreichungsformen für Arzneimittel etc.),
- Robotic (Dienstleistungen in der Industrie und Medizin, Hilfen im Lebensalltag),
- Gesundheit, Wohlbefinden und Wellness,
- Touristik, Freizeitangebote. Hier ist mit starken Nachhol-Effekten der entgangenen Freuden nach der Corona-Epidemie zu rechnen.
- Rehabilitations-Zentren, Betreutes Wohnen, Altenheime und Altenpflegeheime,
- eine auf alle Altersstufen abgestimmte Konsumgüterindustrie sowie Dienstleistungsbranche, passende Kleidung, Körperpflege und Ernährung,
- Digitalisierung, Nutzung sozialer Netzwerke und virtuelle Erlebnis- und Spielwelten auch für Senioren.

In diesen wichtigen Zukunftsbranchen sind zahlreiche börsennotierte Mittelstandsunternehmen aktiv.

Die Psychologie der Börse verstehen

Prof. Daniel Kahneman, von der Princeton Universität mit dem Nobelpreis für Wirtschaft ausgezeichnet, beobachtete jahrelang, dass das tatsächliche Anlegerverhalten von vernunftbetonten Überlegungen stark abweicht, wenn die Kurse übertrieben aufwärts schnellen oder umgekehrt in den Keller stürzen. Sein Buch »Schnelles Denken – langsames Denken« zeigt, dass die meisten Menschen Verluste mehr hassen, als dass sie Gewinne lieben. Sie vertrauen zu sehr ihrer eigenen Urteilskraft, statt das Wissen und den Erfahrungsschatz der Experten zu nutzen, Trends richtig zu deuten und zu erkennen, wann Aktienkurse überbewertet sind beziehungsweise es sich lohnt, in der Bodenbildungsphase zuzugreifen.

Ein Crash zeigt seine hässlichste Fratze, wenn Unternehmen in wenigen Tagen oder Wochen ein Viertel, ein Drittel, ja die Hälfte und darüber hinaus von ihrem Börsenwert verlieren, obgleich sich die fundamentalen Daten nicht dramatisch verschlechtern. Oft wird jetzt im großen Stil verkauft, um in panischer Angst zu retten, was noch zu retten ist. Leerverkäufe von Profis und automatisch ausgelöste Computerverkaufsprogramme lösen Kettenreaktionen aus und treiben die Kurse weiter nach unten. Das Massenphänomen Herdentrieb als Feind von Vernunft und Klugheit unterstützt den Panikausverkauf und erzeugt viele Börsenverlierer.

Der hochbetagte Starinvestor **Warren Buffett** klagt darüber, dass die Menschen Aktien verschmähen, wenn sie zum Schnäppchenpreis zu haben sind, und sich umgekehrt wie Geier darauf stürzen, wenn sie ganz oben notieren.

Und warum fragt sich wohl Altmeister **André Kostolany**, ob es mehr Aktien oder Dummköpfe an der Börse gibt? Der Umkehrtrend, ein rasant fahrender Börsenexpress mit überbewerteten Aktien, wird als Warnsignal kaum wahrgenommen, sondern heizt die von den Medien angefachte Gier weiter an. Das Psychologiedrama beginnt von Neuem. Die aufgeblähte Spekulationsblase platzt und hinterlässt ein Tal der Tränen.

Mithilfe der Behavioral Finance – dem Bindeglied zwischen Ökonomie und Psychologie – können Sie psychologisch beeinflusste Verhaltensweisen an der Börse erkennen und strategisch nutzen. Schließlich wird der Markt in schwierigen Zeiten von verzerrter Wahrnehmung und Verdrängung geprägt. In ruhigen Phasen sind dies etwa 30 bis 40 %, in Krisen 80 bis 90 %.

Berühmte Ökonomen wie **Schumpeter** oder **Keynes** erkannten schon vor über einem halben Jahrhundert, dass irrationale Verhaltensweisen das Börsengeschehen beeinflussen. Ein Lehrsatz der Behavioral Finance lautet, dass Sie verlieren, wenn Sie sich einbilden, klüger und erfolgreicher zu sein als der Markt. Wer sich irrationaler Verhaltensweisen bewusst ist und weiß, dass Aktienkurse auch dem Zufall gehorchen, von Glück wie von Pech beeinflusst werden, hat eine Chance, die richtigen Lehren aus menschlichen

Schwächen zu ziehen. Zu den großen Schwachpunkten zählt die Selbstüberschätzung, an der Männer häufiger leiden als Frauen. Die Börse selbst ist nicht rational – und noch weniger sind es gestresste, genervte, verängstigte oder von Gier getriebene Investoren mit ihren wiederkehrenden Fehlern.

Gefühlsüberschwang als Störfaktor

Ein häufig praktizierter Fehler ist der viel zu frühe komplette statt nur teilweise Verkauf aussichtsreicher Aktien und das zu lange Aussitzen und Mitschleppen der Verlierer ohne nennenswertes Erholungspotenzial. Nachteilig ist die Scheu, Qualitätsaktien zu kaufen, wenn der Kurs schon eine Weile bergauf gerichtet ist. Die Abwehrhaltung: »Viel zu teuer! Zum Höchstkurs steige ich nicht ein!« hält davon ab, trotz hohen Kurspotenzials und einer angemessenen Bewertung, dabei zu sein. Erinnert sei dazu an die Börsenweisheit: »Der Trend ist dein Freund!«

Was sagt die Statistik zu Gewinnmitnahmen?

Die mit Kursgewinn verkauften Aktien werfen meist auch künftig höhere Renditen ab als die dafür neu ins Depot aufgenommenen Titel. Die Fortführung eines bestehenden Trends ist wahrscheinlicher als eine Trendumkehr. Für die Verliereraktien gilt Gleiches. Sie binden zudem Kapital und dürften sich kaum erholen, wenn der Kursrutsch fundamental begründet ist und die Charttechnik Verkaufssignale aussendet (Ausnahme: Das Geschäftsmodell wird neu strukturiert, die Gewinnzone erscheint erreichbar und die Fundamentaldaten stimmen).

4.4 Der richtige Umgang mit Gewinnen und Verlusten

Mit einer guten Mischung aus nachhaltig wirtschaftenden, substanz-, wachstums- und ertragsstarken Nebenwerteunternehmen tun Sie das Richtige, ziemlich unabhängig davon, ob Sie in Einzelaktien, ETFs und Themenfonds anlegen.

Denn wie gesagt, der TecDAX und vor allem der MDAX haben in den letzten Jahren deutlich mehr Kursgewinn erzielt als der DAX. Allerdings erzielen Sie hohe Renditen nur selten ohne eigenes aktives Dazutun. Die Einzelaktienanlage beansprucht mehr Zeit, Mut, Marktbeobachtung, Wissen und Können als eine Langzeitanlage in ETFs und Themenfonds.

Große Kursverluste drohen, wenn Sie Gewinne verfrüht mitnehmen und umgekehrt abgestürzte Titel aussitzen und Verluste trostreich verdrängen: »Kein Grund zur Sorge –

diese Aktie wird sich schon wieder erholen!« Freilich steht mancher wieder auf, der zu Boden geht, aber eben nicht jeder! Gefallene Engel können sich in Depot-Teufel verwandeln.

Zur Verdeutlichung unterscheiden wir im Folgenden vier Strategien.

Strategie 1: Sieger-Strategie

❶ Sieger-Strategie
»Gewinne lass laufen, im Verlust nicht ersaufen.«
Voraussetzungen: viel Disziplin und Selbstkontrolle;
in Hochphasen nur mit Teilverkäufen Gewinne realisieren;
Börsentiefs zum Nachkauf nutzen.
Gewinnchance 👍👍👍👍👍
Verlustgefahr: 👎
Depotgebühren: 😐

Im Bullenmarkt bietet es sich bei nicht so risikoreichen Aktien auch im Nebenwertesektor an, Gewinne nach oben laufen zu lassen. Wer beste Aktien ein Jahrzehnt und länger im Depot hält, freut sich nicht nur über drei- oder sogar vierstellige Kursgewinne. Da auch die Dividende oft steigt, ist hier eine zweistellige Ausschüttungsrendite möglich.

Beispiele: Der berühmte schon über 80-jährige Investor Warren Buffett kauft seine Aktien mit dem Ziel, sie dauerhaft zu behalten, sofern nicht schlechte Nachrichten und negative Fundamentaldaten zum Verkauf drängen. So handle ich auch. Ob Sie zur Gewinnabsicherung Stoppkurse setzen oder besser spontan verkaufen, wenn eine Trendumkehr ansteht, hängt von Ihrer Disziplin, Ihrem Fachwissen und dem Zeitfaktor ab. Äußere Umstände wie längere Abwesenheit spielen ebenfalls mit.

Stoppkurse zur Gewinnabsicherung sind mitunter nachteilig. Vielleicht werden Sie damit um die in Kürze fällige Dividende gebracht. Ärgerlich ist es, wenn der Kurssturz wegen haltloser Gerüchte erfolgt, ein Leerverkauf kommentiert wird oder enttäuschte Erwartungen eine Übertreibung auslösen. Patzt der Marktführer, wird die Branche in »Sippenhaft« abgestraft.

Automatisch ausgelöste Stop-Loss-Orders beschleunigen den Absturz, weil sie vorher gesetzt wurden und dann oft nicht mehr aufgehalten werden können. Vielleicht müssen Sie unter Ihrer Limit-Marke verkaufen; denn Stoppkurse garantieren keinen Ausführungspreis. Bei schwankungsfreudigen Nebenwerten sind Kurssprünge auch ohne neue Nachrichten zu beobachten.

Bei angespannter Marktlage, fundamental schlechten Nachrichten und charttechnischen Verkaufssignalen sollten Sie Ihre Verluste konsequent begrenzen. Ob dies bei einem Minus von 10 % oder erst ab 15 bis 25 % geschieht, ist abhängig vom Orderumfang, von der Volatilität, der Branche, Ihrer Risikoneigung, Disziplin und Nervenstärke.

Day-Trader handeln sekundenschnell und stellen ihre Position am gleichen Tag glatt. Sie tolerieren bei hohem Einsatz nur ein geringes Minus.

Es erscheint uns ratsam, bei einigen riskanten Nebenwerten Stoppkurse zu setzen, bei Standardaktien aber darauf zu verzichten und Verluste spontan diszipliniert zu begrenzen. Wie unsere eigenen Recherchen ergaben, sind Stop-Loss-Orders im Bärenmarkt zwar oft vorteilhaft, im Bullenmarkt, bei dem die Kurse auf breiter Front steigen, wegen der Erholungstendenz eher ungünstig.

Strategie 2: Neutrale Strategie

❷ Neutrale Strategie:
Crashverluste aussitzen, Gewinne laufen lassen.
Voraussetzung: gute Nerven und viel Ausdauer.
Gewinnchance 👍👍👍
Verlustgefahr: 👎👎👎
Depotgebühren: ☺☺☺

Aktionäre, die größtenteils Gewinne laufen lassen und einige Aktien besitzen, die schon dreistellig zulegen konnten, sind gewiss auf dem richtigen Weg.

Bei Verlusten bleibt man gelassen – und unternimmt erst mal nichts. Transaktionsgebühren treten fast keine auf, mitunter verpasst man jedoch den Ausstiegszeitpunkt, vor allem wenn sich ein Unternehmen am Markt nicht mehr behaupten kann und keine Gewinne mehr erzielt.

Wer bei fundamental schlechten Nachrichten und Angst vor dem Platzen einer sich auftürmenden Spekulationsblase seine Verluste frühzeitig begrenzt, kann sich hier und dort das »Aussitzen« leisten. Dies gilt auch für Nebenwerte mit Erholungspotenzial.

Ebenso ist das Abwarten berechtigt, wenn ein Crash nicht durch Spekulationsblasen oder den drohenden Zusammenbruch des weltweiten Finanzsystems wie 2008/2009, sondern durch äußere Störfaktoren ausgelöst wird. Erinnert sei an brutale Terrorakte, Naturkatastrophen und akute Kriegsgefahr sowie die aktuelle, wohl nur schwer und von den EU-Ländern gemeinschaftlich zu bewältigende Flüchtlingskrise. An der Börse stellt sich die Frage nach irrationalen Über- und Untertreibungen. Grundsätzlich aber führt kein Weg an der Verlustbegrenzung vorbei, vor allem dann, wenn Unternehmen langfristig in Schieflage geraten.

Strategie 3: Vorsichts-Strategie

Bezüglich der Begrenzung ihrer Verluste machen die Anhänger der Vorsichts-Strategie zunächst alles richtig. Doch durch das frühe Realisieren von Gewinnen nutzen sie viele Chancen nicht.

Banken raten gerne dazu, Gewinne rasch einzusammeln und Verluste durch Stoppkurse von vornherein zu begrenzen, so verdienen die Banken auch am besten mit.

Die ganz großen Erträge sind aber mit dieser Strategie nicht zu erzielen, verschwinden doch die Überflieger frühzeitig. Üppige Gewinne gibt es nicht. Es sinkt die Chance auf ein erfreuliches Gesamtergebnis. Durch häufiges Umschichten summieren sich die Transaktionskosten. Zudem bleibt die Aussicht auf eine steigende Dividendenrendite oft ungenutzt.

❸ Vorsichts-Strategie:
kleine Gewinne mitnehmen, Verluste begrenzen.
Voraussetzung: schwache Nerven
Gewinnchance 👍
Verlustgefahr: 👎👎
Depotgebühren: ☹☹☹

Sicherlich zählen Sie nicht zu jenen Anlegern, die Minigewinne mitnehmen wegen: »Wie gewonnen, so zerronnen!« Wer dies tut, bringt sich um die Chance, richtig viel Geld zu verdienen. Vorrangig geht es um die Chance, sich ein Langzeitdepot mit attraktiven Kapitalerträgen aufzubauen – auch für die Altersvorsorge.

Strategie 4: Verlust-Strategie

❹ Verlust-Strategie:
Gewinne sofort mitnehmen – Verluste verdrängen
Voraussetzung: wenig Expertise
Gewinnchance 👍
Verlustgefahr: 👎👎👎👎👎
Depotgebühren: ☺☺☺

Für Anleger, die jeden noch so kleinen Gewinn sofort mitnehmen wollen und auf Verluste gar nicht reagieren beziehungsweise diese verdrängen, gibt es zwei Möglichkeiten: Am besten ist es, dieses Vorgehen sofort zu ändern in Richtung Strategie 1: »Gewinne lass laufen, im Verlust nicht ersaufen!« Sonst ist es vernünftiger, sich von der Aktienbörse zu verabschieden und eher auf aktiv gemanagte Aktienfonds zu setzen, auch wenn dafür höhere Gebühren fällig werden.

Misserfolg bei der »Verlierer«-Strategie ist unausweichlich. Der Name trifft den Kern. Die Börsenpsychologie erweist sich als Fallstrick. Die Sorge herrscht vor, seine Gewinne einzubüßen. Der Buchverlust wird verdrängt von der Hoffnung: »Meine Aktien erholen sich wieder.« Höchste Zeit, das Problem aufzuarbeiten! Freilich ist braves Aussitzen nicht immer verkehrt. Dies gilt für ein nicht vorhersehbares plötzliches Crashszenario, eine irrational übertriebene Abstrafung einzelner Titel wegen widersprüchlicher Nachrichten und erst recht bei Gerüchten oder Kurseinbrüchen wegen Sippenhaft, weil der Marktführer gepatzt hat.

Das bei dieser Strategie gezeigte Verhalten verwehrt die Chance, mit üppigen Kursgewinnen den einen oder anderen hohen Verlust wettzumachen. Mit einer Aktie, die drei- oder gar vierstellig zulegt, lässt sich manche Scharte auswetzen. Bitte bedenken Sie: Eine Aktie kann Ihren ganzen Einsatz zunichtemachen, wie z. B. jüngst geschehen bei Wirecard. Umgekehrt gibt es keine Grenze nach oben. Es gibt Aktien, die in ein oder zwei Jahrzehnten mit Prozentzahlen im vier- und fünfstelligen Bereich zulegen – nicht etwa nur Blue Chips, sondern auch Nebenwerte.

4.5 Die Charttechnik

Vergleicht man den Jahresverlauf 2020 zwischen DAX und SDAX, so fallen zunächst Gemeinsamkeiten, bei näherer Betrachtung aber auch Unterschiede auf.

Die von der ersten Corona-Welle ausgelöste Krise hatte viel dramatischere Auswirkungen als die zweite Welle, obwohl in der zweiten Welle in Deutschland viel mehr Personen erkrankten und starben. **Die Abstiege erfolgten meist rasch und heftig, die Aufschwung-Phasen verliefen eher moderat, aber ausdauernd. Letztlich benötigte der DAX gut 9 Monate, um seine zwischenzeitlichen Verluste aufzuholen, die er in wenigen Wochen eingefahren hatte. Beim SDAX ging es schneller.**

Am Jahresende waren alle Verluste in allen deutschen Indizes wieder wettgemacht. Vor allem die Nebenwerte-Indizes, MDAX, TecDAX SDAX, aber auch der GEX und der DAXplus Family 30 konnten überzeugen.

Abbildung 9: DAX 2020

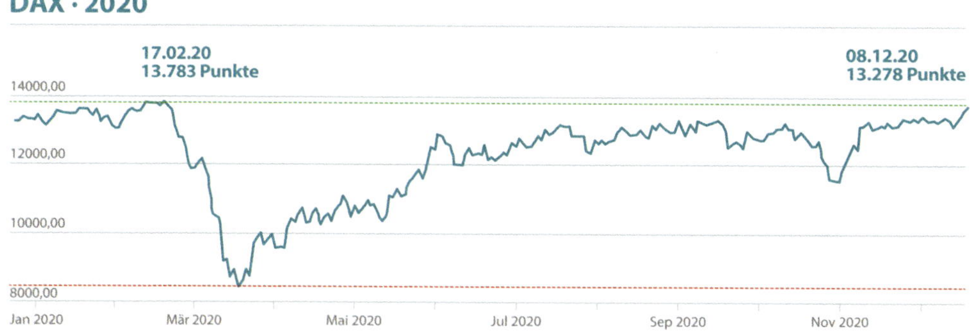

Quelle: eigene Darstellung, https://www.tagesschau.de/wirtschaft/boersenkurse/

Abbildung 10: SDAX 2020

Quelle: eigene Darstellung, ARD-Börse https://www.tagesschau.de/wirtschaft/boersenkurse/

Nun sehen wir uns den Verlauf des S&P 500 von 2010 bis 2020 und den DAX seit dem Jahr 2000 an: Je länger der Betrachtungszeitraum desto deutlicher erkennt man, dass die Anlagechancen vor allem auf lange Zeiträume hin enorm waren. Alle Krisen wurden gemeistert und konnten den langanhaltenden steigenden Trend lediglich unterbrechen, aber nicht aufhalten.

Nur wer in Panik geraten ist und vorschnell verkaufte, machte Verluste. Langfristige Anlegerinnen und Anleger mit breiter Streuung konnten ihr Vermögen seit 2010 mit DAX-Titeln locker verdoppeln, beim S&P 500 sogar mehr als verdreifachen.

Abbildung 11: S&P 500 von 2010 bis 2020

Quelle: eigene Darstellung, https://www.tagesschau.de/wirtschaft/boersenkurse/

Abbildung 12: DAX von 2000 bis 2020

Quelle: eigene Darstellung, https://www.tagesschau.de/wirtschaft/boersenkurse/

Die Technische Analyse, auch als Chartanalyse oder -technik bezeichnet, leitet mit Trendkanal, Unterstützungs-, Widerstandslinien und verschiedenartigen Formationen aus den Verhaltensmustern der Vergangenheit künftige Trends ab. Die Charttechnik verschafft einen raschen, anschaulichen Überblick über die bisherige Entwicklung von Indizes, Aktien und anderen Finanzinstrumenten. Viele interessante Vergleichsstudien basieren auf der Grundlage der Technischen Analyse.

Abbildung 13: Charttechnisches Kauf- und Verkaufssignal

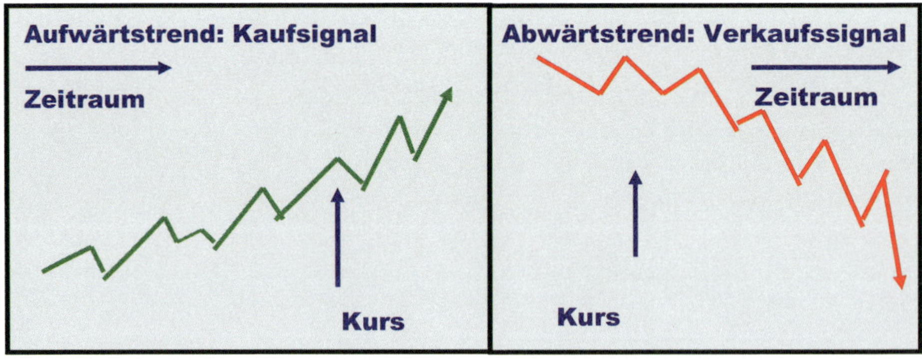

Im Börsenfernsehen zaubern die Spezialisten der Technischen Analyse aus ihrem Notebook gern farbenfrohe Kursgrafiken mit Unterstützungs- und Widerstandslinien, Wimpel, Dreieck, Flagge, Ober- und Untertasse, M- und W-Formation, Bären- und Bullenfalle, Doppeltop, Keil- oder Schulter-Kopf-Schulter-Formation, Diamant, Rosshaken und so weiter hervor. Das versetzt den interessierten Zuschauer nicht unbedingt in respektvolles Staunen. Die Charttechnik hat sich längst als wichtige Orientierungshilfe für Kauf- und Verkaufsentscheidungen durchgesetzt.

Die Technische Analyse dokumentiert Kurs- und Indexverläufe aus der Vergangenheit über bestimmte Zeiträume. Angefangen vom Tageschart gibt es je nach Bedarf Wochen-, Monats-, 80-Tage-, 200-Tage-, Jahres-, Mehrjahres- und vergleichende Charts. Auf der Horizontalen zeichnet der Charttechniker die Zeitspanne, auf der Vertikalen den Aktienkurs ein. Er arbeitet mit Linien, Wellen, Strichen, Kurven, Kerzen, Pfeilen und vielem mehr.

Die Charttechnik schätzt den Aktienmarkt als Resultat von Angebot und Nachfrage ein. Aus den Kursentwicklungen der Vergangenheit, verursacht durch sich wiederholende Verhaltensmuster und Regelabläufe als typisch menschliches Phänomen (der Mensch als »Gewohnheitstier«), werden Trends für die Zukunft abgeleitet.

Sie fragen sich vielleicht, warum das Buch zu den zahlreichen Nebenwerteaktien keine Charts liefert. Zum einen würde sich der Umfang des Buches verdoppeln oder verdreifachen und zum anderen hätten Sie keine Wahl zwischen Tages-, Monats-, Jahres- und Jahrzehnte-Charts. Klicken Sie zum Auffinden Ihrer Wunschformation eine der Finanzplattformen wie finanzen.net, boerse.de, onvista-bank.de oder www.tagesschau.de/wirtschaft/boersenkurse/ an. Sie finden dort Charts und Hintergrundinformationen wie KGV, Dividenden und Buchwert zu den gesuchten Aktien.

Das menschliche Verhalten unterliegt gewissen Regelabläufen. Mithilfe der Charttechnik können Sie psychologische Einflussfaktoren aufspüren und bei Anlageentscheidungen nutzbringend umsetzen. Die Charttechnik signalisiert günstige Kaufgelegenheiten. Ebenso kann die Technische Analyse durch frühzeitige Verkaufssignale vor hohem Verlust bewahren. Allerdings dürfen Sie bei aller Aussagekraft der Charts nicht die entscheidenden fundamentalen Daten vernachlässigen. Denken Sie auch daran, dass die Charts die Vergangenheit widerspiegeln und nur deshalb für die Gegenwart und Zukunft bedeutsam sind, weil der Mensch als »Gewohnheitstier« gilt und zu wiederkehrenden Verhaltensmustern neigt.

Für die Kritiker der Technischen Analyse stellt sich die Frage nach Ursache und Wirkung beziehungsweise dem Problem einer sich selbst erfüllenden Prophezeiung. Damit ist gemeint, dass die Charttechnik nur deshalb stimmt, weil so viele Anleger darauf vertrauen und ihr Verhalten entsprechend ausrichten. Sie orientieren sich am Trendkanal, kaufen, wenn die untere Unterstützungslinie hält, verkaufen, wenn sie nach unten durchbrochen wird. Sie steigen aus, wenn der Kurs wiederholt an der gedachten oberen Widerstandslinie abprallt. Sie steigen ein, wenn die Widerstandslinie durchstoßen wird und der Weg nach oben frei ist. Der Chart bestätigt das gezeigte Anlegerverhalten. Die Börse, die sonst eher ihrer Zeit vorauseilt, schätzt die genaue, einen schnellen Überblick vermittelnde anschauliche Charttechnik als unverzichtbares Instrumentarium für anstehende Entscheidungen.

Börsenexperten gehen davon aus, dass die Markteinschätzung und das daraus abzuleitende Anlegerverhalten zu jeweils einem Drittel aus Psychologie, Kapitalmanagement und Erkenntnissen der Technischen Analyse bestehen. In extrem hektischen und aufregenden Phasen, wie wir sie seit Jahresanfang 2016 erleben, steigt der psychologische Einfluss sogar auf 80 bis über 90 %

Der Trendkanal

Es ist wahrscheinlicher, dass eine eingeschlagene Bewegungsrichtung – »the trend is your friend« – anhält, als dass ein abrupter Richtungswechsel eintritt. Handlungsbedarf besteht, wenn der längerfristige Trendkanal einen klaren Ausbruch erfährt. Eine deutliche Tendenz nach oben gilt als Signal, dass die Talsohle vermutlich verlassen wird und sich die Bären verabschieden. Im Bereich der Bodenbildung steigen Mutige ein beziehungsweise kaufen zu. Bei nachhaltigem Ausbruch nach unten können Sie bei rechtzeitigem Ausstieg den Verlust begrenzen, sei es mithilfe von Stop-Loss-Orders oder durch eine dynamische Verlustbegrenzung.

Abbildung 14: Der Trendkanal: W- und M-Chartformation

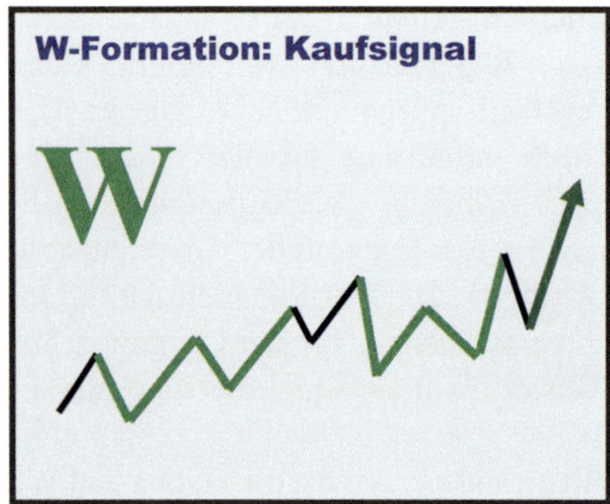

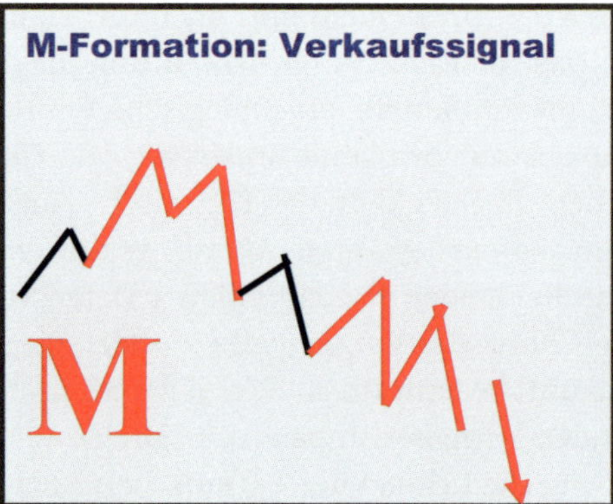

Widerstands- und Unterstützungslinien

Viele Börsianer verkaufen ihre Aktien, sobald diese nach einer Korrekturphase das alte Niveau beziehungsweise den »Einstandspreis« erreichen. Nun entstehen an der Widerstandslinie erhöhte Angebote. Jedoch braucht die Aktie oft mehrere Anläufe, um die gedachte Linie nach oben zu durchstoßen. Gelingt der Ausbruch, ist charttechnisch ein weiterer Kursaufschwung vorgezeichnet.

Sinkt der Kurs auf einen alten Tiefpunkt, glauben etliche Anleger, der Boden sei erreicht, und greifen zu. So bildet sich eine Unterstützungslinie, die einen weiteren Kursrückgang zumindest zeitweilig verhindert.

Bei Konjunkturschwäche, fundamental schlechten Nachrichten und einem miesen Börsenklima wie im Frühjahr 2020 hält keine Unterstützungslinie mehr. Kurse brechen ein wie das Messer durch die weiche Butter. Statt Kaufsignale liefert die Charttechnik nun einen klaren Verkaufshinweis.

Abbildung 15: Unterstützungs- und Widerstandslinie in der Technischen Analyse

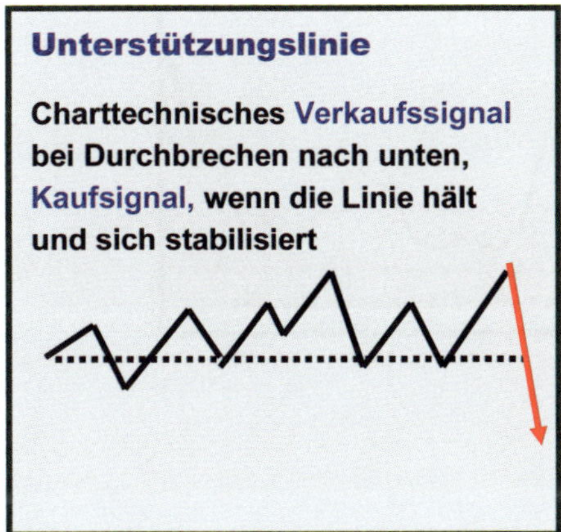

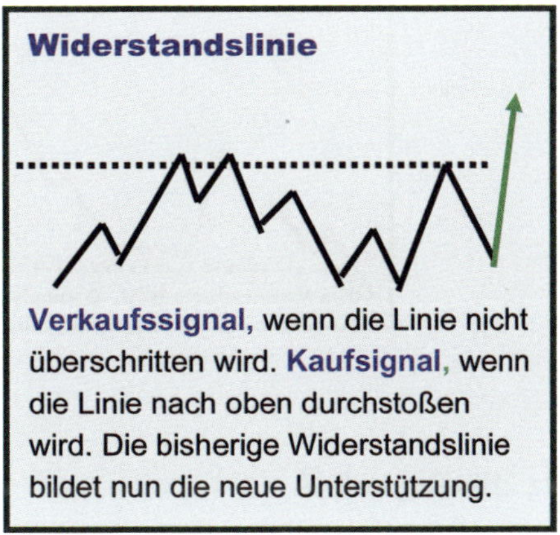

Die Nackenlinie

Zu den bekannten Umkehrformationen zählt die Schulter-Kopf-Schulter-Formation. Der Chart erinnert an einen Kopf mit linker und rechter Schulter. Die beiden Tiefpunkte zwischen Kopf und Schultern werden durch die gedachte Nackenlinie verbunden. Die Nackenlinie bildet oft eine stabile Unterstützung. Erst wenn der Kurs nachhaltig nach unten durchbricht, besteht ein Verkaufssignal. Ansonsten wird zu früh verkauft und die Chance auf Kurserholung vertan.

Laut Statistik ist zu etwa 70 % damit zu rechnen, dass nach Absacken unter die Nackenlinie der Kurs weiter abstürzt. Das stimmt auch schon deshalb, weil eine Trendfortsetzung wahrscheinlicher ist als eine Trendumkehr.

Abbildung 16: Schulter-Kopf-Schulter-Formation mit gedachter Nackenlinie

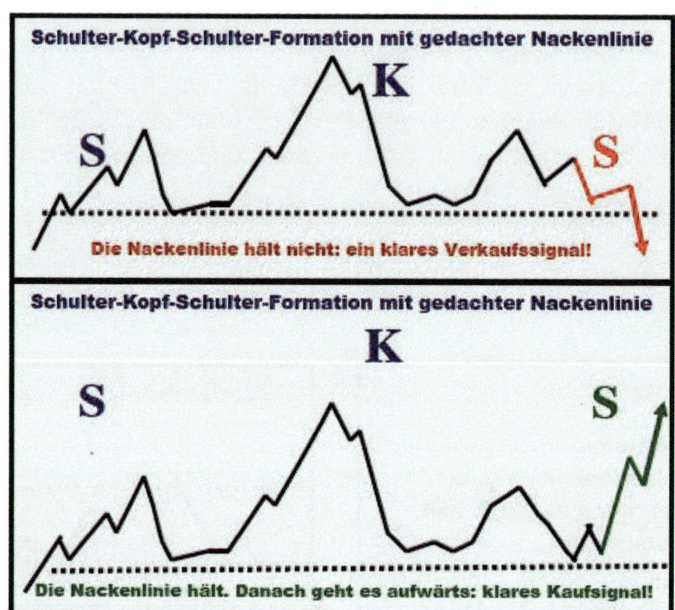

Trotz 200-Tage-Linie

Eine neue Untersuchung wollte herausfinden, ob seit Auflegung des DAX im Zeitraum von 28 Jahren das charttechnische Depot mit strikt ausgeführten Kauf- und Verkaufssignalen den Leitindex schlagen kann. Durchbricht der DAX die 200-Tage-Linie nach oben, gilt dies als Kaufsignal. Durchstößt er die Linie nach unten, heißt es verkaufen.

Das Ergebnis? Das Chartdepot mit häufigem Umschichten schaffte 8,6 % Rendite, der DAX 8,2 % aufs Jahr umgerechnet. Doch diese Rechnung ist ohne Transaktionskosten. Bei günstigsten Konditionen von 0,1 % beträgt die Rendite 8,1 % und liegt unter dem Standard-DAX-Depot. Bei Gebühren von 1 % verkümmert die Performance auf jährlich nur 3,4 % – nicht einmal halb so gut wie der DAX. Diese Langzeitstudie lässt sich auf MDAX, TecDAX, SDAX übertragen und bestätigt: Häufiges Umschichten mit oder ohne Charttechnik bringt wenig.

Es ist spannend, wichtige Indizes in Mehrjahrescharts übereinanderzulegen, um zu sehen, wie sich MDAX, TecDAX und SDAX gegenüber dem DAX im 1 beziehungsweise Mehrjahres-Vergleich entwickelt haben, wo Gemeinsamkeiten oder Unterschiede auffällig sind.

Candlestick-Charts erlauben eine genaue Marktanalyse

Abbildung 17: Japanische Candlestick-Chartanalyse

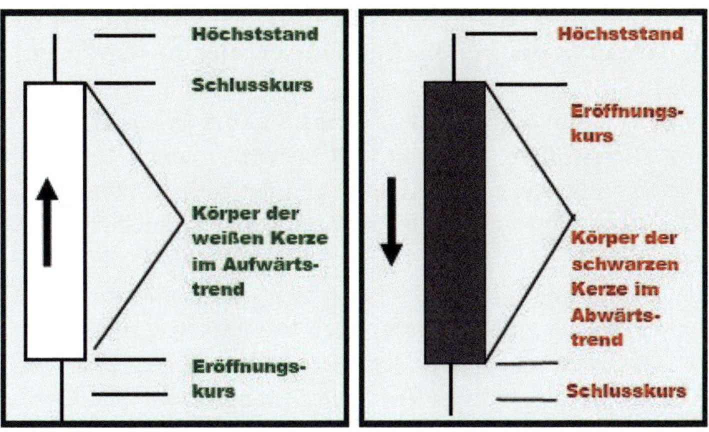

Die Candlestick-Chartanalyse erinnert an schwarze und weiße Kerzen mit Dochten. Sie ermöglicht eine genaue Marktanalyse, ist leicht verständlich, aufschlussreich und verstärkt die Effizienz der charttechnischen Analyse. Candlesticks zeigen anschaulich den Eröffnungs- und Schlusskurs, das Tageshoch und Tagestief. Die Aufwärtstendenz wird durch weiße, der Abwärtstrend durch schwarze Kerzen angezeigt.

Verlässlichkeit der Technischen Analyse

Ob sich mittels Technischer Analyse tatsächlich gültige Aussagen über den weiteren Kursverlauf von Aktien und anderen Wertpapieren treffen lassen, ist wissenschaftlich umstritten. Die Frage, ob die Charttechnik das geeignete Instrumentarium darstellt, um Marktentwicklungen wirklichkeitsnah und damit besser einschätzbar zu machen, als es der bloße Zufall bewirkt, lässt sich weder verlässlich bestätigen noch widerlegen. Die Charttechnik verschafft den schnellen Überblick, die Fundamentalanalyse die Details.

Da bei Nebenwerten außerhalb der deutschen Indizes MDAX, TecDAX und SDAX nur wenige Informationen zu erlangen sind, erweisen sich Kurz- und Langzeitcharts als sehr hilfreich. Dies gilt nicht nur für Einzelaktien, sondern ebenso für interessante Nebenwerte-ETFs und Themenfonds. Sie sollten diesen kostenlosen Service bei jedem Kauf und Verkauf als Orientierungsgrundlage nutzen. Bei aller Begeisterung für die Technische Analyse sollten Sie die wichtigsten fundamentalen Daten in Ihre Entscheidung einbeziehen und sich nicht von den Charts abhängig machen.

4.6 Wann kaufen und wann verkaufen?

Im billigen Einkauf und teuren Verkauf liegt der Gewinn. Klingt theoretisch ganz einfach, ist aber in der praktischen Umsetzung oft schwierig.

Jeder Börsianer träumt davon, zum niedrigsten Kurs einzusteigen und später zum Höchstkurs zu verkaufen. Wer von sich behauptet, sogar beim selben Titel den günstigsten Ein- und Ausstiegszeitpunkt genutzt zu haben, steht im Verdacht aufzuschneiden. Zu schwierig ist das perfekte Timing. Es ist ein Glücksfall, wenn es gelegentlich klappt. Geben Sie sich zufrieden, im Nahbereich zu handeln. Wäre dies so einfach, hätten Sie schon im Frühjahr 2003 bei einem DAX-Stand von 2.200 Punkten, im Herbst 2008 und 2011 oder zuletzt im Mai 2020 beherzt zugegriffen.

Am besten ist es, in Phasen großer Verunsicherung während der Bodenbildung einzusteigen und bei Euphorie, wenn andere überschwänglich werden, Teilverkäufe zu wagen. Die Übersicht zeigt, worauf es vor allem ankommt.

Mit günstigem Einkauf bei Nebenwerten zum Gewinn	
Stichwort	**Erläuterung**
Bodenbildung	Am erfolgreichsten sind jene Aktionäre, die den Mut haben, nach beziehungsweise in einem Crash frühzeitig einzusteigen. Wo die Bodenbildung liegt, sieht man immer erst hinterher, aber es ist langfristig betrachtet ausreichend, einen guten, wenn auch nicht den besten Kaufkurs bekommen zu haben.
Einstieg längerfristig planen	Mit sogenannten Limits können Aktien verkauft, aber auch gekauft werden: Während viele Aktionäre mit Stop-Loss-Limits Aktien bei Abwärtstrends mit Verlusten abstoßen (müssen), kann man den Spieß auch einfach umdrehen und Käufe langfristig planen mit Stop-Buy-Limits: So kamen bei uns z. B. am 28. Oktober 2020 zwei »gutmütige Nilpferde« fast schon unerwartet ins Depot: 20 SAP-Aktien für je 93,20 Euro und 12 Allianz-Aktien für je 151,80 Euro. Die Kauforder war da schon mehr als drei Monate alt! Obwohl diese Aktien ansonsten eher etwas »langweilig«, weil schwankungsarm sind, ging es in der Folge wieder ordentlich nach oben und Dividenden werden auch noch ausgeschüttet.
Streuung	Erst durch eine breitere Streuung, die auch auf andere Kontinente und neue Branchen setzt, werden Sie auf Nebenwerte aufmerksam.
eigenes Urteil	Auch führende Analysten bewerten Aktien bei DAX & Co. unterschiedlich. Nutzen Sie mehrere Informationsquellen, und bilden Sie sich Ihr eigenes Urteil!

Zukunftsmärkte	Im Gesundheitswesen und Hightech-Bereich können nur Experten Chancen und Risiken objektiv einschätzen. Decken Sie komplizierte Bereiche bei wenig Kapital, Zeit und fehlendem Fachwissen am besten mit Index- und Themenfonds ab. Biotech, Medtech, Software, Internetsicherheit, regenerative Energien, Rohstoffe und Ressourcenschonung/Recycling sind nur einige der wichtigen Trends.
Charttechnik und faire Bewertung	Die Charttechnik verschafft einen anschaulichen Überblick über gewünschte Zeitspannen. Trends, Unterstützungs- und Widerstandslinien erleichtern die Entscheidung. Werten Sie auch Finanzkennzahlen wie KGV, Buchwert, Cashflow, Ergebnis pro Aktie im Mehrjahres-Vergleich, Dividende, Kursentwicklung und Eigenkapitalquote aus.
Value-Aktien und Growth-Titel gut mischen	Zu den Value-Aktien gehören die weniger konjunkturabhängigen Aktien aus der Pharma-, Versicherungs-, Konsum- und Versorgerbranche, die gerade in Krisenzeiten »unschuldig« nach unten gezogen werden und dann günstig gekauft werden können. Zu den Growth-Titeln zählen die von der Wirtschaftslage stärker beeinflussten Technologien, wie z. B. Maschinenbau, Hightech und Biotechnologie, Software und Internet.
Aktien auf Kredit? Niemals!	Es ist äußerst gefährlich, Aktien auf Pump zu kaufen. Geht die Spekulation daneben, droht ein Zwangsverkauf. Die Aktien sind weg – die Schulden bleiben.
Aufwärtstrends	Es ist wahrscheinlicher, dass ein Aufwärtstrend – »the trend is your friend« – weiter anhält, als dass er bricht. Wer nur zu Tiefstkursen kauft, übersieht, dass viele »Spitzen-Aktien« auch künftig zu den Siegern zählen.
nachhaltige Gewinnentwicklung	Wichtiger als Umsätze und Übernahmen sind eine gesunde Bilanzierung, dauerhafte Erträge, ein leistungsfähiges Management, starke Marken, Marktführerschaft, Alleinstellungsmerkmale und gute Zukunftsaussichten.
Vorsicht vor Börsenbriefen	Mancher Anleger liebäugelt wegen Gemeinschaftsdepot und Kontakten mit einem Aktienclub. Es gibt Börsenbriefe für spezielle Strategien. Die Werbung ist nicht objektiv. Das Depot muss groß genug sein, um Beitrag und Transaktionskosten wegzustecken.
Dividende	Das Sparkonto vernichtet schleichend Kapital. Vor allem im MDAX und SDAX gibt es zahlreiche Aktien mit einer Gewinnausschüttung von über 4 %.
Herdentrieb	Machen Sie sich möglichst frei von Untergangsprophezeiungen und hysterischer Panikmache. Damit verdienen viele Medien und viele selbsternannte »Heilsbringer« eine Menge Geld, und Sie verlieren dann durch überstürztes Handeln.
spekulative Aktien	Wer hochriskante Pennystocks aufnimmt, sollte dies nur mit einem prozentual kleinen Anteil von 1 bis 2 % und übrigem »Spielgeld« tun. Im Ernstfall muss ein Totalverlust psychisch und finanziell verkraftbar sein.

4.7 Mit Teilverkauf und Koppelgeschäft zum Erfolg

DAX & Co. reagierten im März 2020 infolge der Corona-Krise mit Kursabschlägen um mehr als 40 %.

Statt zu jammern, gilt es, bei Börsenturbulenzen als Gegenwehr die richtige Strategie einzusetzen. Wir zeigen Ihnen unser Abwehrverhalten 2020 als Anschauungsmodell für eine erfolgversprechende Langzeitaktienstrategie in den Zeiten des globalen Wandels.

Im März 2020 ging es an den Börsen so turbulent zu, dass aktives Handeln als Basis künftiger Kursgewinne geboten war. **Der DAX und andere Indizes rauschten in die Tiefe – der DAX verlor in zwei Wochen knapp 5.000 Punkte. Bei guten Aktien, die bis zur Hälfte verloren hatten, stiegen wir ein beziehungsweise kauften nach. Wir koppelten diese Einkäufe mit Teilverkäufen.** Nun erstreckten sich unsere Aktivitäten auf Werte aus Zukunftsmärkten, darunter auch einige »Große« wie Alphabet, Amazon, Eurofins, Facebook. Nach einem zwischenzeitlichen Tiefstand der Depots ging es in den Folgemonaten stetig nach oben, sodass bereits nach wenigen Monaten neue Höchststände erzielt werden konnten.

Hoch-Tief-Mut-Strategie: Wann klappt es und wann nicht?		
Grundlagen	**Chancenreiches Börsenklima**	**Wann klappt es nicht?**
Tägliche Marktbeobachtung Fundiertes Börsenwissen Fachkompetenz Nebenwerte Guter Depotüberblick Kenntnis der Kursentwicklung kaufenswerter Aktien Breit gestreutes Depot Risikobewusstsein, Mut, Disziplin, Entschlossenheit Zugang zum Onlinebanking und/oder Telefonhandel Einsatz pro Titel möglichst über 1.000 Euro	**Scharfe Korrektur oder Crash, wie im März 2020** **Starke Kursschwankungen im Markt** **Auswirkungen auf einzelne Branchen unterschiedlich**	Zu wenig Titel im Depot Vernachlässigung von Nebenwerten Zu wenig Teilverkäufe für Rücklagen Geringe Marktkenntnisse Stark ausgeprägtes Sicherheitsbewusstsein Kein Zugang zum Internet Mangel an Mut und Entschlossenheit Orientierung an den anderen (Herdentrieb)

Wann funktioniert die Hoch-Tief-Mut-Strategie am besten? Was ist zu beachten?

Diese Strategie setzt ein breit gestreutes Aktiendepot und eine langfristige Anlagestrategie voraus. Zukäufe in zwei oder drei Tranchen bereiten den Boden für einen späteren attraktiven Teilverkauf. Bei einem Komplettverkauf wird die Chance vertan, von einer weiterhin positiven Kursentwicklung zu profitieren.

- In der Bodenbildungsphase bei scharfer Korrektur und Crash wie im März 2020, als die Börsen bis zu 40 % verloren und manche Titel durch den Panikausverkauf sogar um die Hälfte einbüßten, bieten sich Teilverkäufe an, wenn einzelne Aktien dennoch nahe dem Jahreshoch notieren, um neu zu investieren.
- Mit dem Kapital aus Teilverkäufen wird der Einstieg beziehungsweise Zukauf solcher Aktien finanziert, die zwar dank Qualität und Chancen über ein hohes Kurspotenzial verfügen, aber dennoch stark einbrechen. Im Crash trennen sich Anleger, die nicht panikartig in Herdentriebmanier sämtliche Aktien auf den Markt werfen, gerade von solchen Titeln, die bislang gut liefen und noch Kursgewinne bringen.
- Massive Verkäufe bewirken, dass der Kurs immer weiter sinkt und automatische Computerverkäufe ausgelöst werden. Stop-Loss-Orders und Leerverkäufe verstärken die Kettenreaktion. Stoppkurse garantieren keinen Ausführungspreis. Entscheidend ist die nächste Kursfeststellung. Gut dran ist, wer da keine solchen Stopp-Verkäufe automatisiert hat.
- Die Hoch-Tief-Mut-Strategie lässt sich am leichtesten praktisch umsetzen, wenn Sie selbst Ihr Depot elektronisch am Computer führen. Excel-Tabellen bieten dabei den Vorteil, dass Sie mit der Summenformel automatisch die Gesamtwerte berechnen können.
- Die meisten Banken bieten für die Depotinhaber inzwischen meist ohne Zusatzgebühren gute Vorlagen und Übersichten mit den entsprechenden Charts an.
- In Beates Buch *Der Aktien- und Börsenführerschein* gibt es dafür ausführliche Anwendungsbeispiele.

4.8 Wie viel Value? Wie viel Growth?

Um den Unterschied zwischen Value und Growth zu verstehen, hilft als Beispiel der Profifußball. Liegt die eigene Elf zurück, bringt der Trainer meist neue Stürmer aufs Spielfeld. Mehr Torgefährlichkeit soll das Blatt wenden. Was in der Theorie logisch ist, erweist sich in der Praxis oft als Trugschluss – und ist teilweise auf das Börsengeschehen übertragbar. Mehr Stürmer sorgen für Torchancen, doch dafür brennt es in der Abwehr oft lichterloh.

Welche Konsequenzen lassen sich für die Börse ableiten? Mit mehr Risiko lässt sich die Rendite nicht verlässlich steigern. Wer riskant agiert, kann seine Performance zwar deutlich verbessern, aber auch viel schlechter abschneiden.

Vom Fußball übertragen: Der Sturm ist mit wachstumsstarken, konjunkturabhängigen Growth-Titeln vergleichbar, die Abwehr mit stabilen Value-Titeln.

Eine Fußballelf mit nur Offensivkräften schießt vermutlich viele Tore, muss aber auch mehr Treffer vom Gegner einstecken. Wer allein auf eine starke Abwehr setzt, verhindert leichter Einschläge ins eigene Tor. Dafür bleibt die Trefferausbeute mager. Das typische Ergebnis lautet 0:0 – ein Punkt statt drei Zähler. So lässt sich kaum der Abstieg verhindern und schon gar nicht die Meisterschaft erkämpfen.

- Unser Tipp: Ein ausgewogenes Portfolio mit Growth- und Value-Titeln verspricht dauerhaft den sichersten Zugewinn. Übertriebenes Umschichten kostet viel Geld. »Viel hin und her macht Taschen leer!«
- Der TecDAX mit seinen Software- und Internettiteln, mit Biotech, Medtech und erneuerbaren Energien bildet bei intakter Konjunktur und Investitionsbereitschaft die ideale Grundlage für eine Nebenwerte-Growth-Auswahl.
- Auch bei Konjunkturschwäche wird gegessen und getrunken, die Wohnung geputzt und bei Kälte beheizt. Niemand verzichtet auf Körperpflegemittel, meldet seinen Internetanschluss ab oder telefoniert nicht mehr, nur weil es in der Wirtschaft zeitweilig abwärtsgeht beziehungsweise Stillstand herrscht. Hier bieten die klassisch ausgerichteten Börsenbarometer MDAX für mittelgroße und SDAX für kleinere Unternehmen eine gute Basis für Value. Konsumgüter laufen auch in schlechten Zeiten.

Die defensive Value-Strategie für Sicherheitsbewusste

Ab Ende der 1990er-Jahre bis zum Platzen der Spekulationsblase im Frühjahr 2000 galt die Investor-Ikone Warren Buffett als ein Fossil. Sein dicker Wälzer »Von bleibendem Wert« war nicht mehr gefragt. Danach erlebten der berühmte Experte und seine Aktie **Berkshire Hathaway** ein Comeback.

Buffett investiert nur in niedrig bewertete Aktien von Firmen, deren Geschäftsmodell er kennt, mag und versteht. Die defensive Value-Strategie ist für sicherheitsbewusste bis chancenorientierte Anleger ratsam, auch als Altersvorsorge-Sparplan.

Am Ende eines Konjunkturzyklus, wenn die Hausse in eine Baisse mündet und das Wirtschaftswachstum nachlässt, sind Value-Aktien besonders begehrt. Versorger-, Konsum-, Pharma-, Telekom-, Immobilien- und Energie-Aktien gehören zur Value-Gruppe, bleiben aber von Branchenrotationen nicht verschont.

Jede Marktphase hat Börsenlieblinge. Klassisch ausgerichtete Firmen verwöhnen ihre Aktionäre oft mit einer üppigen Dividende.

Die Kehrseite? Industrietitel sind nicht »sexy« und entwickeln sich kaum zu Kursraketen. Dafür ist im Crash das Rückschlagpotenzial begrenzt.

Die Growth-Strategie bringt mehr Temperament ins Portfolio

Bis Frühjahr 2000 schien die Börsenwelt intakt. Der DAX übersprang die 8.000er-Marke, was danach erst wieder 2007 und 2013 geschah und den Weg ebnete für ein neues Hoch von über 10.000 Punkten im Juni 2014 und die imposante Rallye Ende 2020/ Anfang 2021. Wachstumsorientierte Anleger gehen davon aus, dass die Rallye in vielen Bereichen weitergehen wird.

Risikofreudige Anleger setzen auf Growth, wenn die Bullen als Symbol steigender Kurse die für den Abwärtstrend stehenden Bären aus der Börsenarena vertreiben (»Bullen-Markt«). Sie bevorzugen hierzulande TecDAX-Aktien und internationale NASDAQ-Titel. Zyklische Werte sind gefragt, wie Biotech, Chemie, Software und Internethandel. Selbst Aktien, bei denen schon sehr viel Zuversicht in die künftige Entwicklung eingepreist ist, setzten ihren Aufwärtstrend zuletzt weiter fort. Hier gilt es, in Ruhe zu analysieren, wann der Zeitpunkt für Teilverkäufe mancher Aktien sinnvoll wird.

Wachstum und Nachhaltigkeit schließen sich nicht aus

Aktien sollten nicht allein am niedrigen KGV (Kurs-Gewinn-Verhältnis), KBV (Kurs-Buchwert-Verhältnis) und KUV (Kurs-Umsatz-Verhältnis) gemessen werden. Wachstumsstarke Substanztitel nachhaltig wirtschaftender Unternehmen gibt es höchst selten zum Schnäppchenpreis – am ehesten noch beim Crash-Panikausverkauf.

Dazu erklärt der Börsenexperte und Buchautor Professor **Max Otte**: »Wachstum und Value schließen sich nicht aus! ›Billige‹ Unternehmen können zu Recht billig sein – dann nämlich, wenn sie wenig wachsen, schrumpfen oder vielleicht sogar dauerhaft Verluste produzieren. – Genauso können Unternehmen mit hohem KGV durchaus günstig beziehungsweise preiswert sein, dann nämlich, wenn die Wachstumsaussichten dieses KGV rechtfertigen.«[7]

Der Anlagestil – eine Mentalitätsfrage

»Value« mit Schwerpunkt auf den Unternehmenswert und »Growth« mit Augenmerk auf das Wachstum zählen zu den bekanntesten Orientierungen. Bei Value interessiert der Vermögenswert beziehungsweise das Eigenkapital des Unternehmens geteilt durch die Anzahl der Aktien, sozusagen der »sichere« Gegenwert einer Aktie. Dies wird im Buchwert angegeben. Der Buchwert liefert also einen wichtigen Hinweis, wie viel realer Gegenwert für den Aktienanteil vorhanden ist.

In der Tat finden sich einige Aktien, bei denen der Buchwert über 1 liegt, das heißt, jeder Aktie steht dann ein höherer Gegenwert gegenüber. Dies trifft allerdings vor allem auf Unternehmen zu,

- deren Kurs sich über einen längeren Zeitraum negativ entwickelt hat und/oder
- die aus traditionellen klassischen Bereichen kommen (z. B. Energieversorger, Großunternehmen, Banken und Versicherungen/Rückversicherer).

Junge Unternehmen beziehungsweise Start-up-Unternehmen mit guten Ideen und eventuell angemeldeten Patenten ziehen beim Buchwert oft den Kürzeren, weil das geistige Potenzial eben nicht in den Buchwert eingeht.

Value-Anleger wollen Aktien mit hohem Buchwert preiswert erwerben und setzen dabei neben Sicherheit auf hohe Dividenden.

Beim Growth-Ansatz wird als Ziel eine möglichst rasche hohe Rendite angestrebt, verbunden mit dem Risiko, dass sich das Unternehmen am Markt nicht wie gewünscht behaupten kann und der Kurs einbricht.

Mit der wachsenden Onlinedominanz, die sämtliche Branchen erfasst, ständig neue Technologien und Kommunikationsformen aus dem Hut zaubert, zu Firmengründungen und Übernahmen führt, verschiebt sich die Gewichtung. Zählten die Telekommunikationsaktien zur Jahrtausendwende noch zu den Wachstumswerten, gelten sie heute eher als Value-Titel.

Die Industrie 4.0, das Internet der Dinge, Digitalisierung und vernetzte Welt bedeuten große Herausforderungen und Chancen für IT-Firmen und soziale Netzwerke.

Auch der demografische Wandel führt zu veränderten Ausrichtungen und Geschäftsmodellen. Das Gesundheitswesen mit Impfstoffen, Biotechnologie, Medizintechnik und Pharma dürfte sich auch nach der Corona-Epidemie zu den großen Wachstumstreibern in unserer alternden Gesellschaft entwickeln.

Die medizinische Forschung auf der Suche nach neuen Impf- und Wirkstoffen verschlingt riesige Summen. Es geht darum, tödlich verlaufende Krankheiten zu heilen und nach einer oft lange dauernden Entwicklungsphase nach der Zulassung milliardenschwere Einnahmen zu erzielen.

Die Pharmariesen (Value) haben das Geld. Die jungen Biotechfirmen (Growth) bringen als Übernahmeziele und Partner innovative Ideen ein.

Langfristig schlägt der Value-Ansatz das Growth-Wachstumskonzept, insbesondere nach einem Crash. Im Börsenboom haben Growth-Aktien die Nase vorn. Für Langzeitanleger empfiehlt sich eine Mischstrategie. *Euro am Sonntag* hat über einen Zeitraum von über 20 Jahren einen reinen Growth-Ansatz und eine Value-Misch-Strategie untersucht. Beide Methoden warfen im Mittel eine Jahresrendite von rund 10 % ab.

Um Ihnen eine deutsche Nebenwerteauswahl bei Value- und Growth-Orientierung zu erleichtern, präsentieren wir für beide Marschrichtungen je eine Auswahl mit jeweils fünf bis sieben Favoriten.

Anmerkungen zur Auswahl:

- Die Abgrenzung Growth/Value ist oft schwierig. Im Börsenboom läuft, wie gesagt, Growth besser als Value. Im Crash werden konjunkturunabhängige Titel bevorzugt.
- Auch in unseren Ausführungen ist die Zuordnung Value/Growth bei etlichen Titeln strittig. Bei den SDAX-Titeln habe ich, schon um die Auswahl zu begrenzen, immer auf eine attraktive Dividende geachtet. Damit steigt einerseits die Rendite. Andererseits sinkt das Risiko, wird doch bei dividendenstarken Titeln zumindest mittelfristig der Kurs nach unten etwas abgesichert.
- Wichtiger aber als die Entscheidung Value/Growth ist eine breite Streuung mit Blick auf wichtige Zukunftsmärkte.

Aktienauswahl: 7 TecDAX-Firmen Growth				
TecDAX-Aktie/ Unternehmen	**WKN**	**Kurs am 29.12.2020**	**Hoch/Tief 1 Jahr**	**Kursverlauf 1, 3, 5 Jahre**
Bechtle	515870	180,20 €	190,70/79,35 €	+40/+159/+304 %
Infotechnologie Firmenkunden, hochwertige IT-Konzepte, Hard- und Software; KGV 43, Marktkapitalisierung 7 Milliarden Euro, Eigenkapitalquote 55 %, Dividende 1,20 Euro, Dividendenrendite 0,7 %, Buchwert 24 Euro				
CompuGroup	A28890	78,50 €	85,40/46,50 €	+22/+39/+138 %
Software/Kommunikationslösungen/Online-Infodienste Arzt/Zahnarzt/Klinik; KGV 51, Marktkapitalisierung 4 Milliarden Euro, Eigenkapitalquote 26 %, Dividende 0,5 Euro, Dividendenrendite 0,65 %, Buchwert 5,20 Euro				
Nordex	A0D655	21,86 €	22,46/5,55 €	+80/+136/-33 %
Windkraftanlagen Megawattbereich, Rotorblätter/Windturbinen/Komplettservice; KGV -31, Marktkapitalisierung 3 Milliarden Euro, Eigenkapitalquote 19 %, Dividende 0 Euro, Buchwert 7 Euro				
Pfeiffer Vacuum	691660	156,80 €	181,40/104,40 €	-2/+0/+73 %
Vakuum-Pumpen/-Systeme, Mess-/Analysegeräte, analytische Anwendungen; KGV 32, Marktkapitalisierung 2 Milliarden Euro, Eigenkapitalquote 12 %, Dividende 1,25 Euro, Dividendenrendite 0,8 %, Buchwert 40 Euro				
Sartorius Vorzüge	716563	343,00 €	416,80/164,20 €	+78/+330/+498 %
Labor-Technologie Pharma-/Nahrungsmittelindustrie, Instrumente/Waagen, KGV 147, Marktkapitalisierung 23 Milliarden Euro, Eigenkapitalquote 28 %, Dividende 0,30 Euro, Dividendenrendite 0,11 %, Buchwert 12,70 Euro				
Stratec Biomedical	STRA55	122,60 €	144,6/46,4 €	+88/+84/+101 %
Vollautomatische Systeme für klinische Diagnostik (IVD) und Biotechnologie; KGV 101, Marktkapitalisierung 1 Milliarde Euro, Eigenkapitalquote 53 %, Dividende 0,84 Euro, Dividendenrendite 0,69 %, Buchwert 13 Euro				
United Internet	508903	35,32 €	43,88/20,76 €	+17/-39/-29 %
Online-Zugangsprodukte Privat-/Firmenkunden, E-Mail-Dienste GMX, WEB.de; KGV 14, Marktkapitalisierung 7 Milliarden Euro, Eigenkapitalquote 47 %, Dividende 0,5 Euro, Dividendenrendite 1,4 %, Buchwert 22 Euro				

Aktienauswahl: 5 MDAX-Firmen Growth				
MDAX-Aktie/ Unternehmen	**WKN**	**Kurs am 29.12.20 20**	**Hoch/Tief 1 Jahr**	**Kursverlauf 1, 3, 5 Jahre**
Hochtief	607000	79,70 €	121,90/41,58 €	-30/-46/-5 %
Internationaler Baukonzern, Verkehr/Energie, soziale und urbane Infrastruktur; KGV -27, Marktkapitalisierung 6 Milliarden Euro, Eigenkapitalquote 7 %, Dividende 5,80 Euro, Dividendenrendite 7,2 %, Buchwert 18 Euro				
Jungheinrich Vz	621993	38,12 €	39,26/10,06 €	+79/-4/+57 %
Gabelstapler-Maschinenbauer; Flurförderzeug-/Lager-/Materialflusstechnologie; KGV 15, Marktkapitalisierung 4 Milliarden Euro, Eigenkapitalquote 28 %, Dividende 0,4 Euro, Dividendenrendite 1,2 %, Buchwert 15 Euro				
MTU Aero Engines	A0D9PT	215,50 €	289,30/97,76 €	-17/+44/+147 %
Flugzeugtriebwerke/Industriegasturbinen, Triebwerkmodule und Komponenten; KGV 14, Marktkapitalisierung 11 Milliarden Euro, Eigenkapitalquote 30 %, Dividende 0 Euro, Buchwert 46 Euro				
Siltronic	WAF300	128,30 €	130,50/46,56 €	+39/+2/+477 %
Halbleiter, Hersteller von Wafern aus Reinstsilizium. Das Taiwanische Globalwafers wird Siltronic übernehmen, was der Marktstellung von Siltronic eher nutzt als schadet. KGV 17, Marktkapitalisierung 4 Milliarden Euro, Eigenkapitalquote 44 %, Dividende 3 Euro, Dividendenrendite 2,35 %, Buchwert 29 Euro				
STRÖER	749399	81,20 €	81,55/37,00 €	+13/+29/+48 %
Internet-/Außenwerbung, individuelle, voll integrierte Kommunikationslösungen; KGV 66, Marktkapitalisierung 5 Milliarden Euro, Eigenkapitalquote 11 %, Dividende 2 Euro, Dividendenrendite 2,48 %, Buchwert 11 Euro				

Aktienauswahl: 5 SDAX-Firmen Growth				
SDAX-Aktie/Unternehmen	**WKN**	**Kurs am 29.12.2020**	**Hoch/Tief 1 Jahr**	**Kursverlauf 1, 3, 5 Jahre**
Amadeus Fire	509310	120 €	162,50/68,80 €	-18/+55/+67 %
Personaldienstleister/Zeitarbeitsvermittler kaufmännische Fach-/Führungskräfte; KGV 25, Marktkapitalisierung 678 Millionen Euro, Eigenkapitalquote 14 %, Dividende 0 Euro, Buchwert 10 Euro				
Dt. Beteiligung	A1TNUT	34 €	42,50/22,20 €	+25/-28/+21 %
Erwerb etablierter, wachstumsstarker, profitabler Mittelständler; Europa/USA; KGV -30, Marktkapitalisierung 511 Millionen Euro, Eigenkapitalquote 89 %, Dividende 0,80 Euro, Dividendenrendite 2,35 %, Buchwert 28 Euro				
Hypoport	549336	517 €	580/205 €	+64/+251/+586 %
Internetbasierter Finanzdienstleister; Immobilienfinanzierung/Bausparen/Kredit; KGV 130, Marktkapitalisierung 3 Milliarden Euro, Eigenkapitalquote 45 %, Dividende 0 Euro, Buchwert 29 Euro				
Scout 24	A12DM8	66,75 €	79,80/43,50 €	+16/+91/+105 %
Digitale Anzeigenplattform für Immobilien-/Automarkt, mehrere Eigenmarken; KGV 112, Marktkapitalisierung 7 Milliarden Euro, Eigenkapitalquote 43 %, Dividende 0,90 Euro, Dividendenrendite 1,3 %, Buchwert 10 Euro				
VTG	VTG999	44,80 €	52,80/32,00 €	-15/-0,5/+65 %
Waggonvermietung/Schienenlogistik; Kessel-/Großraumgüter-/Flachwagen; KGV 16,2, Marktkapitalisierung 2 Milliarden Euro, Eigenkapitalquote 12 %, Dividende 1,10 Euro, Dividendenrendite 2,5 %, Buchwert 20 Euro				

Value-Aktien trotzen am ehesten den Börsenturbulenzen

Ulrich Stephan, Chefstratege für Privat- und Firmenkunden bei der Deutschen Bank, findet auch im Börsencrash einige trostreiche Worte: »Es ist nichts Ungewöhnliches, dass sich einzelne Aktien gegen den Markt stellen. Häufig liegt das an einzelnen Entwicklungen, welche die Marktteilnehmer positiv überraschen. Solche Überraschungen kommen vor allem während der Berichtssaison ans Tageslicht.«[8]

Es folgt unsere Auswahl für die Value-Strategie mit Nebenwerten.

<table>
<tr><th colspan="5">Aktienauswahl: 5 MDAX-Firmen Value stellen sich vor</th></tr>
<tr><th>MDAX-Aktie/ Unternehmen</th><th>WKN</th><th>Kurs am 29.12.2020</th><th>Hoch/Tief 1 Jahr</th><th>Kursverlauf 1, 3, 5 Jahre</th></tr>
<tr><td>Gerresheimer</td><td>A0LD6E</td><td>87,45 €</td><td>103,40/49,20 €</td><td>+26/+27/+26 %</td></tr>
<tr><td colspan="5">Hochwertige Verpackungs-/Systemlösungen Glas/Kunststoff Pharma/Medtech; KGV 34, Marktkapitalisierung 3,0 Milliarden Euro, Eigenkapitalquote 8,8 %, Dividende 1,20 Euro, Dividendenrendite 1,38 %, Buchwert 30 Euro</td></tr>
<tr><td>Hannover Rück</td><td>840221</td><td>132 €</td><td>192/99 €</td><td>-24/+26/+31 %</td></tr>
<tr><td colspan="5">Führende Schaden-/Personen-Rückversicherung, Prämienumfang 13,8 Milliarden Euro; KGV 12, Marktkapitalisierung 16 Milliarden Euro, Eigenkapitalquote 14,7 %, Buchwert 59 Euro, Dividende 4 Euro, Dividendenrendite 3,0 %, Buchwert 87 Euro</td></tr>
<tr><td>Rational</td><td>701080</td><td>750,50 €</td><td>777/388 €</td><td>+5/+34/+122 %</td></tr>
<tr><td colspan="5">Thermische Speisezubereitung Groß-/Gewerbeküchen; KGV 48, Marktkapitalisierung 8 Milliarden Euro, Eigenkapitalquote 65 %, Dividende 5,70 Euro, Dividendenrendite 0,78 %, Buchwert 46 Euro</td></tr>
<tr><td>STADA/bis 2018 im MDAX</td><td>A14KJP</td><td>100,60 €</td><td>102,80/96,40 €</td><td>-1/+0/+1 %</td></tr>
<tr><td colspan="5">Generika-Vertrieb, Präparate zur Selbstmedikation, Spezial-Pharmazeutika; KGV 20, Marktkapitalisierung 6,35 Milliarden Euro, Eigenkapitalquote 31 %, Dividende 1,28 Euro, Dividendenrendite 1,47 %, Buchwert 17 Euro</td></tr>
<tr><td>Siemens Energy</td><td>ENER6Y</td><td>30,11 €</td><td>30,00/18,38 €</td><td>+40 %/Börsenstart</td></tr>
<tr><td colspan="5">Elektro- und Energietechnik, von der Siemens AG abgespalten am 01.04.2020, KGV 2021e: 65, Marktkapitalisierung 20 Milliarden Euro, Eigenkapitalquote 26 %, Dividende 0,17 €, Dividendenrendite 0,55 %, Buchwert 21 Euro</td></tr>
</table>

Aktienauswahl: 5 SDAX-Firmen Value stellen sich vor				
SDAX-Aktie/ Unternehmen	**WKN**	**Kurs am 29.12.2020**	**Hoch/Tief 1 Jahr**	**Kursverlauf 1, 3, 5 Jahre**
Encavis	609500	21,10 €	21,1/6,85 €	+120/+205/+19 %
Betreiber großer Solar-/Windkraftanlagen in Europa, Erwerb von Projektrechten; KGV 20, Marktkapitalisierung 3 Milliarden Euro, Eigenkapitalquote 20 %, Dividende 0,20 Euro, Dividendenrendite 1,2 %, Buchwert 4,20 Euro				
VERBIO Ver. Bioenergie	A0JL9W	31,15 €	31,50/ 6,80 €	+160/+277/+431 %
Biokraftstoffe, z. B. Biodiesel; KGV 2019: 9, Streubesitz: 31 %, Marktkapitalisierung: 1,95 Milliarden Euro, Dividende 0,20 Euro, Dividendenrendite 2,1 %, Buchwert 4 Euro				
KWS Saat	707400	65,70 €	73,40/39,20 €	+14/+1/+19 %
Internationaler Saatgutkonzern, Züchtung landwirtschaftlicher Nutzpflanzen; KGV 23, Marktkapitalisierung 2 Milliarden Euro, Eigenkapitalquote 45 %, Dividende 0,70 Euro, Dividendenrendite 1,1 %, Buchwert 30 Euro				
SIXT Stämme	723132	99,80 €	101,00/34,40 €	+10/+24/+123 %
Mobilitätsdienste, Mietwagenservice, Fahrzeugflotten, Flughafen-Verleihstationen; KGV 19,6, Marktkapitalisierung 5 Milliarden Euro, Eigenkapitalquote 23 %, Dividende 0 Euro, Buchwert 31 Euro				
Wacker Neuson	WACK01	17,50 €	18,50/8,00 €	+2/-41/+31 %
Produktion/Vertrieb von Baugeräten/Maschinen, Kompaktklasse, einige Marken; KGV 13,8, Marktkapitalisierung 1 Milliarden Euro, Eigenkapitalquote 56 %, Dividende 0 Euro, Buchwert 17 Euro				

4.9 Kapitalerhöhungen

Kapitalerhöhungen ersetzen zunehmend die früheren boomenden Hochzins-Mittelstandsanleihen. Eine mehrjährige Laufzeit verknüpft mit einem Zinssatz von über 5 % erwies sich als Bumerang, denn die Umsatzerlöse lagen nicht selten unter den Schuldzinsen. Vor diesem Hintergrund mit sich häufenden Unternehmenspleiten gelten Kapitalerhöhungen als interessante Alternative.

Sobald eine AG eine Kapitalerhöhung ankündigt, führt die erste Reaktion an der Börse wegen des Verwässerungseffekts oft zu Kursverlusten, vor allem bei geringem Preisabschlag. Abhängig davon, wozu die Finanzspritze dient und wie erfolgreich die Platzierung verläuft, sind auch positive Reaktionen denkbar.

In schwierigen Börsenzeiten sind Kapitalerhöhungen zwar für viele Firmen wichtig, um die Eigenkapitalbasis und die Bilanzstruktur zu stärken; aber sie sind bei angespannter Marktlage schwerer durchführbar. Dies bewirkt, dass die Banken Fremdkapital nur zu höherem Zinssatz oder gar nicht gewähren, also Expansions-, Übernahme-, Forschungs- und Entwicklungsvorhaben, die Einführung neuer Produkte und eine Internationalisierung zurückzustellen sind. Werden Kreditlinien nicht verlängert, kann dies das Aus für eine Firma bedeuten. Sie sollten also wissen, worauf Sie sich einlassen. Warum will die AG ihr Kapital erhöhen? Wesentliche Beweggründe sind:

- die Finanzierung organischen Wachstums, der Ausbau des operativen Geschäfts,
- die Finanzierung externen Wachstums mittels Fusionen und Übernahmen,
- die Verbesserung der Bilanzstruktur durch eine höhere Eigenkapitalquote,
- eine Verringerung der eigenen Verbindlichkeiten, also Schuldenabbau,
- eine höhere Liquidität durch die Ausgabe junger Aktien (mehr Streubesitz).

Wann sollte man die Bezugsrechte wahrnehmen? Wann besser verzichten und Ansprüche verkaufen, sofern ein solcher Handel stattfindet?

Dient die Kapitalerhöhung allein dazu, die hohe Verschuldungsquote herunterzufahren, sollten Sie Ihr gutes Geld schützen.

Anders verhält es sich, wenn die fundamentalen Daten überzeugen. Die Kapitalerhöhung wird also durchgeführt, um eine positiv beurteilte Übernahme zu finanzieren, wichtige Forschungsvorhaben zu verwirklichen, Investitionen zu tätigen oder neue Wachstumsmärkte zu erobern.

Bejahen die institutionellen Anleger die Kapitalspritze, sollten auch Sie mitmachen, sofern als Anreiz ein zweistelliger Preisabschlag winkt. Wichtig ist das Bezugsverhältnis. Wenn Sie nur ein paar junge Aktien bekommen, können die Transaktionskosten höher sein als der Preisabschlag.

Kapitalerhöhungen setzen voraus, dass auf der Hauptversammlung zumindest 75 % des vertretenen Aktienkapitals (pro Aktie eine Stimme) dieser Maßnahme zustimmen. Bei einer Barkapitalerhöhung durch Ausgabe »junger« Aktien werden dem Altaktionär Bezugsrechte und ein Bezugspreis zu bestimmten Bedingungen eingeräumt.

- **Vorsicht!** Dient die Kapitalerhöhung dazu, die drohende Insolvenz abzuwenden beziehungsweise die Schulden herunterzufahren, heißt die Konsequenz: Beteiligen Sie sich nicht! Das Verlustrisiko ist hier größer als die Gewinnchance.
- **Mitmachen?** Überzeugt das Unternehmensziel, ist zu überlegen, sich noch vor Beginn der Kapitalmaßnahme mit Aktien einzudecken, sofern der Preis deutlich unter dem aktuellen Kurs liegt. Jetzt besitzen Sie genug Aktien, damit sich bei ungünstigem Bezugsverhältnis die neuerlichen Transaktionskosten rechnen.
- **Augen auf bei den Preisangaben!** Fair ist es, wenn das Unternehmen beim Zeichnungsangebot für die jungen Aktien einen verbindlichen Preis angibt, der wegen des Verwässerungseffekts, aber auch um als attraktiv eingeschätzt zu werden, im Allgemeinen mindestens 10 % unter dem jetzigen Kurs liegt. Vertretbar ist es, wenn bei unruhigem Börsenklima eine Unter- und eine Obergrenze genannt werden. Schlecht

und strategisch unklug ist es, wenn überhaupt keine Preisangabe erfolgt. Als Reaktion droht ein sinkender Aktienkurs. Möglicherweise ist der reguläre Nachkauf nun sogar günstiger. Wichtig ist das Zuteilungsverhältnis. Erhalten Sie z. B. für fünf Aktien nur ein neues Papier, so übersteigen die Transaktionskosten möglicherweise den Preisabschlag.

Im Rückblick hat es sich oft gerechnet, Kapitalerhöhungen mitzumachen. Dies galt beispielsweise 2020 bei Eckert & Ziegler.

4.10 Auf Schnäppchenjagd: Kaufsignale für Aktien

Der Buchwert dividiert durch die Anzahl der Aktien spiegelt das ausgewiesene Eigenkapital abzüglich Dividende wider. Liegt der Buchwert über dem Kurs, leitet sich daraus ein Kaufsignal ab. Aber Vorsicht: Auch die anderen Finanzkennzahlen sollten überzeugen.

Bei scharfen Korrekturen – wenn einzelne Aktien ein Viertel, ein Drittel, ja vielleicht sogar die Hälfte und mehr vom Jahreshoch verlieren – liegt der Buchwert bisweilen über dem aktuellen Aktienkurs. Da der Buchwert dem Eigenkapital je Aktie entspricht, lädt der Ausverkauf zur Schnäppchenjagd ein, sofern auch die übrigen Finanzkennzahlen passen.

Deutliche Kaufsignale senden jene Aktien aus,

- deren Buchwert über dem aktuellen Kurswert liegt. Allerdings werden die Patente, in denen eventuell gute Ideen verbrieft sind, nicht dem Buchwert zugerechnet – daher schneiden viele Growth-Aktien und junge Unternehmen bei dieser Betrachtung eher negativ ab.
- deren KGV (Kurs-Gewinn-Verhältnis) niedrig ist, denn das KGV kann man auch als Zeitspanne in Jahren verstehen, nach der sich der Aktienkurs verdoppelt hat. Das Problem beim KGV liegt darin, dass die Gewinne im Voraus nur geschätzt werden können und die zurückliegenden Gewinne nur bedingt aussagekräftig für die künftigen Entwicklungen sind.
- deren Ergebnisentwicklung positiv ist.
- deren Dividendenrendite hoch ist.

MDAX-Nebenwerte: Vergleich von Buchwert und Kurs					
Aktie/ Unternehmen	**WKN**	**Buch-wert**	**Kurs am 29.12.2020**	**Hoch/Tief 1 Jahr**	**Kursverlauf 1, 3, 5 Jahre**
Aareal Bank	540811	42,75 €	19,49 €	31,50/13,40 €	+4/-30/+25 %
Immobilienbank; strukturierte Finanzierung/Beratung; KGV 14, Marktkapitalisierung 1 Milliarde Euro, Eigenkapitalquote 7,2 %, Dividende 0 Euro					
Aroundtown	A2DW8Z	8,70 €	6,18 €	8,50/3,70 €	-19/-4/+51 %
Gewerbeimmobilien, Sitz in Luxemburg; KGV 5,72, Marktkapitalisierung: 9 Milliarden Euro, Eigenkapitalquote 38 %, Dividende 0,28 Euro, Dividendenrendite 4,58 %					
Thyssenkrupp	750000	15,76 €	7,81 €	12,41/3,30 €	-20/-34/-55 %
Stahlverarbeitung, KGV 5,72, Marktkapitalisierung 7,2 Milliarden Euro, Eigenkapitalquote 27 %, Dividende 0 Euro					
Deutz	630500	5,40 €	5,11 €	5,44/2,66 €	-8/-32/+51 %
Produktion von kompakten Dieselmotoren; KGV 12, Marktkapitalisierung 615 Millionen Euro, Eigenkapitalquote 50 %, Dividende 0 Euro					
DIC Asset	A1X3XX	13,42 €	13,70 €	17,44/6,72 €	-13/+31/+48 %
Gewerbeimmobilien-Unternehmen, renditeorientierte Investitionen Deutschland; KGV 12, Marktkapitalisierung 1 Milliarde Euro, Eigenkapitalquote 36,5 %, Dividende 0,66 Euro, Dividendenrendite 4,9 %					
Hornbach Holding	608340	78,70 €	83,67 €	93,05/50,45 €	+22/+4/+29 %
Internationaler Zulieferer Baustoffe; zahlreiche Börsennotierungen weltweit; KGV 12,5, Marktkapitalisierung 1 Milliarde Euro, Eigenkapitalquote 36 %, Dividende 1,50 Euro, Dividendenrendite 1,8 %					
Anmerkungen: Ein im Vergleich zum Aktienkurs hoher Buchwert darf nicht allein ausschlaggebend für den Kauf der Aktie sein. Nicht minder wichtig sind ein im Branchenvergleich niedriges KGV, eine verlässlich steigende Dividendenrendite und ein seit Jahren positives Ergebnis pro Aktie. Es ist gefährlich, wenn sich die Aktie seit 5 Jahren deutlich im Minus befindet. 2020 wurden Dividenden aufgrund politischer Vorgaben in Deutschland häufig gestrichen.					

4.11 Stoppkurse

In früheren Jahren wurde heftig über Sinn und Unsinn von Stop-Loss-Orders gestritten. Heute ist es um das Thema Stoppkurse still geworden.

Die Befürworter dominieren den Markt und verdienen mit Stoppkursen, ihrer Anpassung an den aktuellen Kurs, daraus abzuleitenden Handelsaktivitäten und damit verbundenen Kommentaren. Das Handelsvolumen an den Börsen würde schmelzen, wären Stop-Loss-Orders, die automatisch computergesteuerte Verkäufe auslösen, verpönt. Obendrein würden Arbeitsplätze verloren gehen.

Pro: Die Abwärtsbewegung vollzieht sich oft schleichend. Zu den häufigsten Anlegerfehlern gehört, sich erzielte Buchgewinne wieder abknöpfen zu lassen. Statt den Gewinn zu sichern oder den Verlust frühzeitig zu begrenzen, bevor es richtig wehtut, verlassen sich viele Börsianer auf das Prinzip des Hoffens und Bangens. Sie halten ihrem Wertpapier die Treue, vor allem, wenn es bisher ein Glanzlicht war. Dies kann im Einzelfall richtig, aber eben auch falsch sein. Aus psychologischen beziehungsweise emotionalen Gründen tolerieren Anleger bei ihren Lieblingsaktien einen Kursrückgang in dem Glauben: »Dies ist nur eine Korrekturphase, ein Atemholen, um erneut durchzustarten!« Jeder Anleger sollte seine Stoppkurse wie eine Versicherung betrachten, die eben ihren Preis hat, in diesem Fall die Transaktionskosten.

Platzieren Sie Stop-Loss-Orders nicht zu eng. Bei schwankungsfreudigen Aktien aus den Nebenwerte-Indizes sind Kurssprünge um 10 % und mehr an einem Tag nicht selten. Ansonsten bestünde das Problem, dass der Titel zu früh aus dem Depot verschwindet, obgleich er noch Kurspotenzial hat. Setzen Sie Ihre Stop-Loss-Marken um 15 bis 25 % unterhalb des aktuellen Kurses, und behalten Sie charttechnische Unterstützungslinien im Auge.

Eine Stop-Loss-Order erfolgt oft nicht genau an der gesetzten Marke. Brechen die Kurse in den USA am späten Abend drastisch ein, so kann es bei Börseneröffnung in Europa eine Weile dauern, um den ersten Kurs festzulegen und die eingegangenen Orders abzuarbeiten. Der Kursabsturz selbst löst weitere Verkaufsaufträge aus, sodass – gleich einer Kettenreaktion – der Verlust dramatisch wächst.

Stoppkurse bewähren sich im Bärenmarkt, bei scharfer Korrektur und Crash. In einem miesen Börsenklima, geprägt von Konjunkturschwäche, Umsatz- und Ertragswarnungen bewahren Stoppkurse unschlüssige Aktionäre vor hohem Verlust. Automatisch ausgelöste Verkäufe haben sich in der Weltwirtschaftskrise 2008/2009 bewährt, die von dramatischen Kurseinbrüchen geprägt war, insbesondere bei den Nebenwerten.

Bei angespannter Marktlage kommt kein Zweifel an der Berechtigung von Stoppkursen auf. Es ist beruhigend, bei längerer Abwesenheit, sei es während einer Reise oder eines Krankenhausaufenthalts, sein Aktiendepot gegen hohe Verluste abgesichert zu wissen. Neben dem Geldbeutel schonen Stop-Loss-Orders die Nerven.

Kontra: In der Baisse verschwinden fast alle Titel aus dem Depot, und das ist ärgerlich, wenn die Aktie kurz vor der jährlichen Gewinnausschüttung stand. Im Aufwärtstrend sind Stoppkurse meist ungünstig. Abstürzende Aktien, die das Opfer von Nervosität, Angst, Sippenhaft, Gerüchten oder irrationaler Übertreibung sind, erholen sich wieder.

Der große Nachteil besteht allerdings darin, dass die Verkäufe »automatisch« ablaufen und man keinen Einfluss mehr darauf hat beziehungsweise vom Verkauf erst später erfährt. Die Verluste sind dann schon zementiert.

Das Problem wird offenkundig, wenn es wieder heißt: »Leider wurde trotz unserer positiven Einschätzung der Titel ausgestoppt. Wir nutzen die Kursschwäche zum Rückkauf.«

Was spricht für automatische Stop-Loss-Orders?

- Rasche Verlustbegrenzung bei starker Korrektur und Crash. Im Bärenmarkt neigen die Aktienkurse dazu, weiter zu sinken, statt sich zu erholen.
- Die ersten Verluste sind die geringsten. Auch reduzierte Gewinnmitnahmen sind zu verkraften.
- Sie müssen Ihr Depot nicht börsentäglich beobachten. Bei längerer Abwesenheit ist es beruhigend, sich mit Stoppkursen abzusichern.
- Sie zögern wichtige Entscheidungen nicht aus Unentschlossenheit hinaus.
- Schlechte Aktien belasten nicht länger das Depot. Mithilfe des Kapitalrückflusses lässt sich das Depot preiswert mit Qualitätstiteln aufstocken.
- Bei veränderter Markteinschätzung bietet sich trotz emotionaler Barrieren auch ein Rückkauf des zuvor ausgestoppten Titels an.

Was spricht gegen automatische Stop-Loss-Orders?

- Sie geben Ihre Entscheidungskompetenz aus der Hand und übertragen diese auf das elektronische Verkaufssystem.
- Insbesondere die marktengen Titel aus dem Nebenwertesektor geraten oft kurzfristig unter die Räder. Mal sind es schlechte Nachrichten, mal Insiderverkäufe, Gerüchte oder Abstrafung, weil der Marktführer enttäuschte.
- Bei einem größeren Depot summieren sich die Transaktionskosten. Der Frust ist groß, wenn sich ein Titel rasch erholt. »Billig erneut einsteigen« ist unmöglich, wenn die Kurse schon wieder gestiegen sind.
- Wer im Bärenmarkt den Kapitalrückfluss für den Einstieg nutzt, läuft Gefahr, erneut ausgestoppt zu werden. Der Verlust weitet sich dramatisch aus.
- Da Stoppkurse an markanten Tiefpunkten gesetzt werden, stürzen die Aktien in einer Art Kettenreaktion weiter ab. Leerverkäufer nutzen dies aus.
- Ärgerlich ist es, wenn die Aktie kurz vor der Hauptversammlung ausgestoppt wird und dadurch eine attraktive Gewinnausschüttung entfällt.
- Stoppkurse garantieren keinen bestimmten Ausführungskurs. Der Verkaufspreis kann daher auch unterhalb der gesetzten Marke liegen.
- Verheerend wirken sich Stoppkurse in Situationen wie im März 2020 aus, als DAX und DOW um Tausende Punkte in den Keller rauschten, was zu einer Kapitalvernichtung in Billionenhöhe führte.

Dynamische Verlustbegrenzung

Als nervenstarker, disziplinierter Anleger mit viel Fachwissen und genug Zeit ziehen Sie die Reißleine zunächst nur »mental«. Sie beobachten Ihr Depot regelmäßig und entscheiden mithilfe fundamentaler und charttechnischer Daten selbst, ob ein Verkauf ratsam erscheint.

Wenn ja, handeln Sie ohne Zaudern und Zögern »dynamisch«. Entscheidend sind Risikoneigung, Disziplin und Fähigkeit zur Selbstkontrolle. Wer empfindliche Verluste nicht aushält, sollte Stoppkurse enger setzen als ein souveräner Investor, der auch ohne dieses Instrumentarium gut schläft. Bei längerer Abwesenheit wirken Stoppkurse beruhigend. Sie sichern das Depot gegen extreme Kurseinbrüche ab.

4.12 Chancen durch Industrie 4.0, Digitalisierung und Vernetzung

Mit der Erfindung der Dampfmaschine Ende des 18. Jahrhunderts begann die industrielle Revolution – die Vorstufe und Voraussetzung für das Zeitalter der Digitalisierung und Vernetzung, die Welt der Roboter und neuartigen Maschinen. In der Corona-Krise hat sich nicht nur am deutschen Schulsystem gezeigt, wie stark Deutschland hier im internationalen Vergleich zurückliegt.

Industrie 4.0, Internet der Dinge, Cloud-Computing, Digitalisierung und vernetzte Welt wecken Wunschträume, aber auch Ängste in Richtung »gläserner Mensch« beziehungsweise mangelnder Datenschutz. Es gibt in dem Bereich ein Hauen und Stechen um die größten Marktanteile. Wer als Anleger den Umbruch versäumt, dem entgehen viele Chancen.

Der Wirtschaftsnobelpreisträger Paul Krugman bemerkt zur Digitalisierung und Produktivität: »Produktivität ist nicht alles. Aber auf lange Sicht ist sie fast alles. Das Vermögen eines Landes, seinen Lebensstandard mit der Zeit zu erhöhen, hängt nahezu vollständig von seiner Fähigkeit ab, den Output je Arbeitnehmer zu steigern. Anders formuliert, von der Zahl der Arbeitsstunden, die zur Produktion aller von uns produzierten Güter benötigt wird, vom Auto bis zur Zahnbürste.«

Ähnlich wie die industrielle Revolution mit ihren vielfältigen Begleiterscheinungen steht die Welt in den Zeiten des demografischen und globalen Wandels erneut an einem Wendepunkt. Digitale Technologien, der Siegeszug der Robotik, die Nutzung gewaltiger Datenmengen (Big Data), künstliche Intelligenz und Vernetzung verändern unsere Welt. Die zu meisternden Herausforderungen sind riesig – für die Politik, die Wirtschaft, die Gesellschaft, die Bildung, die Erziehung, die Kultur und den Sport, die Familie, den Beruf und das Privatleben. Man denke an selbst fahrende Autos, die Genom-Entschlüsselung, die Haushaltssteuerung vom Sofa aus und den medizinischen Fortschritt, gipfelnd in steigender Lebenserwartung. Die ungeheure Produktivität mit ihrer Warenvielfalt schafft aber nicht unbedingt eine schöne, heile Welt.

Auf der einen Seite die hell leuchtende Zukunft. Auf der anderen Seite dunkle, gefährliche Schatten. Hier der Wohlstandsglaube, das Gefühl, zu den großen Siegern zu zählen. Dort Scheitern, Überforderung, Vereinsamung, Resignation und Armut. Die Schere zwischen Arm und Reich klafft zunehmend auseinander. Wir sehen die Einkaufserlebniswelten, kennen aber auch Läden, die schließen müssen und dem blühenden Onlinehandel nichts entgegenzusetzen haben. Wir begegnen Riesenkonzernen mit unglaublichem Wirtschaftswachstum und zahlreichen Mittelständlern, die es nicht schaffen. Sie werden abgehängt im Kampf um Marktanteile und Marken und gehen pleite.

Wie verhält es sich mit den Finanzen? Die Digitalisierung ermöglicht eine sekundenschnelle Teilnahme am Börsengeschehen mit der Chance, die Altersvorsorge bestmöglich zu managen. Aber die meisten Bundesbürger sind Aktienmuffel, fühlen sich enteignet, geben ihr Geld lieber für Konsum aus, anstatt die Weichen für finanzielles Wohlergehen auch im Alter zu stellen.

Die Null-Zins-Politik bedroht das Vermögen. Eine zehnjährige Bundesanleihe mit 0,2 % Pluszinsen würde sich erst nach 350 Jahre verdoppeln. Selbst bei größtem Vertrauen in den medizinischen Fortschritt wird kein Sparwilliger dies erleben. Wer eine zweijährige Bundesanleihe mit 0,5 % Minuszinsen kauft, verliert nach 140 Jahren die Hälfte seiner Anlage. Der Sparer erlebt dies nicht, aber vielleicht seine Kinder und Enkel. Fazit: Nur Aktien schaffen Rendite, nicht unbedingt mit schnellem Rein und Raus in turbulenten Zeiten, aber breit gestreut mit einer Übergewichtung guter Nebenwerte ab einem Zeitraum von 14 Jahren.

Die Daten von Nutzern, Geschäfts- und Privatkunden – Problem »gläserner Mensch« – sind das Gold und Geld, aber auch der Fluch dieses Jahrhunderts. Der persönliche Datenschutz, die Privatsphäre erscheint manchem Zeitgenossen eher als Relikt vergangener Zeiten. Die Politik arbeitet an neuen Gesetzestexten für Vorratsdatenspeicherung und Datenschutz.

Die weltweit führenden Technologie-Giganten Alphabet, Amazon, Apple, Facebook und Microsoft machen sich die Märkte untertan. Wer sich hartnäckig widersetzt, wird aufgekauft, übernommen oder mit harten Bandagen bekämpft. Der Wirtschaftswissenschaftler **Erik Brynjolfsson** bringt Fortschrittsgläubigkeit und Skepsis auf den Punkt: »Ich sehe die Gefahren, die durch die enorme Datensammlung für die Privatsphäre entstehen. Aber die unglaublichen Chancen zum Beispiel für die Bekämpfung bislang unheilbarer Krankheiten sind einfach größer. Unter dem Strich bringt uns die digitale Revolution mehr Gutes als Schlechtes.«[9]

Die Datenmengen sind riesig und verzeichnen im weltweiten Internetverkehr einen unvorstellbaren Anstieg. Ganz egal, was wir im Internet tun, ob wir uns dort kurz oder lange aufhalten: Stets hinterlassen wir Spuren. Darauf spezialisierte Konzerne greifen die Daten für Information und Manipulation auf, um für bestimmte Zielgruppen die richtigen Produkte anbieten zu können beziehungsweise eine punktgenaue Werbung zu landen. Freilich gibt es auch viele nützliche Einsatzgebiete. Ob Kreditkartenbetrug, die Lenkung von Verkehrsströmen, Diagnostik oder Therapie: Die blitzschnelle Auswertung detaillierter Sensordaten verringert Fehlentscheidungen und macht funktionierende Frühwarnsignale möglich. Der globale Wandel mit dem Megatrend Digitalisierung löst häufiger starke Kursschwankungen aus. Doch längerfristig lässt sich ein kräftiges Plus erzielen. Dazu gehören allerdings Disziplin, Klugheit und Mut:

- Bewahren Sie Ruhe und schöpfen Sie Kraft, um weitsichtig handeln zu können.
- Bleiben Sie cool und vermeiden Sie Fehler durch unüberlegte, hektische Reaktionen.
- Werfen Sie nicht aus Angst und Panik alle Aktien zum Tiefstkurs auf den Markt.
- Balancieren Sie geschickt zwischen Teilverkauf und Zukauf und mindern Sie Risiken.
- Handeln Sie vernunftbetont und koppeln Sie sich bewusst vom Herdentrieb ab.
- Nutzen Sie beherzt, entschlossen und zügig die sich bietenden Chancen.

Der ISF-Wissenschaftler Dr. Tobias Kämpf erklärt: »Die Rolle, die das Maschinensystem für die Industrie des 19. und 20. Jahrhunderts spielte, wird der Informationsraum für die Unternehmen im 21. Jahrhundert einnehmen.«[10] Der Siegeszug der Digitalisierung, die Vernetzung rund um den Globus, der weltweite, blitzschnelle Datenfluss bestimmen unser Denken. Die computergestützten automatisch ablaufenden Kauf- und Verkaufsprogramme, die Eingriffe der Notenbanken und Regierungen, die bahnbrechenden Erkenntnisse der Natur- und Wirtschaftswissenschaften beeinflussen unsere Strategien und Aktivitäten. Wer aber glaubt, dass sich dadurch künftig ein Börsencrash vermeiden lässt, irrt gewaltig. Ganz im Gegenteil: Kettenreaktionen häufen sich und bewirken weitere Verwerfungen.

Der geschätzte wirtschaftliche Mehrwert des Internets der Dinge von bis zu 11 Billionen Dollar im Jahr 2025 dürfte zu 3,7 Billionen Dollar von Fabriken, 1,7 Billionen Dollar von Städten und zu 1,6 Billionen Dollar aus dem boomenden Markt Gesundheitswesen stammen.

Industrie 4.0: Gesamtkonzepte für Wertschätzungskultur, Produktionsprozesse, Geschäftsmodell

Die Unternehmen sollen wesentliche Elemente, die künftig die Industrie 4.0 kennzeichnen, zügig in die Praxis einfließen lassen. Big Data ist kein Problem, sondern Teil der Lösung mit verantwortlich handelnden Menschen als Taktgeber. Eine tragende Säule bilden neue Geschäftsmodelle. Und an deren Schnittstellen wird höchstes Soft- und Hardware-Niveau erwartet. Auch das Energiemanagement 4.0 muss neue Wege gehen: Kosten sparen, Effizienzpotenziale heben, Investitionen mit abschätzbarem Risiko vorantreiben. Die Zauberformel von Industrie 4.0 heißt »smarte Zukunft«.

Fazit: Der Erfolg der Industrie 4.0 hängt vorrangig von der Entwicklung neuer Dienste ab, die den Umsatz steigern oder den Kundenutzen des Produktes erhöhen. Die digitale Transformation bedeutet die Zukunft der Wissensarbeit. Die elektronische Datenverarbeitung (IT) kann für rund ein Fünftel aller Anfragen passende Antworten in einer Wissensdatenbank bereitstellen. Dies gilt auch für Störungsmeldungen und Serviceaufträge.

Cyber-Kriminalität als gefährliche Kehrseite von Industrie 4.0 und Digitalisierung

Was bei Firmen und Privatleuten Besorgnis auslöst, ist die steigende Cyber-Kriminalität. Es wird immer schwieriger, sich zur Wehr zu setzen.

Die Bedrohung nimmt weiter zu. Großunternehmen, politische Institutionen, aber auch Kleinunternehmen und Privatleute – alle sind einer zunehmenden Bedrohung durch Angriffe aus dem Internet ausgesetzt, die oft spät oder gar nicht bemerkt werden. Die volkswirtschaftlichen Schäden sind riesig.

Sei es durch digitale Hacker-Angriffe oder die Tricks der Internet-Betrüger und raffinierten Finanzhaie am Grauen Kapitalmarkt.

Die häufigsten Schäden, die auch Privatleute heimsuchen, sind:

- Computerbetrug durch Manipulation: 13 %
- Manipulation von Konto- und Finanzdaten: 11 %
- Ausspähen und Abfangen wichtiger Daten wie Passwörter: 9 %

Es ist wichtig, eigene Daten durch einen verantwortungsvollen Umgang und die Installation von Abwehrsystemen zu schützen.

Die großen Chancen, die Ihnen auf Cloud, Datenschutz, Datensicherung, Digitalisierung und Vernetzung spezialisierte Software-Unternehmen bieten, sollten Sie nutzen. Zu den Favoriten zählen die marktführenden TecDAX-Systemhäuser und Cloud-Spezialisten Bechtle und Cancom, die Onlinefirma United Internet, aber auch weitere Werte aus Prime und Entry Standard. Da die Cyber-Sicherheit auch in Zukunft eine immer wichtigere Rolle spielen wird, eignen sich Aktien und ETFs aus dieser Branche hervorragend für die langfristige Anlage.

Viele Unternehmen arbeiten an Möglichkeiten, um die Datensicherheit von Unternehmen, Behörden und Privatpersonen zu gewährleisten.

Die USA dominieren hier klar den Markt, aber auch kleine Unternehmen, wie die Secunet Security aus Deutschland, können sich erfolgreich behaupten.

AKTIENAUSWAHL CYBER-SECURITY

Aktie	WKN	Kurs 05.02.2021	3-Jahres-Performance
FireEye Inc **USA**	A1W4G7	17,60 €	+ 54 %
Fortinet Inc **USA**	A0YEFE	129,00 €	+ 260 %
Palo Alto **USA**	A1JZ0Q	317,05 €	+ 154 %
Secunet Security **Deutschland**	727650	312,00 €	+ 259 %
Trend Micro Inc. **Japan**	915793	45,80 €	+ 10,3 %

5 Aktien-Indexfonds (ETFs)

5.1 Was macht ETFs so interessant?

Die drei Buchstaben ETF stehen für »Exchange Traded Funds«. Anfangs zogen ETFs nur Profis an.

Inzwischen erkennen aber immer mehr Privatanleger, wie vorteilhaft die an der Börse gehandelten passiv gemanagten Indexfonds sind – zum Leidwesen von Banken, die an Aktienfonds mehr verdienen als an ETFs mit den niedrigen Gebühren von im Schnitt 0,35 %.

2000 gab es lediglich zwei Produkte. Heute sind es einige Tausend mit einem Billionen-Anlagevermögen Unter der großen Menge leidet allerdings die Überschaubarkeit, zumal immer öfter auf Derivate zurückgegriffen wird.

Die Zukunft für dieses bei passivem Management leicht verständliche und preiswerte Anlageprodukt erscheint rosig. Die USA gilt als Heimatmarkt der börsengehandelten Indexfonds. Weltweit erreicht der Umfang mit jährlichen Wachstumsraten zwischen 15 und 30 % rund 3 Billionen US-Dollar, wobei der weltweit größte Vermögensverwalter BlackRock mit der Hälfte des Marktanteils vorn liegt.

Der ursprünglich klar und einfach strukturierte ETF-Markt mutiert – wie zuvor der Zertifikate-Sektor – zum unübersichtlichen, komplizierten, mit Begriffswirrwarr verbundenen Multiproduktmarkt. Im Gegensatz zum Original-Index werden nun die Gewichtung verändert, der ETF nach Dividendenhöhe ausgerichtet, auf steigende (Long) oder fallende Kurse (Short) gesetzt, eine ausschüttende oder anlegende Form (thesaurierend) angeboten beziehungsweise Währungsrisiken zwischen Euro und Dollar (Quanto) beseitigt.

Was den Aufwärtstrend bei Privatanlegern hierzulande noch ausbremst, ist die Tatsache, dass sich viele Depotbanken davor drücken, ETFs überhaupt beziehungsweise fair zu handeln. Zudem ist das ETF-Wissen der meisten Bundesbürger so gering wie der Guthabenzinssatz – nahe null. Manager Michael Grüner vom Weltmarktführer Black-

Rock berichtet: »Immer mehr Investoren wollen die Instrumente nicht nur für das Trading, sondern auch für die langfristige Anlage nutzen.«[11] Damit dies klappt, hat Black-Rock ein Basisangebot von zehn Produkten gebildet und die Gebühren jeweils um die Hälfte auf 0,20 % pro Jahr gesenkt.

ETFs verstehen sich als preiswerte Alternative zu Einzelaktien und folgen der Wertentwicklung eines Index beziehungsweise Börsenbarometers.

Da sie wie Aktien als Sondervermögen gelten, entfällt das Emittentenrisiko. Mit einer einzigen Transaktion können Sie alle im Index gelisteten Werte erwerben. So lassen sich mit wenigen ETFs die wichtigsten Märkte preiswert abdecken. Dies ist interessant, wenn es an Zeit und Geld fehlt, mit Einzelaktien breit zu streuen. Die Kurslisten zeigen meine ETF-Vorschläge für Deutschland, Europa und die USA sowie eine Auswahl nach Branchen geordnet und eine Musterdepotidee.

Worin unterscheiden sich aktiv und passiv gemanagte ETFs?

An sich sind ETFs passiv gemanagt. Es gibt aber inzwischen zahlreiche Vermögensverwalter, die ein aktives Management mithilfe von ETFs anbieten. Ein passiv gemanagter Indexfonds ist ein exakter Index-Nachbau im Verhältnis 1:1. Er schneidet weder besser noch schlechter als die Benchmark ab.

Beim aktiv gemanagten ETF lässt sich durch strategische Veränderung die Rendite steigern. Aber auch das Risiko nimmt zu. Hier gewichten Fondsmanager einzelne Titel gegenüber dem Vergleichsindex höher oder tiefer beziehungsweise berücksichtigen nur die besten Aktien. Dadurch verwischen sich die Grenzen gegenüber Aktienfonds.

Nur wenn ETFs ausschließlich passiv gemanagt werden würden, bliebe die frühere Übersichtlichkeit und die leichte Verständlichkeit erhalten. Stattdessen erobern Mischgebilde den Markt – darunter spekulative Long- und Short-Produkte. Es wird Zeit, dem einen Riegel vorzuschieben, denn der ETF-Markt ist auf dem Weg in ein Begriffswirrwarr, wie es bereits im Zertifikate-Markt zu beobachten war. Wer Privatanleger an die Börse zurückholen will, muss Vertrauen aufbauen und verständliche Produkte anbieten, also passiv gemanagte ETFs mit einprägsamen Namen.

Da ein ETF zum Sondervermögen zählt, verlieren Sie nicht Ihr Geld, wenn der Emittent, also die ausgebende Kapitalgesellschaft, pleitegeht. Lassen Sie sich von Ihrer Bank nicht zu anderen Produkten überreden. ETFs erleichtern den Zugang zu neuen Märkten und eine breite Streuung.

Welche Angaben sind bei einer Indexfonds-Order wichtig?

Ausschüttend bedeutet, dass die Dividende ausgezahlt wird, z. B. einmal im Jahr. Thesaurierend heißt, dass die Gewinnausschüttung wieder angelegt wird – Ihr ETF wächst also.

Zum Volumen: Beträgt das ETF-Vermögen nur wenige Millionen Euro, besteht die Gefahr, dass der Indexfonds wegen mangelndem Zuspruch bald aufgelöst wird.

Unterschied zum ETC: Ein ETC ist kein Sondervermögen, sondern eine Schuldverschreibung und üblich bei Rohstoffen. Hier tragen Sie das volle Emittentenrisiko. Beim Edelmetall-ETC wird Gold, Silber und so weiter meist physisch hinterlegt.

Wie ordere ich einen ETF?

Viele der bekannten ETF lassen sich wie Aktien mit der Wertpapier-Kennnummer ins Aktien-Depot nehmen. Direktbanken verlangen meist keine Depotgebühren.

Beim Kauf und Verkauf mit einem Order-Volumen von circa 1.000 Euro ist jeweils mit Gebühren von ungefähr 10 Euro zu rechnen. Wer nicht über die deutsche Wertpapierbörse Tradegate Exchange ordert, muss eventuell noch ein paar Euro Handelsplatzkosten drauflegen.

Die Eröffnung eines Depots geht heutzutage oft mit dem Smartphone per Anruf. Vertrauen Sie nur namhaften Anbietern z. B. aus der EU, die dem Einlagen-Sicherheits-Fond angehören.

Bei geringen Anlagebeträgen ab etwa 1.000 Euro können Sie mit dem beliebten ETF: iShares Core MSCI World (WKN: A0RPWH) starten. Er bildet die Welt allerdings verzerrt ab, die großen US-Technologie-Firmen sind stark übergewichtet.

Daher eignet sich zur Beimischung z. B. der iShares MSCI EM UCITS (WKN: A0HGWC) oder ein Nachhaltigkeits-ETF wie der iShares Global Clean Energy UCITS (WKN: A0MW0M). Bei diesen ETFs waren die Wertzuwächse bislang überzeugend und das Risiko aufgrund der breiten Streuung begrenzt.

Nachfolgend stellen wir Ihnen weitere ETFs vor, darunter auch solche, die Nebenwerte beinhalten. Sie sind sortiert nach Region und Branche.

Nebenwerte-ETF-Auswahl – Deutschland/Europa				
Markt, Index, Emittent	**WKN**	**Kurs am 03.01.2021**	**Hoch/Tief 1 Jahr**	**Entwicklung 1, 3, 5 Jahre**
Xtrackers MSCI Emerging Markets db	DBX1EM	46,10 €	46/30 €	+5/+15/+63 %
	Umfang 1 Milliarde Euro, seit 2007, Gebühr 0,49 %, thesaurierend, Währung US-Dollar, Zusammensetzung: globaler Emerging Market/unbekannt			
Deutsche Mid Cap-A iShares MDAX® (DE)	593392	260,55 €	261/148 €	+7/16/+65 %
	Umfang 1,6 Milliarden Euro, seit 2001, Gebühr 0,51 %, thesaurierend, Aktien aus dem MDAX			
Europa Mid Cap iShares Stoxx Mid	593399	49,50 €	52/31 €	-1,5/+7/+20 %
	Umfang 320 Millionen Euro, seit 2005, Gebühr 0,20 %, ausschüttend, zahlreiche europäische Titel des Europe Mid STOXX			
Europa Nebenwerte Xtrackers MSCI Europe Sm Cap	DBX1AU	51,30 €	51/19 €	+4/+17/+42 %
	Umfang 650 Millionen Euro, seit 2003, Gebühr 0,30 %, thesaurierend, Währung US-Dollar, wichtige Titel: TecDAX, MDAX und Europa			
Europa Nebenwerte iShares STOXX Europe Small 200	A0D8QZ	32,20 €	32/17 €	+2 /12,5/+27 %
	Umfang 440 Millionen Euro, seit 2005, Gebühr 0,20 %, ausschüttend, Währung Euro, SDAX, MDAX und Europa			
MDAX-Nachbildung iShares MDAX ®	593392	260 €	261/146 €	+7/+16/+65 %
	Umfang 1,6 Milliarden Euro, Gebühr 0,51 %, seit 2001, thesaurierend; 50 MDAX-Werte			
SDAX-Nachbildung Comstage SDAX® TR ETF	ETF005	129 €	130/69 €	+15/+16/+49 %
	Umfang 130 Millionen Euro, seit 2011, Gebühr 0,70 %, thesaurierend, weitgehende Nachbildung des SDAX			
TecDAX-Nachbildung iShares-TecDAX® (DE)	593397	29,30 €	29,80/22,65 €	+4/+24/+75 %
	Umfang 903 Millionen Euro, Alter 15 Jahre, Gebühr 0,51 %, thesaurierend, Aktien des TecDAX			

<table>
<tr><th colspan="5">ETF – USA und global</th></tr>
<tr><th>Markt, Index, Name Emittent</th><th>WKN</th><th>Kurs am 03.01.21</th><th>Hoch/Tief 1 Jahr</th><th>Entwicklung 1, 3, 5 Jahre</th></tr>
<tr><td rowspan="2">iShares Core MSCI World (global)</td><td>A0RPWH</td><td>59,70 €</td><td>60/39 €</td><td>+5/+32/+62 %</td></tr>
<tr><td colspan="4">Währung US-Dollar, Umfang 23 Milliarden (!), seit 2009, Gebühr 0,20 %, thesaurierend, Abbild des MSCI World Index</td></tr>
<tr><td rowspan="2">iShares MSCI World Information Technology</td><td>A2PHCC</td><td>6,52 €</td><td>6,53/3,95 €</td><td>+23 %/ neu</td></tr>
<tr><td colspan="4">Währung US-Dollar, Umfang 66 Millionen, seit 2019, Gebühr 0,25 %, thesaurierend, Abbild des MSCI World Information Technology Index</td></tr>
<tr><td rowspan="2">iShares MSCI USA Small Cap</td><td>A0X8SB</td><td>344,80 €</td><td>358/190 €</td><td>+7,5/+30/+67 %</td></tr>
<tr><td colspan="4">Währung US-Dollar, Umfang 559 Millionen, seit 2009, Gebühr 0,43 %, thesaurierend, großes Portfolio wenig bekannter Nebenwerte aus den USA</td></tr>
<tr><td rowspan="2">iShares Nasdaq 100®</td><td>A0F5UF</td><td>35,30 €</td><td>44,50/31,00 €</td><td>+33/+95/+151 %</td></tr>
<tr><td colspan="4">Währung US-Dollar, Umfang 2 Milliarden, seit 2006, Gebühr 0,31 %, thesaurierend, US-Schwergewichte: Apple, Microsoft, Amazon Alphabet, Facebook, Intel …</td></tr>
<tr><td rowspan="2">iShares Global Clean Energy UCITS Nachbildung</td><td>A0MW0M</td><td>13,05 €</td><td>13,70/4,30 €</td><td>+110/+189/+154 %</td></tr>
<tr><td colspan="4">Währung US-Dollar, Umfang 3 Milliarden Euro, seit 2007, Gebühr 0,65 %, Nachbildung des S&P Global Clean Energy</td></tr>
<tr><td rowspan="2">SPDR® S&P® U.S. Communication Services</td><td>A2JPTK</td><td>23,13 €</td><td>23/15 €</td><td>+16/+45 %/ neu</td></tr>
<tr><td colspan="4">Währung US-Dollar, Umfang 175 Millionen, seit 2018, Gebühr 0,31 %, thesaurierend</td></tr>
<tr><td rowspan="2">WisdomTree Cloud Computing</td><td>A2PQVE</td><td>43,30 €</td><td>44,50/31,00 €</td><td>+33 %/ neu</td></tr>
<tr><td colspan="4">Währung US-Dollar, Umfang 353 Millionen, seit 2019, Gebühr 0,40 %, thesaurierend. Dieser ETF bietet Zugang zu Unternehmen, die in den Bereichen Cloud-Software und -Dienstleistungen aktiv sind.</td></tr>
<tr><td rowspan="2">Franklin FTSE China</td><td>A2PB5V</td><td>30,84 €</td><td>33,00/21,50 €</td><td>+14/+42 %/ neu</td></tr>
<tr><td colspan="4">Währung US-Dollar, Umfang 49 Millionen, seit 2019, Gebühr 0,19 %, chinesische Aktienauswahl mit hoher Marktkapitalisierung aus dem FTSE All-World Index.</td></tr>
</table>

5.2 ETF-Auswahl nach Branchen

Der unglaubliche Aufschwung im ETF-Sektor führt nicht nur dazu, dass neben den klassischen, passiv gemanagten Indexfonds auch immer mehr aktiv konzipierte Produkte hinzukommen.

Bei diesen beziehen sich die Abweichungen gegenüber dem zugrunde liegenden Index auf prozentuale Anteile, die Aufnahme einzelner Titel aus benachbarten Börsenbarometern beziehungsweise das Streichen bestimmter Wertpapiere. Hinzu kommt möglicherweise eine Ausrichtung auf steigende Kurse (Long) oder fallende Notierungen (Short). Neuerdings werden von den ETF-Managern auch Branchen-Indizes aufgegriffen und als ETF angeboten. Das ist durchaus interessant. Wir setzen diese Innovation in einer eigenen Branchenauswahl um.

So lassen sich z. B. die attraktiven Zukunftssektoren erneuerbare Energien, die Hightech/IT/Software und das Gesundheitswesen/Biotech/Pharma/Medizintechnik mit Indexfonds abdecken. Statt aus diesen Sparten die Aktien von mehreren Unternehmen ins Depot zu nehmen, sparen Sie Zeit, Mühe und Kosten, wenn Sie interessant erscheinende Bereiche in einem passenden ETF berücksichtigen.

Als Nachteil ist jedoch zu vermerken, dass Sie Zukäufe bei Kursschwäche und Teilverkäufe nahe dem Jahres- oder Allzeithoch nicht flexibel nutzen können.

Branchenbezogene ETF-Auswahl

Markt, Index, Emittent	WKN	Kurs am 03.01.2021	Hoch/Tief 1 Jahr	Entwicklung 1, 3, 5 Jahre
Automobil-Branche				
iShares Stoxx Europe 600 Auto & P (DE)	A0Q4R2	49,70 €	51/24 €	+13/-14/-4 %
	Umfang 600 Millionen Euro, seit 2002, Gebühr 0,46 %, ausschüttend, Währung Euro. Dieser ETF bildet europäische Unternehmen aus der Produktion und die Zulieferer ab.			
Versicherungs-Branche, Finanzdienstleistungen				
iShares Stoxx Europe 600 Insurance (DE)	A0H08K	28,16 €	34/18 €	-14/-2/+1 %
	Umfang 159 Millionen Euro, seit 2002, Gebühr 0,46 %, ausschüttend, Währung Euro. Dieser ETF bildet die Wertentwicklung vom STOXX® Europe 600 Insurance Index ab.			

Branche Gesundheit, Pharma, Medizintechnik				
iShares Stoxx 600 HealthCare (DE)	A0Q4R3	87,00 €	88/69 €	-4/+23/+12 %
	Umfang 651 Millionen Euro, seit 2001, Gebühr 0,46 %, ausschüttend, Währung Euro. Dieser zukunftsträchtige ETF bildet den Gesundheitsbranchen-Index STOXX® Europe 600 Health Care Index mit großen und mittleren Titeln aus Europa und den USA ab.			
Branche Chemische Industrie				
iShares Stoxx Europe 600 Chemicals (DE)	A0H08E	110,78 €	112/70 €	+8/+19/+39 %
	Umfang 131 Millionen Euro, seit 2002, Gebühr 0,45 %, ausschüttend, Währung Euro. Dieser ETF schafft Zugang zu Europas Chemie-Industrie mit großen, mittleren und kleineren Titeln.			
Branche Gold/Edelmetalle				
Market Access Nyse Arca GoldBugs ETF	A0MMBG	98,86 €	127/48 €	+13/+46/+125 %
	Umfang 73 Millionen Euro, seit 2007, Gebühr 0,65 %, thesaurierend, Währung Euro. Der ETF bildet Goldminenaktien wie Goldcorp, Barrick Gold, Newmont, Eldorado, Kinross, Agnice-Eagle, Randgold ab. Er ist eine gute Alternative zum klassischen Gold-Investment.			
Branche Immobilien, Bauwirtschaft				
XTrackers FTSE E/N Dev Eurp RE	DBX0F1	27,50 €	33/18 €	-11/+7/+16 %
	Umfang 467 Millionen Euro, seit 2010, Gebühr 0,33 %, thesaurierend, Währung Euro. Dieser ETF schafft Zugang zu Europas Bau- und Immobilienindustrie mit deutschen Firmen wie Vonovia, Deutsche Wohnen, LEG Immobilien.			
Branche IT, Cloud Computing				
WisdomTree Cloud Computing	A2PQVE	43,30 €	44,50/31,00 €	+33 %/neu
	Währung US-Dollar, Umfang 353 Millionen, seit 2019, Gebühr 0,40 %, thesaurierend. Dieser ETF bietet Zugang zu Unternehmen, die in den Bereichen Cloud-Software und -Dienstleistungen aktiv sind.			
Branche Konsumgüter-Industrie				
iShares Stoxx Eurp 600 P & H Goods (DE)	A0H08N	90,95 €	91,10/67,30 €	+3/+14/+23 %
	Umfang 100 Millionen Euro, seit 2002, Gebühr 0,46 %, ausschüttend, Währung Euro. Dieser ETF bietet den Zugang zum europäischen Sektor Konsumgüter und Haushaltswaren.			

<table>
<tr><td colspan="5">Branche Nahrungsmittel</td></tr>
<tr><td rowspan="2">iShares Stoxx Europe 600 Food & Bev (DE)</td><td>A0H08H</td><td>71,80 €</td><td>80/55 €</td><td>-7/+9/+13 %</td></tr>
<tr><td colspan="4">Umfang 312 Millionen Euro, seit 2002, Gebühr 0,46 %, ausschüttend, Währung Euro. Der ETF verschafft Zugang zur europäischen Nahrungsmittel- und Getränkeindustrie und berücksichtigt Konzerne mit hohem, mittlerem und geringem Börsenwert.</td></tr>
<tr><td colspan="5">Branche Medien</td></tr>
<tr><td rowspan="2">iShares Stoxx Europe 600 Media (DE)</td><td>A0H08L</td><td>26,45 €</td><td>33,90/25,60 €</td><td>-7/+5/-10 %</td></tr>
<tr><td colspan="4">Umfang 11 Millionen Euro, seit 2002, Gebühr 0,46 %, ausschüttend, Währung Euro. Dieser ETF bildet Unternehmen mit großem, mittlerem und geringem Börsenwert aus dem Europa-Medien-Index ab. Er bietet Zugang zur europäischen Medienindustrie. ProSiebenSAT.1 hat einen Anteil von fast 5 %.</td></tr>
<tr><td colspan="5">Branche Telekommunikation</td></tr>
<tr><td rowspan="2">iShares Stoxx Europe 600 Technology (DE)</td><td>A0H08Q</td><td>58,00 €</td><td>58/34 €</td><td>+12/+38/+72 %</td></tr>
<tr><td colspan="4">Umfang 270 Millionen Euro, seit 2001, Gebühr 0,46 %, ausschüttend, Währung Euro. In diesem zukunftsträchtigen ETF mit dem Digitalisierungsmegatrend, dem Internet der Dinge, wird der Dow Jones Euro Stoxx 50 Kommunikations-Technology abgebildet.</td></tr>
<tr><td colspan="5">Branche Europäische Energie-Versorger</td></tr>
<tr><td rowspan="2">iShares Stoxx Europe 600 Utilities (DE)</td><td>A0Q4R0</td><td>38,50 €</td><td>42/27 €</td><td>+8/+36/+29 %</td></tr>
<tr><td colspan="4">Umfang 419 Millionen Euro, seit 2002, Gebühr 0,46 %, ausschüttend, Währung Euro. Dieser ETF schafft Zugang zur europäischen Versorgerbranche, die sich durch die Umstellung auf erneuerbare Energien neu ausrichten muss. Der ETF bildet Firmen mit großem, mittlerem, geringem Börsenwert ab.</td></tr>
<tr><td colspan="5">Branche Windenergie, erneuerbare Energie</td></tr>
<tr><td rowspan="2">LYXOR ETF New Energy D-EUR A/I</td><td>LYX0CB</td><td>41,50 €</td><td>42/21 €</td><td>+45/+97/+135 %</td></tr>
<tr><td colspan="4">Umfang 44 Millionen Euro, Alter 8 Jahre, Gebühr 0,60 %, ausschüttend, Währung Euro. Dieser ETF orientiert sich am Index World Alternative Energy CW und versucht zusätzlich, das Schwankungsrisiko möglichst niedrig zu halten. Dies mag der Hauptgrund für die relativ hohe Gebühr von 0,60 % pro Jahr sein.</td></tr>
</table>

iShares Global Clean Energy UCITS Nachbildung	A0MW0M	13,05 €	13,70/4,30 €	+110/189/+154 %
	Währung US-Dollar, Umfang 3 Milliarden Euro, seit 2007, Gebühr 0,65 %, Nachbildung des S&P Global Clean Energy			
Branche Biotechnologie				
iShares Nasdaq US Biotechnology	A2DWAW	5,57 €	5,80/3,80 €	+17/+29 % / neu.
	Umfang 187 Millionen Euro, seit 2017, Gebühr 0,35 %, thesaurierend, Währung US-Dollar. Vertreten sind u. a. Biogen, Amgen, Celgene, Gilead, Regeneron, Vertex, Alexion.			
Branche Cyber Security				
iShares Digital Security UCITS	A2JMGE	6,05 €	6,20/3,40 €	+29/+52 %/ neu.
	Umfang 1,1 Milliarden $, Alter: seit 2018, Gebühr 0,40 %, thesaurierend, Währung: US-Dollar			

Was die ETF-Auswahl so schwierig macht

Als die ersten ETFs von Fondsmanagern entwickelt wurden, war die Auswahl keine komplizierte Aufgabe. Ein Index wie DAX, Dow Jones, Euro Stoxx 50, MDAX, TecDAX oder SDAX wurde genau nachgebildet. Die preiswerten Produkte, mit denen sich langfristig ohne großen Aufwand und mit wenig Kapital die wesentlichen Märkte weltweit abdecken ließen, bezogen sich auf die etablierten Börsenbarometer, waren damit vorgegeben und nicht veränderbar.

Die Grenzen bei der Anzahl von ETFs waren also vorgezeichnet. Daher machten sich ETF-Manager daran, die Zusammensetzung und Gewichtung zu verändern. Als dies im Interesse von Wachstum nicht mehr ausreichte, bot es sich an, das passive durch ein aktives Management zu ersetzen. So wurden als nächste Schritte Absicherungsstrategien eingebaut und das Währungsrisiko verringert. Damit nicht genug, selbst derivative Strukturen mit Long auf steigende und Short auf fallende Kurse fanden Eingang in manche Indexfonds. Dies alles ist verknüpft mit einem unglaublichen Begriffsdurcheinander und immer längeren Namen. Die großen ETF-Anbieter bilden dabei oft die gleichen Indizes ab, unterscheiden sich aber etwas bei den Gebühren und vor allem bei der Fondsgröße. Am bekanntesten ist iShares, eine Marke des US-Vermögensverwalters BlackRock, Lyxor und Xtrackers von DWS Investment. Bedeutsam sind auch die UBS ETF, Amundi ETF, Vanguard, Invesco, ComStage und Deka Investments. Beim hippen Broker Trade Republic lassen sich derzeit nur ETFs von iShares handeln.

5.3 ETF-Auswahl – sicherheitsbewusst oder risikofreudig

Vor allem Einsteiger mit bescheidener Vermögensdecke sollten mit einem ETF-Depot beginnen, das wichtige Märkte abdeckt. Pro Titel sind mindestens 1.000 Euro einzusetzen, damit die Transaktionskosten prozentual nur geringfügig belasten, umgekehrt aber ansehnliche Gewinne bei Langzeitanlage ermöglichen.

Denken Sie daran, dass ein breit gestreutes Aktien-Investment seit 1991 stets gewinnreich war, im Schnitt mit 8 % pro Jahr.

Auch beim ETF-Einsteigerdepot sollte es eine zusätzliche Streuung durch die Auswahl mehrerer ETFs geben. Bis zu zehn Titel scheinen angemessen zu sein. Wir bieten Ihnen je eine Auswahl von ETFs für sicherheitsbewusste und risikobewusste Anleger an. Einige Nebenwerte-Indexfonds haben in beiden Musterdepots ihren Platz.

ETF-Auswahl für sicherheitsbewusste Anleger				
Markt, Index, Emittent	**WKN**	**Kurs am 03.01.2021**	**Hoch/Tief 1 Jahr**	**Entwicklung 1, 3, 5 Jahre**
Automobile/ E-Mobilität iShares Stoxx Europe 600 Auto & P (DE)	A0Q4R2	49,70 €	51/24 €	+13/-14/-4 %
	Umfang 600 Millionen Euro, seit 2002, Gebühr 0,46 %, ausschüttend, Währung Euro. Dieser ETF bildet europäische Unternehmen aus der Produktion und die Zulieferer ab. Der Automobilsektor befindet sich mitten in der Transformation. Hinterlegt ist viel »Value«, wenngleich die Wachstumschancen derzeit begrenzt sind.			
Chemie iShares Stoxx Europe 600 Chemicals (DE)	A0H08E	110,78 €	112/70 €	+8/+19/+39 %
	Umfang 131 Millionen Euro, seit 2002, Gebühr 0,45 %, ausschüttend, Währung Euro. Dieser ETF schafft einen Zugang zu Europas Chemie-Industrie mit großen, mittleren und kleineren Titeln. Der Chemiebereich hat kein so hohes, dafür aber ein sehr beständiges Wachstumspotenzial.			
Gesundheit iShares Stoxx 600 HealthCare (DE)	A0Q4R3	87,00 €	88/69 €	-4/+23/+12 %
	Umfang 651 Millionen Euro, seit 2001, Gebühr 0,46 %, ausschüttend, Währung Euro. Dieser zukunftsträchtige ETF bildet den Gesundheits-Branchen-Index STOXX® Europe 600 Health Care Index mit großen und mittleren Titeln aus Europa und den USA ab. Corona-bedingte Langzeitfolgen und demografischer Wandel: Hier liegt ein großer Wachstumspotenzial.			

<table>
<tr><td rowspan="2">Edelmetalle
Market Access Nyse Arca GoldBugs ETF</td><td>A0MMBG</td><td>98,86 €</td><td>127/48 €</td><td>+13/+46/+125 %</td></tr>
<tr><td colspan="4">Umfang 73 Millionen Euro, seit 2007, Gebühr 0,65 %, thesaurierend, Währung Euro. Der ETF bildet Goldminenaktien wie Goldcorp, Barrick Gold, Newmont, Eldorado, Kinross, Agnice-Eagle, Randgold ab. Er ist eine gute Alternative zum klassischen Gold-Investment.
Der Goldpreis verhält sich oft entgegensetzt zur Wertentwicklung von Aktien – er steigt in Krisenzeiten. Da sich das meist auf die Minen-Aktien überträgt, kann dieser ETF einen guten »Puffer« bilden.</td></tr>
<tr><td rowspan="2">MSCI World
iShares Core (global)</td><td>A0RPWH</td><td>59,70 €</td><td>60/39 €</td><td>+5/+32/+62 %</td></tr>
<tr><td colspan="4">Währung US-Dollar, Umfang 23 Milliarden (!), seit 2009, Gebühr 0,20 %, thesaurierend, Abbild des MSCI World Index.
Ein bisschen etwas von der ganzen Welt in einem ETF.</td></tr>
<tr><td rowspan="2">Nasdaq 100® iShares</td><td>A0F5UF</td><td>35,30 €</td><td>44,50/31,00 €</td><td>+33/+95/+151 %</td></tr>
<tr><td colspan="4">Währung US-Dollar, Umfang 2 Milliarden, seit 2006, Gebühr 0,31 %, thesaurierend. US-Schwergewichte: Apple, Microsoft, Amazon, Alphabet, Facebook, Intel.
Dieser US-Spitzen-ETF sollte nicht fehlen.</td></tr>
<tr><td rowspan="2">Versicherungen
iShares Stoxx Europe 600 Insurance (DE)</td><td>A0H08K</td><td>28,16 €</td><td>34/18 €</td><td>-14/-2/+1 %</td></tr>
<tr><td colspan="4">Umfang 159 Millionen Euro, seit 2002, Gebühr 0,46 %, ausschüttend, Währung Euro. Dieser ETF bildet die Wertentwicklung vom STOXX® Europe 600 Insurance Index ab.
Auch hier steckt viel »Value« drin, das geringe Wachstum der letzten Jahre lässt Platz für künftige Erholung.</td></tr>
</table>

Die Entwicklungen der letzten Jahre kann gerade bei ETFs unterschiedlich interpretiert werden. Bei Value-Werten, wie bei Versicherungen und Großkonzernen, kann durchaus damit gerechnet werden, dass es wieder zu einer Trendumkehr kommt, sofern die Branche auch unter den veränderten Rahmenbedingungen Fuß fassen kann. Umgekehrt kann es bei Branchen, die sehr stark gewachsen sind, auch zu einer Überhitzung kommen.

Nicht nur sicherheitsbewusste Anleger sollten daher in beiden Fällen wachsam bleiben und verfolgen, wie sich die Kurse, aber auch das KGV und der Buchwert künftig entwickeln.

ETF-Auswahl für risikofreudige Anleger

Markt, Index, Emittent	WKN	Kurs am 03.01.2021	Hoch/Tief 1 Jahr	Entwicklung 1, 3, 5 Jahre
Biotechnologie iShares Nasdaq US Biotechnology	A2DWAW	5,57 €	5,80/3,80 €	+17/+29/ neu
	Währung US-Dollar, Umfang 187 Millionen, seit 2017, Gebühr 0,35 %, thesaurierend. Vertreten sind u. a. Biogen, Amgen, Celgene, Gilead, Regeneron, Vertex, Alexion. Da auch künftig mit einer großen Bedeutung der Impfstoff- und Medikamentenindustrie zu rechnen ist, sollte Biotech ins Depot.			
Cloud Computing WisdomTree	A2PQVE	43,30 €	44,50/31,00 €	+33 %/ neu
	Währung US-Dollar, Umfang 353 Millionen, seit 2019, Gebühr 0,40 %, thesaurierend. Dieser ETF bietet Zugang zu Unternehmen, die in den Bereichen Cloud-Software und -Dienstleistungen aktiv sind.			
Erneuerbare Energien iShares Global Clean Energy UCITS Nachbildung	A0MW0M	13,05 €	13,70/4,30 €	+110/189/+154 %
	Währung US-Dollar, Umfang 3 Milliarden, seit 2007, Gebühr 0,65 %, Nachbildung des S&P Global Clean Energy. Durch die politischen Veränderungen in den USA und den chinesischen Schritten Richtung Nachhaltigkeit ist auch in Zukunft mit einem Wachstum in diesem Bereich zu rechnen.			
Gesundheit iShares Stoxx 600 HealthCare (DE)	A0Q4R3	87,00 €	88/69 €	-4/+23/+12 %
	Umfang 651 Millionen Euro, seit 2001, Gebühr 0,46 %, ausschüttend, Währung Euro. Dieser zukunftsträchtige ETF bildet den Gesundheits-Branchen-Index STOXX® Europe 600 Health Care Index mit großen und mittleren Titeln aus Europa und den USA ab. Corona-bedingte Langzeitfolgen und demografischer Wandel: Hier liegt ein großer Wachstumspotenzial.			
Bau-Sektor XTrackers FTSE E/N Dev Eurp RE	DBX0F1	27,50 €	33/18 €	-11/+7/+16 %
	Umfang 467 Millionen Euro, seit 2010, Gebühr 0,33 %, thesaurierend, Währung Euro. Dieser ETF schafft Zugang zu Europas Bau- und Immobilienindustrie mit deutschen Firmen wie Vonovia, Deutsche Wohnen, LEG Immobilien. Wie sich der Bausektor entwickeln wird, ist derzeit schwer abzuschätzen, aber gebaut wird immer und überall.			
Technologie weltweit iShares MSCI World Information Technology	A2PHCC	6,52 €	6,53/3,95 €	+23 %/neu
	Währung US-Dollar, Umfang 66 Millionen, seit 2019, Gebühr 0,25 %, thesaurierend, Abbild des MSCI World Information Technology Index. Auch das relativ junge Abbild des »globalen Technologie-Index« hat einen guten Start erwischt und lässt viel Platz für künftige Rendite.			

China Franklin FTSE	A2PB5V	30,84 €	33,00/21,50 €	+14/+42 %/ neu
	Währung US-Dollar, Umfang 49 Millionen, seit 2019, Gebühr 0,19 %, chinesische Aktienauswahl mit hoher Marktkapitalisierung aus dem FTSE All-World Index. Wer nicht auf China setzt, übersieht die global wichtigste Industrienation.			
Nasdaq 100® iShares ETF	A0F5UF	35,30 €	44,50/31,00 €	+33/+95/+151 %
	Währung US-Dollar, Umfang 2 Milliarden, seit 2006, Gebühr 0,31 %, thesaurierend. US-Schwergewichte: Apple, Microsoft, Amazon, Alphabet, Facebook, Intel …			
Nebenwerte Europa dbx-trackers MSCI Europe Small Cap	DBX 1AU	80,05 €	89,20/58,85 €	-4/+39/+50 %
	Umfang 592 Millionen Euro, Alter 8 Jahre, Gebühr 0,30 %, thesaurierend, Währung US-Dollar. Die wichtigsten deutschen Titel in diesem großen europäischen Nebenwerte-ETF sind MTU AERO (MDAX) und LEG Immobilien (MDAX).			
SDAX-Nachbildung Comstage SDAX® TR ETF	ETF005	129 €	130/69 €	+15/+16/+49 %
	Umfang 130 Millionen Euro, seit 2011, Gebühr 0,70 %, thesaurierend, weitgehende Nachbildung des SDAX			
TecDAX-Nachbildung iShares-TecDAX® (DE)	593397	29,30 €	29,80/22,65 €	+4/+24/+75 %
	Umfang 903 Millionen Euro, Alter 15 Jahre, Gebühr 0,51 %, thesaurierend, Aktien des TecDAX			

5.4 Interview zum Thema ETF

Beate Sander hat über ETFs mit der *BILD*-Journalistin Inga Frenser am 10. März 2016 gesprochen.

BILD: Laien steigen spätestens bei den Begriffen ETF oder Indexfonds aus. Ist das wirklich so kompliziert?

Sander: Nein, eigentlich ist es ganz einfach!

Die weltweit bekannten Aktien sind in einem Index beziehungsweise Börsenbarometer gelistet. In Deutschland ist dies der Leitindex DAX mit den 40 (Stand 2021) größten deutschen Unternehmen, vergleichbar mit der 1. Fußballbundesliga. Aber so wie auch die 2. und 3. Fußballbundesliga zu beachten sind und Aufmerksamkeit verdienen, gibt es unterhalb vom DAX den MDAX, TecDAX und SDAX.

Während sich die besten Proficlubs für die europäischen Wettbewerbe qualifizieren wollen, sind die erfolgreichsten Unternehmen der Eurozone oder europaweit im EURO STOXX 50 oder STOXX 50 gelistet.

Alle größeren Nationen haben eigene Börsenbarometer, in den USA der Leitindex DOW JONES und für Technologie der NASDAQ. Dies als Kurzinformation, um zu verstehen, was sich hinter ETFs und Aktienfonds verbirgt.

BILD: Und was ist nun ein ETF genau?

Sander: Ein ETF bildet ein Börsenbarometer wie den DAX exakt nach. So lassen sich weltweit alle wichtigen Märkte mit fünfstelligem Eigenkapital gut abdecken. Da damit wenig Arbeit verbunden ist, gibt es keinen Ausgabeaufschlag, und die jährlichen Verwaltungsgebühren sind niedrig, im Schnitt nur 0,35 %.

Wenn Sie zur Bank gehen und einen ETF kaufen wollen, könnte der Berater wegen der geringen Provision sagen: »Was, Sie wollen ein Produkt kaufen, das nie gegen DAX & Co. gewinnen kann?«

Die Antwort eines Könners lautet: »Ich kann nicht gewinnen, aber eben auch nicht verlieren. 80 bis 90 % der großen Standardfonds schneiden schlechter als der Index ab. Hinzu kommt oft ein Ausgabeaufschlag von 5 %. Und die durchschnittliche jährliche Verwaltungsgebühr beträgt 1,9 %.«

BILD: Wie viel Geld muss man in die Hand nehmen, damit eine Anlage in ETFs oder Aktien wirklich Sinn macht?

Sander: Pro Titel sollten es nicht unter 1.000 Euro sein. Sonst fressen die Transaktionskosten mögliche Gewinne auf. Bei wenig Geld lege ich pro Aktie oder ETF 1.000 bis 2.000 Euro an, bei sechsstelligem Vermögen eher 4.000 bis 5.000 Euro pro Order. Sind 10.000 Euro verfügbar, wähle ich am besten sechs bis maximal zehn unterschiedliche ETF aus. Je höher mein Vermögen ist, umso mehr kann ich ETFs, Themenfonds und erstklassige Aktien mischen. Dabei sollte ich nicht nur das »Heimatliebedepot DAX« pflegen. Nebenwerte schneiden im Langzeitvergleich viel besser ab, MDAX und SDAX doppelt so gut wie der Leitindex, der Technologieindex TecDAX seit drei Jahren dreimal so gut wie der DAX. Gar nicht zu empfehlen sind Aktienkäufe auf Kredit. Da zahlt man am Ende oft drauf. Und nur eine Aktienart zu kaufen, ist wie Russisches Roulette zu spielen.

6 Nebenwerte-Aktienfonds

6.1 Meist besser als Standard-Fonds mit DAX & Co.

Nationale und internationale Spezial- und Nebenwerte-Fonds sind trotz vergleichsweise hoher Gebühren ziemlich renditestark.

Banken bieten Ihnen mit Vorliebe Aktienfonds an. In Zeiten von Null- und Strafzinsen liegt hier noch eines der wenigen gewinnbringenden Felder bei der Geldanlage. Die Banken profitieren davon wegen der Gebühren, die viel höher ausfallen als etwa bei einem online gemanagten Aktien-Depot und zudem jährlich verlangt werden. Hinzu kommt oftmals noch ein Ausgabeaufschlag von bis zu 5 %, der allerdings häufig verhandelbar ist.

Zählen Sie zu den Anlegern, die nicht täglich ihr Depot im Auge behalten wollen und die weder Zeit noch Lust haben, ständig den Markt zu beobachten? Fühlen Sie sich in schwierigen Zeiten unsicher? Ist Ihre Risikobereitschaft eher gering? Hindert Sie eine schmale Kapitaldecke daran, weltweit in Einzelaktien zu investieren? Dann bieten sich im Nebenwertesektor neben ETFs auch Spezial-Aktienfonds an. Die deutsche Fondsbranche hat ihr in Themenfonds verwaltetes Vermögen gesteigert. Besonders beliebt sind in den Zeiten der Null-Zins-Politik Dividenden-Aktienfonds, die ich in einer eigenen Kursliste abdecke.

In der Bundesrepublik werden rund 10.000 unterschiedliche Investmentfondsarten angeboten. Dabei wird zwischen offenen und geschlossenen Fonds unterschieden, wobei für unerfahrene Anleger wegen des geringeren Risikos nur offene Fonds ratsam sind. Aktiv gemanagte Aktienfonds erfassen neben den weltweiten Indizes unterschiedliche Branchen, Sektoren und Themen. Einige zertifizierte Aktienfonds sind für die staatlich geförderte Riester-Rente zugelassen. Der Zusatz »thesaurierend« besagt, dass das Management die Dividenden anlegt. Obgleich viele Anleger Aktienfonds gegenüber Einzelaktien bevorzugen und sich trotz hoher jährlicher Gebühren von deutlich über 1,5 % im Schnitt nicht abschrecken lassen, überzeugt die Gewinnentwicklung oft nicht.

Mit aktiv gemanagten Aktienfonds lassen sich theoretisch zwar bessere Renditen erzielen als mit Indexfonds (Exchange Traded Fonds), die das jeweilige Börsenbarometer exakt abbilden. Doch zwei Drittel der Fondsmanager verlieren gegenüber dem Index. Bei global ausgerichteten Fonds sind es 80 bis 90 %.

Grundlegende Informationen zu Aktienfonds

Wer Aktienfonds erwirbt, nutzt das Wissen der Profis. Da jedoch die meisten Standardwertefonds den Vergleichsindex nicht schlagen, sind Sie mit den preiswerten, passiv gemanagten Indexfonds ETFs oft besser dran. Dies gilt auch für den Nebenwertesektor. Im 5-Jahres-Vergleich schnitten die Fondsschlusslichter zu 72 bis 98 % schlechter ab als die Vergleichsindizes (Benchmark). Sie sollten dabei nicht übersehen, dass ein aktives Einzelaktien-Investment über längere Zeit zwar im Schnitt eine Rendite von 8 % im Jahr erbringt, aber durch Einstieg, Zukauf, Teil- und Komplettverkauf mit Transaktionskosten belastet wird.

Ist das Fondsmanagement gut – Hinweise liefern die Rating-Einstufungen –, sind Sie mit Themenfonds auf der richtigen Seite. Der Aktienfonds übernimmt die Spartopffunktion. Vom eingesammelten Geld kauft das Management je nach Ausrichtung Blue Chips, Nebenwerte, Biotech-, Rohstoff- oder Hightech-Aktien. Sie selbst können die gewünschten Märkte abdecken, ohne Millionär zu sein, und werden mit dem Kauf von Anteilen Miteigentümer am Fondsvermögen der Kapitalanlage-Gesellschaft. Sie sollten aktuelle Trends wahrnehmen und Schwellenländer im Auge behalten. Informationen über ausländische Nebenwerte sind leider dünn gesät. Mit Qualitätsfonds vermeiden Sie das gebührenpflichtige Umschichten – ein Ausgleich für Ausgabeaufschlag und Managementgebühr. Umfasst der Fonds nur wenige Millionen Anlagekapital, wächst das Risiko, dass er aufgelöst wird.

> Laut Expertenmeinung bieten passiv gemanagte Indexfonds (ETF) und aktiv ausgerichtete Spitzenfonds längerfristig beste Renditechancen. Fähige Manager bringen eigene Innovationen ein. Diese Chance gilt es zu nutzen.

Bei der Fondsauswahl helfen Rating-Agenturen wie S&P, Moody's, Fitch Ratings und Morningstar, die besten Produkte aufzuspüren. Das Ranking umfasst quantitative Faktoren wie Rendite, Schwankungsbreite und Risikoprofil. Das Rating bewertet die Qualität, also die Leistungsfähigkeit der Fondsmanager. Interessant ist beim Ranking die Anzahl der Sterne – vergleichbar mit Hoteleinstufungen. Bei vier oder fünf Sternen schnitt dieser Fonds in den letzten 3 bis 5 Jahren bei der Rendite gut bis sehr gut ab. Die Rating-Buchstaben, selbst AAA, sind jedoch kein Freibrief für eine künftig positive Einschätzung. Bei Crash, Trendumkehr und Branchenrotation sind die Favoriten von gestern vielleicht die Verlustbringer von morgen. Rating und Ranking erleichtern die Orientierung. Leicht verstecken sich schlechte Fonds im Bullenmarkt.

Fondsbewertungen von Standard & Poor's (S&P)		
Ranking Rendite und Risiko, auf 3 Jahre bezogen	*****	Zählt zu den Top-10-Prozent der Gruppe
	****	Gutes Rendite- und Risikoprofil
	***	Mittleres Rendite- und Risikoprofil
	**	Schwaches Rendite- und Risikoprofil
	*	Gehört zum schlechtesten Viertel der Gruppe
Rating auf Basis der S&P-Analyse über das Management	AAA	Außergewöhnlich hohe Managementqualität
	AA	Sehr gute Qualität des Fondsmanagements
	A	Gute Qualität des Fondsmanagements
	NR	Das Rating wurde entzogen.
	UR	Steht unter Beobachtung (Managerwechsel o. Ä.)
Alljährlich überprüft S&P europaweit ungefähr 1.400 Investmentfonds.		

Leider führt die übertriebene Angst vor einem Crash dazu, dass deutsche Anleger die Börse meiden und weiter auf die schleichende Kapitalvernichtung Sparbuch und Sparkonto vertrauen. Nach wie vor will eine Mehrheit von 55 % der vom Deutschen Aktieninstitut befragten Personen keinen Cent in Aktien oder Aktienfonds investieren, wenn 10.000 Euro für 25 Jahre anzulegen sind.

Der Anteil der Aktionäre in Deutschland lag 2019 bei etwa 10 Millionen (ca. 16 %) und stieg im Jahr 2020 weiter an.

Investmentfonds – für viele ein Buch mit sieben Siegeln

Laut einer Finanzdienstleister-Studie glaubt jeder zweite Deutsche, dass Rentenfonds die gesetzliche Rente absichern. Die knappe Hälfte hält eine Fondsanlage für kompliziert und genauso riskant wie Einzelaktien. Nur 3 % können sich unter einem ETF etwas vorstellen. Und wer kennt sich schon mit der Prozentrechnung aus? Ist es günstiger, wenn ich statt 100 Euro wahlweise 105 Euro bezahle oder 3 % aufschlage? Drei von vier Befragten glauben, dass für eine Aktienanlage Wirtschaftswissen notwendig sei. Aber gerade daran mangelt es hierzulande. Viele Sparer halten Börsen-Investments für schwer verständlich. Die Null-Zins-Politik und die Strafzinsen für höhere Vermögen sorgen allerdings für neues Interesse.

Als Fondsanleger nehmen Sie mit geschütztem Sondervermögen und dynamischen Sachwerten am Wirtschaftswachstum und über Kursgewinn und Dividende an der Wertschöpfung teil. Sie können aktuelle Trends nutzen, in Schwellenländer, neue Märkte, Geschäftsmodelle wie Digitalisierung und soziale Netzwerke investieren. Informationen über kleinere ausländische Einzeltitel sind dünn gesät. Mit den richtigen Fonds vermeiden Sie das gebührenpflichtige Umschichten – ein Ausgleich für die hohe jährliche Verwaltungsgebühr, die im Schnitt bei über 1,5 % liegt.

Passive Indexfonds (ETF) und aktiv gemanagte Spitzenfonds, deutschlandweit, europäisch, international, nach Indizes, Märkten und Themen ausgerichtet, bieten langfristig gute Renditechancen. Fähige Fondsmanager schichten im Rahmen ihrer Vorgaben mit Augenmaß um. Für Sie bleiben diese Aktivitäten gebührenfrei. Ein ETF ist preiswert: kein Ausgabeaufschlag, nur ein geringer Spread (Unterschied zwischen Geld- und Briefkurs) und eine kleine Jahresgebühr, meist schwankend zwischen 0,10 % und 0,65 %. Als Privatanleger zahlen Sie für Aktienfonds im Schnitt an Managementgebühren jährlich 1,5 % bis über 2 %. Ein Grund für die hohen Gebühren sind die strengen Regulierungsauflagen. Dass auch die eigene Einzelaktienanlage mit Transaktionskosten verbunden ist, wird häufig nicht bedacht. Jeder Kauf und Verkauf kostet meist zwischen 10 und 30 Euro.

Gesundheits- und Datenverarbeitungsbranche mit Industrie 4.0, Digitalisierung, Cloud-Computing und Vernetzung als Börsenstars

Fondsliebhaber sollten sich bei einem Neuinvestment unbedingt auf wachstumsstarke Branchen konzentrieren. Goldminenaktien verhalten sich wie der Goldpreis selbst oft gegenläufig zur Aktienkursentwicklung. Eine negative Entwicklung zeigt der Rohstoffsektor.

Der Gesundheitsbereich mit Biotechnologie bietet trotz einiger Rücksetzer gute Chancen, nachdem immer neuartige Impfstoffe, Wirkstoffe und Therapien den Markt erobern. Der Traum vom ewigen Leben und der Kampf gegen Krebs machen Pharma zu einem Risikopuffer. Das Gesundheitswesen ist wegen des demografischen Wandels mit steigender Lebenserwartung für viele Fondsmanager das große Zukunftsthema.

Als zukunftsträchtig gelten laut Experteneinschätzung die Branche nachhaltiger Energien, die Gesundheitsbranche, die Biotechnologie und die IT-Branche.

Wegen der um sich greifenden Robotik wird viel Wachstumsfantasie mit vollautomatisierten Fabriken verbunden – nicht nur in den Sektoren Autobau, Logistik und Medizintechnik.

Der Technologie- und Internetsektor ist im Umbruch wegen zunehmender Digitalisierung, Cloud-Computing, des weiteren steigenden Interesses an sozialen Netzwerken und mehr Datensicherheit. Die düstere, gefährliche Kehrseite von Computing und Internet: das Ausspähen von Daten und Cyber-Attacken. Die Software-Branche muss Privat- und Firmenkunden praktikable, leicht umzusetzende, benutzerfreundliche Hilfen anbieten und alle gesammelten Daten deutlich sichtbar machen. Auch dies gehört zu wegweisender Digitalisierung und einer vernetzten Welt.

Einen weiteren Megatrend stellt das Thema Nachhaltigkeit dar. Der US-Präsident Biden trat dem Klimaschutzabkommen bereits wieder bei, und selbst aus China werden Programme zum Umweltschutz aufgelegt.

Für wen sind deutsche Nebenwertefonds im Vergleich zu einem ETF interessant?

Interessiert Sie nur der MDAX, der TecDAX oder der SDAX, dann sind Sie mit einem ETF besser bedient, weil Sie den Ausgabeaufschlag sparen und die jährlichen Verwaltungsgebühren im Schnitt bei 0,35 % statt bei 1,90 % liegen. Möchten Sie dagegen die drei Nebenwerte-Indizes und vielleicht noch einige kleinere Werte in einem einzigen Produkt abgedeckt haben, bietet Ihnen dies nur ein Aktienfonds. Die Übergewichtung einzelner Titel und die Nichtberücksichtigung anderer Werte muss Sie nicht stören, wenn Sie generell die Zusammensetzung bejahen. Gegenüber Einzelaktien sparen Sie einerseits Transaktionsgebühren, können aber auch nicht situativ auf Börsenturbulenzen reagieren.

Abbildung 18: Handlungsabläufe bei der Anlage in Investmentfonds

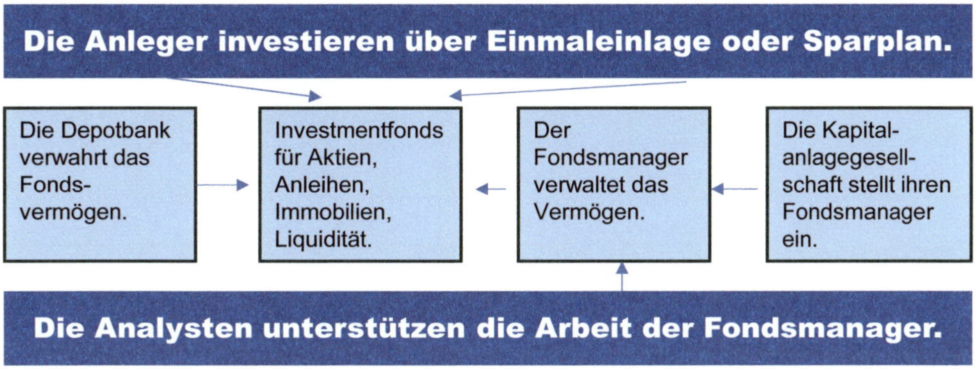

Die Anleger investieren über Einmaleinlage oder Sparplan.

Die Depotbank verwahrt das Fondsvermögen.

Investmentfonds für Aktien, Anleihen, Immobilien, Liquidität.

Der Fondsmanager verwaltet das Vermögen.

Die Kapitalanlagegesellschaft stellt ihren Fondsmanager ein.

Die Analysten unterstützen die Arbeit der Fondsmanager.

6.2 Eine Auswahl von Nebenwerte-Aktienfonds: Deutschland, Europa, USA, Asien, weltweit

Nebenwerte-Aktienfonds-Auswahl Deutschland				
Markt, Index, Emittent	**WKN**	**Kurs am 03.01.2021**	**Hoch/Tief 1 Jahr**	**Entwicklung 1, 3, 5 Jahre**
Allianz Adifonds A EUR	847103	142 €	143/81 €	+10/+6/+28 %
	Umfang 219 Millionen Euro, seit 1958, Ausgabeaufschlag 5,0 %, Jahres-Verwaltungsgebühr 1,80 %, ausschüttend, Währung Euro. Der Fonds konzentriert sich vor allem auf deutsche Nebenwerte. Ziel ist eine ansehnliche Rendite bei Langzeitanlage.			
DWS German Small/ MidCap	515240	227 €	227/115 €	+24/+36/+87 %
	Umfang 303 Millionen Euro, seit 2005, Ausgabeaufschlag 5,0 %, Jahres-Verwaltungsgebühr 1,40 %, ausschüttend, Währung Euro. Die wichtigsten Positionen stammen aus MDAX und TecDAX.			
FPM Fds Stockp Germany Small/Mid Cap	A0DN1Q	373 €	374/163 €	+27/-16/+36 %
	Umfang 39 Millionen Euro, seit 2004, Ausgabeaufschlag 3,0 %, Jahres-Verwaltungsgebühr 1,62 %, ausschüttend, Währung Euro. Breit gestreut anlegt in MDAX, SDAX und zahlreiche kleinere Titel.			
Lupus alpha Smaller German Champs	974564	477 €	487/251 €	+22/+22/+23 %
	Umfang 625 Millionen Euro, seit 2001, Ausgabeaufschlag 5,0 %, Verwaltungsgebühr 1,50 %, thesaurierend, Währung Euro. Der Fonds mischt breit gestreut Nebenwerte aus MDAX, TecDAX und SDAX.			
Main First Germany Fund A	A0RAJN	235 €	236/128 €	+5/+2/+40 %
	Umfang 272 Millionen Euro, seit 2009, Ausgabeaufschlag 5,0 %, Verwaltungsgebühr 1,50 %, thesaurierend, Währung Euro. Dieser interessante Fonds mit beeindruckender Kursentwicklung berücksichtigt nicht nur MDAX- und SDAX-Werte, sondern greift auch auf substanzstarke Software-Aktien aus dem Prime Standard zurück.			
UBS (D) EF – Small Caps Germany	975165	720 €	720/376 €	+14/+18/+71 %
	Umfang 126 Millionen Euro, seit 1993, Ausgabeaufschlag 3,0 %, Verwaltungsgebühr 1,80 %, thesaurierend, Währung Euro. Die größten Positionen stammen aus TecDAX und SDAX.			

Nebenwerte-Aktienfonds-Auswahl Europa				
Markt, Index, Emittent	**WKN**	**Kurs am 03.01.2021**	**Hoch/Tief 1 Jahr**	**Entwicklung 1, 3, 5 Jahre**
Comgest Growth Greater Eurp Opps	A0YAJD	49 €	49/28 €	+25/+48/+90 %
	Umfang 371 Millionen Euro, seit 2009, Ausgabeaufschlag 4,0 %, Verwaltungsgebühr 1,50 %, thesaurierend, Währung Euro. Der auf Europa zugeschnittene Nebenwerte-Fonds konzentriert sich auf wachstumsstarke, konjunkturunabhängige Aktien.			
Comgest Growth Mid-Caps Europe	631027	44 €	44/27 €	+20/+54/+93 %
	Umfang 114 Millionen Euro, seit 2000, Ausgabeaufschlag 4,0 %, Verwaltungsgebühr 1,50 %, thesaurierend, Währung Euro. Der erfolgreiche Fonds konzentriert sich auf wachstumsstarke, konjunkturunabhängige Growth-Aktien.			
BMO European Smaller Companies Fund A Fonds	A0DN0Y	31 €	31/18 €	+7/+8/+12 %
	Umfang 13 Millionen Euro, seit 2005, Ausgabeaufschlag 5,0 %, Jahres-Verwaltungsgebühr 1,50 %, ausschüttend, Währung Euro. In diesem breit gestreuten Nebenwerte-Aktienfonds sind einige wenig bekannte europäische Titel.			
Metzler European Smaller Companies A	987735	375 €	379 / /203 €	+10/+2/+44 %
	Umfang 579 Millionen Euro, seit 1998, Ausgabeaufschlag 5,0 %, Jahres-Verwaltungsgebühr 1,50 %, ausschüttend, Währung Euro. Der Fonds ist so breit gestreut, dass kein Titel über 3 % gewichtet ist. Er bringt europäische Aktien mit mittlerem und niedrigem Börsenwert.			
SEB European Equity Small Caps D	989941	460 €	432/222 €	+35/+47/+62 %
	Umfang 225 Millionen Euro, seit 1999, Ausgabeaufschlag 1,0 %, Verwaltungsgebühr 1,50 %, thesaurierend, Währung Euro. In diesem breit gestreuten Europa-Nebenwerte-Fonds überzeugt neben dem geringen Ausgabeaufschlag von 1,0 % die beeindruckende Kursentwicklung.			

Nebenwerte-Aktienfonds-Auswahl weltweit und USA				
Markt, Index, Emittent	**WKN**	**Kurs am 03.01.2021**	**Hoch/Tief 1 Jahr**	**Entwicklung 1, 3, 5 Jahre**
BlackRock Global Funds – Systematic Global SmallCap Fund Fond	A0BMA1	102 €	106/60 €	+3/+15/+37 %
	Umfang 167 Millionen Euro, seit 2003, Ausgabeaufschlag 5,0 %, Verwaltungsgebühr 1,87 %, thesaurierend, Währung Euro. Dieser weltweit anlegende Nebenwerte-Fonds ist so breit gestreut, dass kein einziger Titel höhere Anteile als über 1,4 % bekommt.			
Comgest Monde C	939942	2.500 €	2.505/1.840 €	+10/+40/+78 %
	Umfang 2 Milliarden Euro, seit 1991, Ausgabeaufschlag 2,50 %, Verwaltungsgebühr 2,29 %, thesaurierend, Währung Euro. Dieser Fonds bevorzugt Mid Caps, darunter bekannte Titel. Die geringe Stückelung fällt auf – interessant wohl nur für wohlhabende Anleger.			
Dimensional Global Small Coms EUR ACC	A1JJAF	25 €	25/15 €	+11/+24/+54 %
	Umfang 708 Millionen €, seit 2011, Ausgabeaufschlag 0,00 %, Verwaltungsgebühr 0,46 %, thesaurierend, Währung Euro. Dieser Fonds verzichtet auf einen Ausgabeaufschlag und die Verwaltungsgebühr ist niedrig – eine echte Konkurrenz für ETFs. Die mittelgroßen und kleinen Titel sind unter 0,25 % gewichtet.			
Dimensional Global Targeted Value B €	A0RMKW	22,50 €	22,50/14 €	-12/+29/+35 %
	Umfang 2,6 Milliarden Euro, seit 2008, Ausgabeaufschlag 0,00 %, Verwaltungsgebühr 0,50 %, thesaurierend, Währung Euro. Der Fonds legt weltweit mit niedriger Gewichtung unter 0,30 % in nachhaltige, substanzstarke, konjunkturunabhängige mittlere und kleinere Value-Aktien an.			
Monega Innovation	532102	84 €	84/47 €	+16/+28/+50 %
	Umfang 78 Millionen Euro, seit 2001, Ausgabeaufschlag 3,50 %, Jahres-Verwaltungsgebühr 1,47 % ausschüttend, Titel aus den USA, Europa und Japan.			
Siemens Global Growth	977265	12,50 €	12,50/7,60 €	+16/+36/+88 %s
	Umfang 158 Millionen Euro, 15 Jahre, Ausgabeaufschlag 5,0 %. Bevorzugt werden Growth-Aktien aus den Sektoren Internet, Informationstechnologie, Medien, Telekommunikation und Biotech, darunter sind etliche TecDAX-Aktien.			

Nebenwerte-Aktienfonds aus Ostasien mit Japan/China				
Markt, Index, Emittent	**WKN**	**Kurs am 03.01.2021**	**Hoch/Tief 1 Jahr**	**Entwicklung 1, 3, 5 Jahre**
BlackRock Global Funds – Pacific Equity Fund Fond	A0BMA4	34,50 €	35/24 €	+4/+1/+24 %
	Umfang 57 Millionen Euro, seit 1994, Ausgabeaufschlag 5,0 %, Verwaltungsgebühr 1,86 %, thesaurierend, Währung Euro. Die weltweit führende Fondsgesellschaft BlackRock konzentriert sich auf Firmen unterschiedlicher Größe in aufstrebenden Ländern des asiatischen Pazifik-Raumes mit dem Ziel langfristigen Wertzuwachses. Neben Aktien wird in Rententitel investiert.			
DNB Asian Small Cap retail A	986071	8,40 €	8,50/4,80 €	+15/+8/+51 %
	Umfang 168 Millionen Euro, seit 1995, Ausgabeaufschlag 5,00 %, Verwaltungsgebühr 1,75 %, thesaurierend, Währung Euro. Dieser auf kleinere wachstums- und ertragsstarke Unternehmen ausgerichtete Nebenwerte-Fonds investiert in Fernost (außer Japan).			
DWS Invest Asian S/M Cap LC	A0HMCD	261 €	261/166 €	+15/+8/+51 %
	Umfang 25 Millionen Euro, seit 2006, Ausgabeaufschlag 5,00 %, Verwaltungsgebühr 1,78 %, thesaurierend, Währung Euro. Dieser Aktienfonds investiert in mittelgroße und kleinere asiatische Unternehmen.			
Lemanik Asian Opp C Retail	626644	19,60 €	19,60/11,50 €	+11/-8/+25 %
	Umfang 46 Millionen Euro, 1994, Ausgabeaufschlag 3,00 %, Verwaltungsgebühr 2,00 %, thesaurierend, Währung Euro. Dieser Fonds investiert insbesondere in asiatische Nebenwerte, darf aber auch weniger als die Hälfte mit Rentenpapieren abdecken.			
DWS Invest Asian S/M Cap LC	A0HMCD	261 €	261/166 €	+15/+8/+51 %
	Umfang 25 Millionen Euro, seit 2006, Ausgabeaufschlag 5,00 %, Verwaltungsgebühr 1,78 %, thesaurierend, Währung Euro. Dieser Aktienfonds investiert in mittelgroße und kleinere asiatische Unternehmen.			
Raiffeisen-Pazifik-Aktien RT	631577	191 €	193/127 €	+6/+6/+39 %
	Umfang 133 Millionen Euro, seit 1999, Ausgabeaufschlag 4,0 %, Verwaltungsgebühr 1,50 %, thesaurierend, Währung Euro. Der Fonds ist auf große und mittelgroße Titel ausgerichtet.			

6.3 Nachhaltige, ökologische Geldanlage

Eine Geldanlage mit gutem Gewissen schafft Wohlbefinden durch das Gefühl, Gutes zu tun und Schäden für Umwelt, Mensch, Tier und Pflanze abzuwenden. Ein Rendite-Einbruch ist nicht zu befürchten. Dass mit solchen Themenfonds gute Renditen zu erzielen sind, zeigen die Kurslisten unserer ausgewählten Aktienfonds ebenso wie die gelisteten Einzelaktien aus diesem Bereich.

Nachhaltige Geldanlagen liegen im Trend. Auch die Großkonzerne haben zum Teil schon verstanden, dass langfristig nur durch nachhaltiges Wirtschaften Rendite erzielt werden kann. Ökonomie und Ökologie werden schon seit einiger Zeit nicht mehr als Gegensätze verstanden.

Nachhaltigkeit bezeichnet eine Entwicklung, die den Bedürfnissen der heutigen Generation entspricht, ohne die Möglichkeiten künftiger Generationen zu gefährden. In Europa geht es vorrangig um Umweltschutz und soziale Fragen, in den Entwicklungsländern eher um die Sicherung elementarer Lebensgrundlagen.

Nicht alles ist nachhaltig, was als solches angeboten wird. Hier tummeln sich auch dubiose Firmen mit fragwürdigem Geschäftsmodell, um unerfahrene Anleger über den Tisch zu ziehen Seien Sie hellhörig, wenn jemand unerfüllbare Renditewunschträume von 8 % + X anpreist. Solche Kapitalrenditen lassen sich mit Windkraft, Wasser, Kakaobohnen und Baumbeständen aus Pappeln und Weiden nicht erzielen. Das sind leere, betrügerische Versprechen. Besonders beworben werden Anlagen in Bäume, Plantagen und Holz – hierzulande und im Ausland. Niemand erinnert daran, dass Schädlinge Pflanzen befallen, Wälder abbrennen, überflutet, ausgetrocknet oder entwurzelt werden können.

Nur jeder 6. Nachhaltigkeitsfonds hierzulande erfüllt die Kriterien. Aktien von Rüstungs- und Kernkraftfirmen haben hier natürlich keinen Platz. Ebenso ist es im Interesse des Umweltschutzes fragwürdig, in Tiefseebohrungen, Ölsandförderung und neue Fracking-Verfahren bei der Gewinnung von Gas aus Schiefergestein zu investieren. Laut Greenpeace verdienen eher kleinere auf Nachhaltigkeit ausgerichtete Banken Ihr Vertrauen. Weitere Informationen finden Sie z. B. auf folgenden Internetseiten: www.ethikbank.de, www.gls.de, www.ordensbank.de, www.triodos.de und www.umweltbankde.

Welche Regeln für Nachhaltigkeit gelten?

Beim Deutschen Corporate Governance Kodex (DCGK) geht es um Standards einer verantwortungsvollen Unternehmensführung. Dieser Verhaltenskodex schafft Transparenz, erhöht den Anlegerschutz und will Skandale wie geschönte Bilanzierung und

Umsatzbetrug verhindern. Eine Regierungskommission überwacht das Einhalten der Vorschriften.

Tabu sind Waffen, Kinderarbeit, Menschenhandel, Drogen. Ebenso untersagt sind Geschäfte, die Menschen in ihren Grundrechten und ihrer Individualität verletzen und das ökologische Gleichgewicht gefährden.

Die ESG-Kriterien haben sich international etabliert.

ESG-Beurteilungskriterien für Nachhaltigkeit
E für environment – Umweltverträglichkeit
• Schadstoffvermeidung • Energieersparnis; weiterer Ausbau erneuerbarer Energien (Windkraft und Solar-Energie) • Schutz für das Klima, die bedrohte Tier- und Pflanzenwelt und die Trinkwasserversorgung • Artenvielfalt
S für social – Soziale und kulturelle Ansprüche
• Arbeitssicherheit • Gesundheitsschutz • Diversität • Gesellschaftliches Engagement
G für governance – Nachhaltige Unternehmensführung
• Werteorientierung • Vorbildfunktion • Transparenz • Reputations-Management

Aktienfonds: nachhaltige, ökologische Anlagen – global				
Markt, Index, Emittent	**WKN/ISIN**	**Kurs am 05.01.2021**	**Hoch/Tief 1 Jahr**	**Entwicklung 1, 3, 5 Jahre**
Candriam Sustainable Equity Climate Action R Unhedged Fonds	ISIN: LU1932634618	154,80 €	155/85 €	+40 %/ neu
	Umfang 833 Millionen Euro, seit 2019, Ausgabeaufschlag 3,50 %, Gebühren 1,1 %, thesaurierend, Währung Euro. Dieser Aktienfonds investiert weltweit in Aktien, deren Firmen strenge ökologische und soziale Auflagen (ESG) erfüllen müssen.			
Swisscanto (LU) PF Green Invest Equity A	216770	210,00 €	220/130 €	+18/+38/+66 %
	Umfang 460 Millionen Euro, seit 2018, Ausgabeaufschlag 3,00 %, Gebühren 1,96 %, ausschüttend, Währung Euro. Anlageziel ist die Erwirtschaftung langfristiger Erträge. Der Fonds investiert rund um den Globus in Aktien großer und mittelgroßer Unternehmen, die sich der Nachhaltigkeit verpflichtet fühlen. Dabei wird das Gesundheitswesen übergewichtet.			
Erste WWF Stock Environment A	694114	291,00 €	299/116 €	+76/+123/141 %
	Umfang 713 Millionen Euro, seit 2001, Ausgabeaufschlag 4,00 %, Gebühren 1,74 %, ausschüttend, Währung Euro. Dieser Fonds investiert weltweit in Unternehmen der Umweltbranche und spendet für Austria-Wasserschutzprogramme.			
BMO Responsible Global Equity A EUR Inc	A0H0G1	26,50 €	26,75/17,00 €	+13/+41/+72 %
	Umfang 1,1 Milliarden Euro, seit 2006, Ausgabeaufschlag 5,00 %, Gebühren 1,8 %, ausschüttend, Währung Euro. Dieser Aktienfonds investiert weltweit in Aktien, deren Unternehmen einen positiven Beitrag zur Gesellschaft leisten.			
LGT Sustainable Equity Global (EUR) B	A0YF5E	3.150 €	3.200/2.100 €	+4/+28/+62 %
	Umfang 774 Millionen Euro, seit 2009, Ausgabeaufschlag 5,00 %, Gebühren 1,80 %, thesaurierend, Währung Euro. Dieser Aktien-Fonds investiert breit gestreut weltweit in Unternehmen unterschiedlichster Branchen, die der Nachhaltigkeitsphilosophie gerecht werden und wesentliche soziale, ökologische und ethische Standards erfüllen.			
Lombard Funds – Generation Global (EUR) PD	A0RNUR	40,00 €	40,00/26,50 €	+8/+40/+92 %
	Umfang 1,87 Milliarden Euro, seit 2009, Ausgabeaufschlag 5,00 %, Gebühren 1,85 %, ausschüttend, Währung Euro. Der Fonds investiert weltweit branchenunabhängig in Aktien von nachhaltig wirtschaftenden Firmen mit guten Fundamentalkennzahlen.			

NN (L) Global Sustainable Eq P Cap EUR	797410	480,00 €	491/290 €	+22/+50/+77 %
	Umfang 518 Millionen Euro, seit 2000, Ausgabeaufschlag 3,00 %, Gebühren 1,80 %, thesaurierend, Währung Euro. Der Fonds investiert rund um den Globus in Aktien von Unternehmen mit erstklassigen Finanzwerten und bester Erfüllung wichtiger Sozial- und Umweltkriterien. Übergewichtet werden Gesundheitswesen, Datenverarbeitung, Software und Internet.			
ÖkoWorld ÖkoVision Classic C	974968	228,00 €	232/152 €	+15/+32/+57 %
	Umfang 1,60 Milliarden Euro, seit 1996, Ausgabeaufschlag 5,0 %, Gebühren 2,31 %, thesaurierend, Währung Euro. Dieser Umweltfonds investiert weltweit vor allem in mittelgroße und kleinere Firmen, die in ihrer Branche ökologische und ethische Kriterien erfüllen und hohe Ertragsaussichten haben.			
BNP Parvest Global Environment Classic Cap	A0NE8U	250,00 €	251/153 €	+13/+26/+33 %
	Umfang 2,2 Milliarden Euro, seit 2008, Ausgabeaufschlag 3,00 %, Verwaltungsgebühr 2,2 %, thesaurierend, Währung Euro. Dieser Fonds investiert rund um den Globus in Aktien von Unternehmen in den Märkten Umwelttechnik, Umweltschutz, erneuerbare Energien, Energieeinsparung und Abfallentsorgung.			
Multipartner Robeco SAM Sustainable Water EUR B	763763	365,00 €	375/250 €	+0/+19/+50 %
	Umfang 1,6 Milliarden Euro, seit 2001, Ausgabeaufschlag 5,00 %, Gebühren 1,85 %, thesaurierend, Währung Euro. Dieser Fonds investiert weltweit in Unternehmen unterschiedlicher Größe, die langfristig eine möglichst hohe Rendite erwirtschaften und bevorzugt mit ihren Technologien, Produkten und Dienstleistungen in der Wasserwirtschaft engagiert sind.			

6.4 Mischfonds: Beliebt, aber renditeschwach

Viele Bankberater empfehlen Mischfonds wegen des geringeren Risikos – trotz schlechter Ergebnisse sind diese Produkte beliebt. Wie die folgende Übersicht zeigt, ist die Bilanz der globalen Mischfonds mit freien Anlagemöglichkeiten miserabel. Das ist kein Wunder, denn in Mischfonds wird schließlich nur ein Teil des Kapitals in Aktien angelegt, der Rest »modert« praktisch ohne Rendite vor sich hin. Da es auch für die Investment-Banker derzeit praktisch keine risikofreie Festanlage mit Rendite gibt, wird für diesen Teil meist nicht einmal der Inflationsausgleich gewährt.

Rang	Fonds-Anlage-Typ	Performance nach 5 Jahren (2014-2019)
01	Aktien China	+20,2 %
02	Aktien Indien	+17,9 %
03	Aktien Technologie Welt	+16,6 %
04	Aktien Deutschland	+16,2 %
05	Aktien Asien	+14,5 %
06	Aktien Nordamerika	+14,0 %
07	Aktien Europa	+13,0 %
08	Mischfonds global	+2,4 %
09	Rentenfonds Euroraum	+2,0 %

Viele Rentenfonds sind ebenfalls als Mischfonds konzipiert. Neben Aktien wird hier auch in Immobilien investiert. Die Rendite ist meist schwach.

Auch bei Altersvorsorge-Produkten, wie beispielsweise der Riester-Rente ist die Rendite meist erschreckend gering, vor allem dann, wenn der Aktienanteil im Mischfonds gering ist. Die Verwaltungskosten solcher Fonds sind allerdings teilweise so hoch, dass selbst von den staatlichen Zulagen kaum noch etwas übrigbleibt.

6.5 Aktien, Aktienfonds und ETFs im Vergleich

Vorteile und Nachteile von Aktien, Aktienfonds und ETFs		
Vorteile von Aktien	**Vorteile von Aktienfonds**	**Vorteile von ETFs**
Bei niedrigen Kursen bietet sich ein spontaner Zukauf an. Nahe dem Jahres- oder Allzeithoch ist ein Teilverkauf zu überlegen. Bei Einzelaktien entscheiden Sie selbst, ob, wann, was, wie oft und in welcher Größenordnung Sie etwas tun. Ein großes Aktiendepot bietet im Crash beste Chancen nach der Hoch-Tief-Mut-Strategie.	Schichtet das Fondsmanagement um, wird der Aktionär nicht unmittelbar mit den Transaktionskosten belastet. Sie schlagen sich in der Jahresgebühr nieder. Privatanleger nutzen die Fachkompetenz von Profis, sparen Zeit, Arbeit und Mühe und machen nicht die ganz großen Fehler. Mit guten Spezialfonds lassen sich die attraktivsten Märkte, Indizes und Branchen durch ein geschicktes aktives Management gewinnbringend abdecken.	Da der ETF die Indexzusammensetzung widerspiegelt, wird nur selten umgeschichtet. Dies ist ein Hauptgrund für die niedrigen Gebühren. Passiv gemanagte ETF bilden den Index exakt ab. Es reicht aus, einige Male im Jahr das Depot zu überprüfen. Selbst mit einem begrenzten Vermögen im mittleren fünfstelligen Bereich sind Sie in den wichtigsten Märkten und Branchen dabei.
Nachteile von Aktien	**Nachteile von Aktienfonds**	**Nachteile von ETFs**
Jeder Kauf und Verkauf ist mit Transaktionskosten verbunden. »Viel hin und her macht Taschen leer.«	Ausgabeaufschläge bis zu 5 % und jährliche Managementgebühren zwischen 1,0 % und 2,0 % belasten vor allem das Langzeitdepot.	Die Jahresgebühren sind meist gering. Bei langfristigen Anlagen können sie dennoch ins Gewicht fallen.
Über Aktien in den großen Indizes wird ausführlich berichtet. Infos über ausländische Nebenwerte gibt es kaum.	Spezialfonds schlagen oft den Markt. Aber viele großen Standardfonds verlieren gegenüber dem Vergleichsindex (Benchmark).	Es ist für Privatanleger schwierig, ein klassisches passives vom aktiven Management mit Derivaten abzugrenzen.
Wer unüberlegt viele Einzelaktien ordert, riskiert bei fehlendem Wissen, Herdentrieb und mangelnder Kontrolle oft viel Geld.	Die beratende Bank macht sich aus Eigennutz für eigene Aktienfonds stark und empfiehlt nur selten oder nie ETFs beziehungsweise Indexfonds.	Die ETFs haben oft komplexe, lange und unverständliche Namen. Die zwölfstellige ISIN ist ebenfalls umständlich zu handhaben.

7 Aktienauswahlen mit dem Fokus auf Nebenwerten

7.1 Grundlegendes

Die folgenden Aktienauswahlen dienen als Anregung, damit Sie Ihr eigenes Portfolio schrittweise auf- und ausbauen können. Denken Sie an den Grundsatz: Im billigen Einkauf und teuren Verkauf liegt der Erfolg. Bitte beachten Sie auch den rechtlichen Hinweis im Anhang des Buches.

In diesem Kapitel finden Sie jeweils eine Aktienauswahl für:

- Sicherheitsbewusstsein (mit Betonung auf Value): Abschnitt 7.2,
- Erfolgsorientierung (MDAX, TecDAX, SDAX): Abschnitt 7.3,
- Risikofreude (mit Betonung auf Growth): Abschnitt 7.4,
- Familienfirmen (Nebenwerte des DAXplus Family/GEX): Abschnitt 7.5,
- Nachhaltigkeit: Abschnitt 7.6,
- Nasdaq 100 (Schätze des US-Technologie-Index): Abschnitt 7.7,
- Südostasien: Abschnitt 7.8.

Wichtige Kriterien für die Aktienauswahlen

- **Pro Order sollten Aktien für mindestens 1.000 Euro gekauft werden.**
- Haben Sie weniger als 5.000 Euro Kapital zur Verfügung, starten Sie besser mit einem ETF in Ihre Aktienkarriere. Dazu können Sie von zu Hause aus bei einer (möglichst renommierten) Onlinebank mit Sitz in der EU meist kostenlos ein Depot eröffnen und dort den gewünschten ETF mit der WKN ordern.

- **Das Kurs-Gewinn-Verhältnis (KGV) als wichtigste Kennziffer soll den Wert von 20 nicht langfristig überschreiten.**
- Aber Premium hat seinen Preis. Die hohen Kursgewinne bremsen das KGV und die Dividendenrendite trotz alljährlicher Steigerung aus. Da die Jahre 2020 und 2021 als Sonderfall zu betrachten sind, lohnt hier auch der Blick auf die zurückliegenden Jahre.
- Die folgende Tabelle zeigt, dass gerade in Zeiten der Corona-Pandemie bei Aktien mit guten Kennzahlen, also hohen Buchwerten und niedrigem KGV, zumindest zeitweise ein negativer Kursverlauf einhergeht. Bei der ZEAL Network SE, einem Online-Lotterieanbieter, war das anders. Im »Corona-Jahr 2020« wurde der Gewinn ausgebaut.

Nebenwerte: starke Kennzahlen oft bei schwachem Kurs					
Aktienauswahl	**WKN**	**Hoher Buchwert**	**KGV 2019**	**Kurs am 06.01.2021**	**Kursverlauf in 1, 3, 5 Jahren**
Buchwert ist höher oder gleich dem Kurswert					
Aareal Bank	540811	43 €	12,5	19,96 €	-36/-49/-27 %
Deutsche Pfandbrief	801900	22 €	12,1	9,11 €	-37/-33/-17 %
Deutz	630500	5,40 €	14,6	5,17 €	-5/-34/+56 %
DIC Asset	A1X3XX	13,40 €	13,7	13,54 €	-12/+35/+58 %
Klöckner & Co	KC0100	11,80 €	-11	8,30 €	+38/-21/+7 %
Salzgitter	620200	54,15 €	-4,5	22,57 €	+20/-54/+2 %
Talanx	TLX100	40,15 €	12,1	33,26 €	-24/-74/+25 %
Aktienauswahl	**WKN**	**Buchwert**	**Niedriges KGV**	**Kurs am 06.01.2021**	**Kursverlauf in 1, 3, 5 Jahren**
Niedriges Kurs-Gewinn-Verhältnis (KGV 2019)					
Adler Real Estate	500800	20,80 €	4,8	12,60 €	-8/-7/+0,3 %
Talanx	TLX100	40,15 €	12,1	33,26 €	-24/-74/+25 %
Aktienauswahl	**WKN**	**Buchwert**	**Dividende D-Rendite**	**Kurs am 06.01.2021**	**Kursverlauf in 1, 3, 5 Jahren**
Hohe Dividendenrendite (2019)					
DIC Asset	A1X3XX	13,40 €	0,66 € 4,27 %	13,54 €	-12/+35/+58 %
Freenet	A0Z2ZZ	10,30 €	1,65 € 8,03 %	17,50 €	-14/-45/-41 %
Talanx	TLX100	43 €	3,65 € 3,4 %	33,26 €	-24/-74/+25 %
Zeal Network	ZEAL24	17,70 €	0,90 € 4,38 %	45,00 €	+136/+109/+18 %
Anmerkung: Aktien zeichnen sich oft bei Kursschwäche beziehungsweise in einer Krisensituation durch einen hohen Buchwert aus. Auch das insgesamt eher ungünstige hohe KGV steht häufig in Zusammenhang mit der Corona-Krise.					

Die Aktienauswahl für risikofreudige Anleger nimmt einige Titel auf, die jahrelang mit guten Geschäftszahlen und imposanter Kursentwicklung erfreuten, im Jahr 2020 aber mit geringerem Umsatz und Ertrag und entsprechender Gewinnwarnung die Anleger enttäuschten.

Wer seinen Wohlstand – eventuell verbunden mit dem Blick auf den Ruhestand – sichern will, kommt an Aktien nicht vorbei. Wer überdurchschnittlich gut abschneiden will, darf Nebenwerte nicht ausklammern. Zukauf und Teilverkauf erfordern in Krisen aktives Handeln.

Wir empfehlen eine möglichst breite Mischung aus allen Aktienauswahlen bei individueller Schwerpunktsetzung. Informieren Sie sich auch bei hoch-tief-mut.de.

In Zeiten hoher Kursstände ist der Einstieg in Aktien nach der Hoch-Tief-Mut-Strategie schwieriger als in Zeiten eines Crashs. Hier sollte genau geprüft werden, wie viel Fantasie und Zukunftsvertrauen bereits im Kurs eingepreist sind. Außerdem empfiehlt sich eine Ausweitung des Blickwinkels auch auf China und Südostasien.

7.2 Aktienauswahl »Sicherheitsorientierung« – mehr Value als Growth, viel MDAX und TecDAX

Aktie/ Unternehmen	WKN	Kurs am 31.12.2020	Hoch/Tief 1 Jahr	Kursverlauf 1, 3, 5 Jahre
Alstria Office REIT	A0LD2U	14,70 €	19,00/9,90 €	-12/+16/+20 %
MDAX, Immobilienunternehmen, KGV 2019: 5, Buchwert 18 €				
AIXTRON	A0WMPJ	14,29 €	14,80/6,00 €	+60/+18/+261 %
TecDAX, Elektrotechnik, Halbleiter, KGV 2019: 29, Buchwert 4,14 €				
Bechtle	515870	180,70 €	190/79 €	+40/+158/+304 %
MDAX, IT, KGV 2019: 31, Buchwert 24 €				
DÜRR	556520	33,40 €	35,10/16,60 €	+8/-36/-3 %
MDAX, Fahrzeug-Lackierer, KGV 2019: 17, Buchwert 15 €				
EVONIK	EVNK01	26,90 €	27,50/15,00 €	-2/-14/-10 %
MDAX, Spezialchemie, KGV 2019: 14, Buchwert 19 €				
Hannover Rück	840221	130,30 €	193,00/98,40 €	-25/+26/+28 %
MDAX, Rückversicherung; KGV 2019: 16, Buchwert 87 €				
Hochtief	607000	79,55 €	121,00/41,66 €	-31/-45/-5 %
MDAX, internationaler Baukonzern; KGV 2019: 12, Buchwert 18 €				
Jungheinrich	621993	36,60 €	39/10 €	+71/-5/+52 %
MDAX, Gabelstapler; Materialfluss, KGV 2019: 12,5, Buchwert 14,50 €				
Puma	696960	92,30 €	93/14 €	+37/+56/+380 %
MDAX, Sportartikel, KGV 2019: 12,5, Buchwert 14,50 €				
Rational	701080	761 €	790/378 €	+5/+61/+85 %
SDAX, thermische Speisenbereitung, KGV 2019: 47,5, Buchwert 45,50 €				
SAP	716460	107,60 €	143,10/82,00 €	-12/+15/+51 %
TecDAX/DAX, IT, KGV 2019: 23,5, Buchwert 25,75 €				
SIXT Stämme	723132	98,40 €	102,50/33,50 €	+6/+31/+116 %
SDAX, Autovermietung, KGV 2019: 18, Buchwert 31 €				
TLG Immobilien	812B8Z	22,90 €	31,50/10,70€	-20/+5/+32 %
SDAX, Immobilien; KGV 2019: 12,5, Buchwert 14,50 €				

7.3 Aktienauswahl »Erfolgsorientierung« – MDAX und SDAX

Aktie/ Unternehmen	WKN	Kurs am 31.12.2020	Hoch/Tief 1 Jahr	Kursverlauf 1, 3, 5 Jahre
Amadeus Fire	509310	119,90 €	162/69 €	-22/+52/+64 %
SDAX, Zeitarbeit, KGV 2019: 32, Buchwert 9,60 €				
Bechtle	515870	180,70 €	190/79 €	+40/+158/+304 %
MDAX, IT, KGV 2019: 31, Buchwert 24 €				
ENCAVIS	609500	21,35 €	21,45/6,90 €	+121/+235/+185 %
SDAX, Solar-/ Windenergie, KGV 2019: 22, Buchwert 4 €				
Gerresheimer	A0LD6E	88,15 €	103/51€	+27/+27/+24 %
MDAX, Verpackung/ KGV 2019: 16, Buchwert 29 €				
Hannover Rück	840221	130,30 €	193,00/98,40 €	-25/+26/+28 %
MDAX, Rückversicherung; KGV 2019: 16, Buchwert 87 €				
Jungheinrich	621993	36,60 €	39/10 €	+71/-5 /+52 %
MDAX, Gabelstapler; Materialfluss, KGV 2019: 12,5, Buchwert 14,50 €				
LPFK LASER	645000	29,15 €	31,00/10,30 €	+73/+206/+307 %
SDAX, Lasersysteme, KGV 2019: 29, Buchwert 3,70 €				
Sartorius Vz.	716563	343,40 €	415/165 €	+78/+330/+497 %
TecDAX, Biopharma, KGV 2019: 63, Buchwert 12,70 €				
Stratec	STRA55	122,80 €	144/48 €	+88/+85/+102 %
TecDAX, Biotech, KGV 2019: 29, Buchwert 13,20 €				
SIXT Stämme	723132	98,40 €	102,50/33,50 €	+6/+31/116 %
SDAX, Autovermietung, KGV 2019: 18, Buchwert 31 €				
Symrise	SYM999	109,40 €	121/71€	+17/+54/+82 %
MDAX, Kosmetik, Nahrungsmittel, KGV 2019: 43, Buchwert 18 €				
VERBIO Ver. Bioenergie	A0JL9W	31,15 €	31,50/6,80 €	+160/+277/+431 %
SDAX, Biokraftstoffe, KGV 2019: 9, Buchwert 4 €				
WACKER NE.	WACK01	17,63 €	18,50/7,90 €	+1/-40/+30 %
SDAX, Baustellentechnik, KGV 2019:13, Buchwert 17,50 €				

7.4 Aktienauswahl »Risikofreude« – deutsche Growth-Titel

Aktie/ Unternehmen	WKN	Kurs am 31.12.2020	Hoch/Tief 1 Jahr	Kursverlauf 1, 3, 5 Jahre
ElringKlinger	785602	15,60 €	16,00/3,40 €	+88/-14/-31 %
MDAX, Autozulieferer/E-Mobilität, KGV 2019: 136, Buchwert 13,50				
ENCAVIS	609500	21,35 €	21,45/6,90 €	+121/+235/+185 %
SDAX, Solar-/Windenergie, KGV 2019: 22, Buchwert 4 €				
GFT Technologies	580060	11,90 €	14,40/5,60 €	-3/-9/-61 %
TecDAX, integrierte e-Business-/IT-Lösungen, KGV 22,5, Buchwert 5,10 €				
Hypoport	549336	515,00 €	577/206 €	+57/+250/+577 %
SDAX, Online-Finanzdienste Immobilien, KGV 2019: 82, Buchwert 28,50 €				
JENOPTIK	A2NB60	25,10 €	27,40/13,00 €	-4/-10/+72 %
SDAX, Optik und Elektronik, KGV 2019: 21,6, Buchwert 11,40 €				
Nemetschek	645290	61,50 €	73/32 €	0/+147/+313 %
TecDAX, Software Architektur, KGV 2019: 54, Buchwert 3,02 €				
Nordex	A0D655	22,22 €	22,00/5,55 €	+80/+135/-33 %
TecDAX, Windenergie, KGV 2019: -18, Buchwert 7 €				
Pfeiffer Vacuum	691660	156,80 €	181/108 €	-2/0/+72 %
TecDAX, Vakuumpumpen, Messtechnik, KGV 2019: 32,5, Buchwert 40 €				
SMA Solar	A0D J6J	56,80 €	57/19 €	+59/+52/+8 %
TecDAX, Wechselrichter Fotovoltaik, KGV 2019: -137, Buchwert 12,20 €				
Stratec	STRA55	122,80 €	144/48 €	+88/+85/+102 %
TecDAX, Biotech, KGV 2019: 29, Buchwert 13,20 €				
STRÖER	749399	80,90 €	82,00/38,50 €	+13/+34/+45 %
MDAX, Internet-Werbung, KGV 2019: 20, Buchwert 11 €				
United Internet	508903	34,75 €	44,00/20,40 €	+17/-40/-30 %
TecDAX, Online-Applikationen, KGV 2019: 14, Buchwert 21,60 €				
Wacker Chemie	WCH888	116,25 €	118,8/30,20 €	+70/-28/+56 %
MDAX, Silikon-/Polymerchemie, KGV 2019: -5, Buchwert 39,60 €				

7.5 Aktienauswahl »Familienfirmen« – Nebenwerte vom DAXplus Family und GEX

Aktie/ Unternehmen	WKN	Kurs am 31.12.2020	Hoch/Tief 1 Jahr	Kursverlauf 1, 3, 5 Jahre
Bechtle	515870	180,70 €	190/79 €	+40/+158/+304 %
DAXplus Family, IT, KGV 2019: 31, Buchwert 24 €				
DÜRR	556520	33,40 €	35,10/16,60 €	+8/-36/-3 %
DAXplus Family, Fahrzeug-Lackierer, KGV 2019: 17, Buchwert 15 €				
Fielmann	577220	66,95 €	76/42 €	-6/-9/0 %
DAXplus Family/MDAX; Augenoptik, KGV 2019: 35, Buchwert 8,60 €				
FUCHS Petrolub	579043	46,55 €	49/26 €	+5/+5/+8 %
DAXplus Family/MDAX; Schmierstoffe, KGV 2019: 27, Buchwert 11 €				
Hypoport	549336	515 €	577/206 €	+57/+250/+577 %
GEX, Online-Finanzdienste Immobilien, KGV 2019: 82, Buchwert 28,50 €				
Merck	659990	139,40 €	140/76 €	+31/+55/+61 %
DAXplus Family/DAX, Pharma/Chemie, KGV 2019: 19, Buchwert 41 €				
Patrizia Immob.	PAT1AG	26,20 €	26,90/16,00 €	+31/+34/+20 %
GEX/SDAX; Immobilien, KGV 2019: 34, Buchwert 13 €				
SMA Solar	A0D J6J	56,80 €	57/19 €	+59/+52/+8 %
GEX/SDAX, Wechselrichter Fotovoltaik, KGV 2019: -137, Buchwert 12,20 €				
SIXT Stämme	723132	98,40 €	102,50/33,50 €	+6/+31/+116 %
DAXplus Family, Autovermietung, KGV 2019: 18, Buchwert 31 €				
STRÖER	749399	80,90 €	82,00/38,50 €	+13/+34/+45 %
DAXplus Family, Internet-Werbung, KGV 2019: 20 Buchwert 11 €				
Symrise	SYM999	109,40 €	121/71€	+17/+54/+82 %
DAXplus Family, Kosmetik, Nahrungsmittel, KGV 2019: 43, Buchwert 18 €				
VERBIO Ver. Bioenergie	A0JL9W	31,15 €	31,50/6,80 €	+160/+277/+431 %
DAXplus Family, Biokraftstoffe, KGV 2019: 9, Buchwert 4 €				
WACKER NE	WACK01	17,63 €	18,50/7,90 €	+1/-40/+30 %
SDAX, Baustellentechnik, KGV 2019: 13, Buchwert 17,50				

7.6 Aktienauswahl »Nachhaltigkeit«

Aktie/ Unternehmen	WKN	Kurs am 31.12.2020	Hoch/Tief 1 Jahr	Kursverlauf 1, 3, 5 Jahre
2G Energy	A0HL8N	89,80 €	89/29 €	+90/+380/+311 %
SCALE, dezentrale Energieversorgung, KGV 2019: 19, Buchwert 15,50 €				
Abowind	576002	46,95 €	47/21 €	+114 %/ neu
m:access, Windenergie, KGV 2020e: 22, Buchwert 12,40 €				
Ballard Power	A0RENB	18,10 €	20,00/6,40 €	+152/+397/+1.221 %
NASDAQ, Kanada, Brennstoffzellen KGV 2019: -41, Buchwert 1,34 €				
Brookfield Asset	A0HNRY	33,70 €	36,45/24,80 €	-3/+43/+87 %
RENIXX, kanadischer Investor für alternative Projekte; KGV 2019: 22, Buchwert 26 €				
ENCAVIS	609500	21,35 €	21,45/6,9 €	+121/+235/+185 %
SDAX, Solar-/ Windenergie, KGV 2019: 22, Buchwert 4 €				
Goldw. Xinjiang	A1C0QD	1,69 €	1,69/0,65 €	+55/+19/+33 %
RENIXX, Xinjiang Goldwind, Windenergie, China, KGV 2019: 15, Buchwert 7 €				
Nordex	A0D655	22,22 €	22,00/5,55 €	+80/+135/-33 %
TecDAX, Windenergie, KGV 2019: -18, Buchwert 7 €				
POWERCELL	A14TK6	31,55 €	36/12 €	+93/+725/+1.030 %
Schweden, Brennstoffzellen, KGV 2019: 47, Buchwert 11 €				
SFC Energy	756857	15,80 €	17,60/7,14 €	+57/+160/+312 %
RENIXX, Brennstoffzellen, KGV 2019: -323, Buchwert 3,3 €				
SMA Solar	A0DJ6J	56,80 €	57/19 €	+59/+52/+8 %
GEX/SDAX, Wechselrichter Fotovoltaik, KGV 2019: -137, Buchwert 12,20 €				
SUNPOWER	A1JNM7	25,60 €	27,00/3,50	+234/+236/-13 %
NASDAQ, Solarzellen, USA, KGV 2019: -42, Buchwert 0,05 €				
Xinjiang Goldwi.	A1C0QD	1,69 €	1,69/0,65 €	+55/+19/+33 %
RENIXX, Xinjiang Goldwind, Windenergie, China, KGV 2019: 15, Buchwert 7 €				
VERBIO Ver. Bioenergie	A0JL9W	31,15 €	31,50/6,80 €	+160/+277/+431 %
DAXplus Family, Biokraftstoffe, KGV 2019: 9, Buchwert 4 €				
VESTAS	913769	197,70 €	199/54 €	+120/+234/+208 %
RENIXX, Dänemark, Windenergie, KGV 2019: 25, Buchwert 17 €				

7.7 Aktienauswahl »Nasdaq 100« – US-Technologiebörse I

Aktie/ Unternehmen	WKN	Kurs am 05.01.2021	Hoch/Tief 1 Jahr	Kursverlauf 1, 3, 5 Jahre
Alphabet Aktie A	A14Y6F	1.435 €	1.521/938 €	+17/+61/+106 %
Internet-Suchmaschine, KGV 2019: 27, Buchwert 288 €				
Amazon	906866	2.718 €	2.995/1.446 €	+60/+175/+367 %
Weltweit größter Onlinehändler, KGV 2019: 181, Buchwert 123 €				
Amgen	867900	185 €	230/161 €	-14/+26/+28 %
Biotechnologie, Medizin, KGV 2019: 16, Buchwert 19 €				
Dollar Tree	A0NFQC	87,20 €	94/60 €	+6/-6/+17 %
Betreiber Billig-Gemischtläden, KGV 2019: 16, Buchwert 19 €				
Electronic Arts EA	878372	114,70 €	126/79 €	+19/+24/+90 %
US-Hersteller Unterhaltungssoftware, Video-/Computerspiele, Computergrafiken, KGV 2019: 21, Buchwert 25 €				
Expedia	A1JRLJ	109,40 €	114/41 €	+13/+5/-3 %
Reise-Anbieter, KGV 2019: 18, Buchwert 26 €				
Facebook	A1JWVX	220,40 €	258,50/132,00 €	+41/+145/+320 %
Weltweit größtes soziales Netzwerk, KGV 2019: 32, Buchwert 35 €				
FISERV	881793	92,20 €	115/70 €	-10/+65/+120 %
Finanz-Informationsmanagement für Banken/Broker/Versicherungen/Investoren, KGV 2019: 29, Buchwert 49 €				
GILEAD Sciences	885823	48,80 €	85/46 €	-17/-20/-47 %
Biotech, Therapie diverser Erkrankungen/HIV/Hepatitis, KGV 2019: 10, Buchwert 17 €				
Netflix	552484	424,00 €	474,50/262,50 €	+47/+365/+284 %
Eine der führenden Streamingdienst-Plattformen, KGV 2019: 80, Buchwert 25 €.				
NVIDIA Corp.	918422	436,00 €	505/169 €	+106/+141/+13 %
IT-Hardware, Grafik-/Medienkommunikations-Prozessoren, KGV 2019: 22, Buchwert 20 €				
O'Reilly Automotive	A1H5JY	365,00 €	410/237 €	-5/+72/+58 %
US-Autozulieferer, Vertrieb von Einzel- und Ersatzteilen, großes Produktportfolio, KGV 2019: 24, Buchwert 5 €				

Regeneron Phar.	881535	387,00 €	586/298 €	+21/+23/-18 %
Biopharmazeutik, Behandlung mit Antikörpertechnologien, KGV 2019: 15, Buchwert 112 €				
Ross Stores	870053	95,00 €	114/54 €	-8/+42/+88 %
Preisgünstige Bekleidungskette USA, KGV 2019: 12, Buchwert 9 €				
Starbucks Corp.	884437	84,80 €	88/47 €	+8/+72/+56 %
Führender Kaffeeproduzent, Kaffeehauskette, KGV 2019: 74, Buchwert -6 €				
TESLA	A1CX3T	598,70 €	606/65 €	+644/+1.040 %/ neu
Produktion Elektrosportwagen/Antriebskomponenten, KGV 2020: 1102, Buchwert 7,49 €				
ULTA Salon Cosm.	A0M240	229,60 €	278/118 €	+3/+16/+360 %
Pharma, Gesundheitsprodukte, Kosmetik, KGV 2019: 22, Buchwert 33 €				

7.8 Aktienauswahl Südostasien – China, Japan und Südkorea

Aktie/ Unternehmen	WKN	Kurs am 08.01.2021	Hoch/Tief 1 Jahr	Kursverlauf 1, 3, 5 Jahre
Alibaba	A117ME	193,00 €	270/157 €	-2/+21/+196 %
China, gehört zu den größten Online-Handelsplattformen weltweit, KGV 2019: unbekannt, Buchwert 285 €				
BYD Co	A0M4W9	25,60 €	25,60/4,04 €	+484 /+239 %/ neu
China, Hightech-Unternehmen IT, Auto und erneuerbare Energien. KGV 2019: 69, Buchwert 20 €				
BYD Electronic	A0M0HG	4,15 €	5,00/1,24 €	+112/+119/+86 %
China, Smartphone-Komponenten, KGV 2019: 18, Buchwert 7,50 €				
Goldw. Xinjiang	A1C0QD	1,96 €	1,96/0,65 €	+90/+44/+48 %
China, Windenergie, KGV 2019: 15, Buchwert 7 €				
Tencent Holding	A1138D	62,70 €	70/37 €	+40/+32/+274 %
China, Internet, z. B. Messaging-Dienst QQ, KGV 2019: 35, Buchwert 45 €				
HK Electric	A1XCDJ	0,80 €	0,95/0,80 €	-10/+6/+11 %
China, Energieversorgung, KGV 2019: 28, Buchwert 5,50 €				
Tsingtao Brewery	A0M4ZB	8,40 €	9,40/3,70 €	+64/+91/+150 %
China, Brauerei, KGV 2019: 33, Buchwert 14 €				
Shanghai Industrial	900868	1,15 €	1,70/1,06 €	-37/-54/-47 %
Mischkonzern, Unternehmensbeteiligungen, KGV 2019: 5, Buchwert 36 €				
Anta Sports	A0MVDZ	13,90 €	14,05/5,30 €	+68/+271/+481 %
China, Sportartikel, KGV 2019: 32, Buchwert 7,50 €				
Xinyi Solar Hld.	A1JPAH	2,36 €	2,38/0,46 €	+284/+589/+575 %
China, Solarglas, KGV 2019: 19, Buchwert 1,70 €				
Samsung	881823	1.466,00 €	1.470/644 €	+59/+74/+276 %
Südkorea, Elektronik, KGV 2019: 44				
Nintendo	864009	524,00 €	540/270 €	+45/+64/+332 %
Japan, Spielekonsolen und Software, KGV 2019: 19				

8 Die Corona-Krise

8.1 Impfstoff-Aktien nach der Pandemie

Das Tübinger Biotechunternehmen CureVac startete blitzschnell seinen Börsengang an der US-amerikanischen Technologiebörse Nasdaq 100 und sammelte am 14. August 2020 über 200 Millionen Dollar ein.

Die zu 16 Euro ausgegebenen Aktien sprangen am ersten Börsentag bis auf 44 Euro aufwärts, um dann auf rund 40 Euro zurückzukommen. Zwei Tage später, am 17. August 2020, kostete die Aktie im Abendhandel 61,95 Euro, im Dezember 2020 pendelte sie um die 100-Euro-Marke mit ausgeprägter Volatilität (Schwankungsfreude), und damit verbunden mit reichlich Spielraum für Spekulation. So stellt sich die Frage: Weiter abwarten und auf einen Rücksetzer hoffen? Oder zum aktuellen Kurs eine kleinere Summe anlegen? Vieles ist in den Aktienkursen der Impfstoffhersteller bereits eingepreist. Sollten aber weitere Impfstoffe benötigt werden, z. B. um eventuelle Mutationen schnell bekämpfen zu können, geht das Rennen weiter und die ganze Branche profitiert davon.

Nun zu unserer allgemeinen Impfstoffeinschätzung: Bei der **CureVac-Aktie** geht es für den Großinvestor und SAP-Gründer Dietmar Hopp um viel Geld. Hier sind auch Katar und der britische Impfstoff-Weltmarktführer GlaxoSmithKline (GSK) mit an Bord. CureVac gilt durchaus als seriös und besonders chancenreich. Obwohl der Impfstoff erst später auf den Markt kommt, wird er global gesehen eine wichtige Rolle spielen – und mit Bayer steht nun ein starker Value-Partner an der Seite.

Der Mainzer Impfstoffkonzern **Biontech** mit 62 % Umsatzerhöhung und Meilensteinzahlungen der Partner Pfizer und Fosun hat nun EU-weit und in vielen weiteren Ländern die Zulassung erhalten. Bis die Impfungen an allen Willigen durchgeführt werden können, vergehen Monate. Auch bei Biontech ging der Kurs kontinuierlich nach oben und Anfang Dezember 2020 wurde ebenfalls die 100-Euro-Marke überschritten.

Der hochkapitalisierte amerikanische Konkurrent **Moderna** mit mehr als 20 Milliarden US-Dollar Börsenwert stürzte in einer Art Herdentriebreaktion auf 58 Euro ab, bevor er im November bereits die 100-Euro-Marke durchbrach. Anfang 2021 erhielt nach Biontech/Pfizer auch Moderna die Impfstoff-Zulassung in der EU.

Das US-Pharma-Unternehmen **Novavax** setzte mit 150 Euro zum Höhenflug an, bevor es sich im November bei 100 Euro einpendelte.

Bei der Mainzer Firma Biontech und dem US-Konzern Moderna – ebenfalls an der US-Technologiebörse Nasdaq notiert – geht es wie bei CureVac um Impfstoffe auf Basis sogenannter Boten-RNA. Das Ziel ist, menschliche Zellen durch Informationen zur Produktion von Eiweißstoffen und damit zur Vernichtung der Viren anzuregen. Das soll wohl nicht nur bei Corona, sondern auch bei vielen anderen medizinischen Herausforderungen helfen können. Dass COVID-19 nicht die letzte herausfordernde Pandemie sein wird, gilt inzwischen als sicher.

Da weltweit Medikamente und Impfstoffe zur Bekämpfung der COVID-19-Pandemie benötigt werden, werden die Unternehmen der bereits zugelassenen Impfstoffe herausragende Umsätze erzielen.

Ein globaler Blick zeigt Folgendes: China zählt mit zu den weltweit innovativsten Impfstoffforschern. Der indische Pharmakonzern **Adar Poonawalla** stellte ebenfalls die Weichen für eine Massenproduktion, während Russland auf den sogenannten »Sputnik-Impfstoff« setzt – zunächst nur für die unter 60-Jährigen, Putin ließ sich daher (zunächst) nicht impfen. Russland versucht angesichts der Impfstoff-Knappheit seinen Impfstoff Sputnik V auch global zu vermarkten. Da EU-Mitglied Ungarn hat dort bereits Impfstoff bestellt.

Moderna aus den USA wird ebenso wie der britische Pharma-Konzern **Astra-Zeneca** bei der künftigen Massenproduktion ordentlich mitmischen. Beide erhielten die EU-Zulassung im Januar 2021, Astra-Zeneca konnte zuvor schon in Großbritannien mit einer Notfallzulassung starten. Der Impfstoff von Astra-Zeneca gilt als nicht ganz so wirksam wie die Impfstoffe auf mRNA-Basis, dafür muss dieser Impfstoff aber auch nicht gekühlt werden und kann daher problemlos in Arztpraxen verimpft werden.

Anfangs gelang es in der EU nicht, genügend Impfdosen zu produzieren. Offenbar wurde hier am falschen Ende gespart, indem lange über den Preis verhandelt wurde, während Großbritannien, die USA und Israel viel früher Verträge schlossen und dafür bereit waren, einen höheren Preis zu zahlen. Im Spätsommer 2021 sollen dann alle Impfwilligen zumindest eine erste Impfung erhalten haben, so lautet zumindest das Impfversprechen der Bundeskanzlerin Angela Merkel.

Neben den Impfstoffherstellern ist auch eine Betrachtung der Langzeitfolgen interessant, die die Corona-Pandemie mit sich bringt. Dabei ist an den medizinisch-therapeutischen Bereich ebenso zu denken wie an die durch Corona ausgelöste Digitalisierungswelle. Darüber hinaus sollten die Aktionäre genau darauf achten, wann mit dem Beginn welcher Nachholeffekte zu rechnen ist.

8.2 Die Börse bevorzugt die Karte Zukunft – Interview während der Corona-Krise

Das folgende Gespräch führte Falk Zielke von der Deutschen Presse-Agentur mit Beate Sander im Mai 2020 in Berlin.

Aktien gelten bei vielen Bundesbürgern als riskante Spekulation. Allerdings bieten die Börsen Anlegern auch viele Chancen. »Mit der richtigen Strategie kann man sogar von einem Crash profitieren«, sagt Börsenexpertin und Ratgeber-Autorin Beate Sander im Interview mit dem dpa-Themendienst. Eine wichtige Regel für Anleger sei, bei der Auswahl der Aktien genau hinzuschauen.

Zielke: Im Moment läuft es an den Börsen nicht gut. Macht Ihnen das Sorgen?

Sander: Nein! Die wirtschaftlichen Daten zeigen, dass wir in einer Rezession stecken. An der Börse wird aber nicht nur die Gegenwart gespielt. Die Börse bevorzugt die Karte Zukunft.

Im Moment dominiert eine weitgehend ausgeglichene oder positive Sichtweise: Für die Zeit nach der Pandemie gibt es mehr gute Nachrichten als schlechte. Aber wenn es eine zweite Ansteckungswelle mit vielen Infektionen gibt, kann es an den Börsen auch noch mal ungemütlich werden und kräftig nach unten gehen.

Zielke: Wie kann man bei dem ständigen Auf und Ab die Nerven behalten?

Sander: Sie müssen einer gewissen Strategie folgen. Ich habe einige Grundsätze, zum Beispiel: »Breit gestreut, nie bereut!« Das heißt: Setzen Sie nicht alles auf eine Karte, sondern investieren Sie in unterschiedliche Werte, Länder und Branchen. Schauen Sie nicht nur auf die großen Werte. Vor allem kleinere und mittlere familiengeführte Unternehmen bieten oft mehr Chancen. Und kombinieren Sie das mit verlässlichen Dividendenwerten.

Oder: »Kein Fluch, sondern Segen: Langfristig anlegen!« Ich kaufe nur Aktien, die ich auch für immer behalten möchte. Dafür muss ich mir die Unternehmen aber auch genau anschauen: Was ist das für ein Geschäftsmodell? Wie hat sich die Bilanz in den letzten Jahren entwickelt? Von einem gesunden Unternehmen kann man erwarten, dass es über einen Zeitraum von 5 Jahren Geld verdient. Und seien Sie offen für neue Trends. Wasserstoff zum Beispiel wird ein wichtiges Thema werden. Da gibt es viele interessante Unternehmen. Ich will immer da sein, wo die Zukunftsmusik spielt.

Zielke: Sie investieren jetzt mehr in nachhaltige Werte. Warum?

Sander: Das Thema begleitet mich eigentlich schon die ganze Zeit. Ich habe Unternehmen gemieden, die zum Beispiel Waffen herstellen oder besonders klimaschädlich sind. Auf Veranstaltungen habe ich bemerkt, diese Frage bewegt viele Anleger. Wie kann ich mein Geld mit gutem Gewissen anlegen? Mit solchen Investments kann man der Gesellschaft indirekt etwas zurückgeben, weil viele Unternehmen hohe Sozialstandards haben. Der Kampf gegen den Klimawandel wird immer wichtiger. Es geht dabei auch um eine lebenswerte Welt für unsere Kinder und Enkel.

8.3 Allzeithoch trotz Corona-Crash – Wie geht das?

Eine Statement-Nachfrage des Börsenportals *wallstreet:online* während der ersten Pandemiewelle an Beate Sander: Besitzen Sie im Corona-Crash Aktien, die nicht abgestürzt sind?

Da kann ich einige Titel nennen. Dies gilt aktuell in jedem Fall für den Laborausrüster Sartorius aus dem TecDAX und MDAX, den Onlinehändler Amazon vom Nasdaq 100 sowie den Pharmakonzern AstraZeneca aus dem Stoxx 50. Schließen wir den gesamten Corona-Crash mit ein, sind auch die durch Übernahmeangebote gestärkten Isra Vision vom SDAX, QIAGEN vom TecDAX und MDAX zu erwähnen.

Im Aufwärtstrend befinden sich ferner Mensch & Maschine aus SCALE, LKPF Laser und Shop Apotheke als Aufsteiger in den SDAX und Teamviewer vom TecDAX/MDAX. Bei den ausländischen Titeln überzeugen vor allem Netflix, Nvidia und Thermo Fisher sowie SolarEdge aus Israel. Eine beeindruckende Kursrallye legten auch der Onlinehändler Shopify aus Kanada sowie der Nutznießer von Videokonferenzen ZOOM, USA, hin. Auch der Arzneimittel-Entwickler Dermapharm, beste Neuemission 2018 in Deutschland, und Drägerwerk, beide SDAX, Spezialist für Schutzkleidung und Sicherheitssysteme, befinden sich deutlich im Aufwind. Der SDAX-Aufsteiger, Spezialist für Mitarbeiter-Management Atoss Software, entwickelt sich ebenfalls überaus erfreulich.

All diese Titel befinden sich mit Ausnahme von Isra Vision und RIB Software weiterhin in meinem Depot. Es gab nur gelegentlich Teilverkäufe; denn meine besten Rennpferde bleiben im Stall. Mein breit gestreutes Aktienportfolio mit zahlreichen Nebenwerten bestätigt dies.

Ausgerüstet mit dem Erfinder- und Entdecker-Gen sind viele Familienunternehmen Wachstumstreiber in wichtigen Zukunftsmärkten. Gerade jetzt, in den für die Wirtschaft so ruinösen, verheerenden Corona-Pandemie-Zeiten, reagieren viele kleine und mittlere eigentümergeführte Unternehmen mit flacher Hierarchie, wie man situationsbezogen in Nachfragelücken vorstoßen kann. Schnell und auf unbürokratische Weise werden neue Produkte und Verfahren angeboten.

Da entwickelt ein Maschinenbauer als neues Geschäftsfeld plötzlich Beatmungsgeräte. Ein Möbelbauer stellt sich auf Intensiv-Klinikbetten um. Ein Holz- und Papier-Verarbeiter bietet Gesichtsmasken an. Ein Chemikalien-Produzent handelt als neues Geschäftsfeld mit Desinfektionsmitteln. Ein Spezialist für Berufskleidung stellt nun auch Schutzkleidung für die Arztpraxis und das Klinikum her. Und eine Biotechfirma arbeitet mit Hochdruck an Medikamenten und Impfstoffen, die die Corona-Viren bekämpfen werden.

All solche Beispiele zeigen, dass Jammern und Klagen über schlechte Zeiten nichts nützt. Vielmehr ist zu überlegen, wie man sich als familiengeführtes Unternehmen selbst aus der Patsche mit drohendem Niedergang befreien kann. Da rücken plötzlich andere Sorgen wie die Klärung der Nachfolge in den Hintergrund.

Die Corona-Pandemie setzt neue Schwerpunkte. Es geht vor allem um wirksame Arzneimittel und Impfstoffe mit möglichst lebenslanger Immunität. Darunter befinden sich wichtige deutsche Nebenwerte, nämlich CureVac und Biontech.

8.4 Folgen der Corona-Krise

Dieser Abschnitt ist ein Statement, das Beate Sander am 14. März 2020 *wall-street:online* gab.

Die Folgen für die Wirtschaft, für viele kleine, mittlere und große Unternehmen sind enorm, Freiberufler eingeschlossen. Vielfach profitiert der Buchhandel, sofern der Onlineverkauf gut organisiert wird. Lesen ist ja nicht verboten und besonders hilfreich und nützlich in diesen Börsencrash-Zeiten, hauptsächlich, wenn auch nicht ausschließlich durch Corona verursacht. Der Angstfaktor führt zum massenweisen Panikausverkauf von Aktien, worunter auch viele Nebenwerte leiden.

Wie sieht es im Depot aus? Die Zwei-Millionen-Marke wurde am 11. März 2020 unterschritten, als die Börsenkurse auf das tiefste prozentuale Niveau in diesem Jahrtausend absackten. Beim DAX blieben gerademal schlappe 8.200 Punkte übrig nach dem imposanten Hochstand vom Februar 2020 bei fast 13.800 Zählern.

Was also tun? Ich verlor rund ein Fünftel des Wertes vom Allzeithoch ausgehend. Aber auch danach blieb ich voll investiert. Ich nutze insbesondere Zukäufe bei abgestürzten dividendenstarken Titeln um 30 bis 50 %. Bei einer Ausschüttungsrendite von 4 % und einem Kursverlust von der Hälfte und unveränderter Ausschüttung verdoppelt sich umgekehrt die Dividendenrendite auf stolze 8 %. Die Formel lautet: Dividende multipliziert mit 100 dividiert durch den aktuellen Kurs oder Einstandspreis. Eine hohe Dividende von teilweise über 5 % gibt es z. B. bei den Nebenwerten Aroundtown, Evonik, Hochtief, Hannover Rück, Metro, Uniper aus dem MDAX oder Deutsche Beteiligung, Deutsche Euroshop, DIC Asset, Hamborner Reit, Indus, Talanx und Traton aus den kleineren Nebenwerten vom SDAX.

Womit finanzieren? Bei attraktiven Übernahmeangeboten wie Isra Vision, RIB Software und QIAGEN blieben die Kurse weitgehend stabil. Das nutzte ich für Teilverkäufe. Hinzu kamen Ausschüttungen; begann doch kurz darauf die Dividendensaison, wenn auch beeinträchtigt durch Kürzungen, Streichungen und HV-Absagen.

Bei Pharma, Medtech und Biotech notierten einige Titel auf oder nahe Jahreshoch. Auch hier waren Teilverkäufe möglich. Mit den Veräußerungsgewinnen lässt sich möglicherweise auch über den Steuerausgleich der Rauswurf verlustreicher Aktien ohne nennenswerte Perspektive glimpflich abwickeln. So trug ich nicht dazu bei, mit eigenem Verhalten die Kettenreaktion »Kursverfall« als einen der größten Anlegerfehler zu unterstützen.

Anmerkungen von Uwe Sander

Durch die Umschichtungen im Depot wurde der Grundstein gelegt für eine starke Erholung.

Zunächst ging es Mitte März noch weiter bergab – bis zu einem zwischenzeitlichen Verlust des Depotwertes von 25 % gegenüber Jahresbeginn. Zum Jahresende wurde der Verlust dann nicht nur wettgemacht, sondern das Börsenjahr 2020 endete mit einem Jahres-Plus von 25 % im Depot.

Nie zuvor hatte das Depot so stark in einem Krisenjahr zugelegt. Die bisher gewonnenen Erkenntnisse der Hoch-Tief-Mut-Strategie haben sich als ideal erwiesen, um diese Krise finanziell gesehen erfolgreich zu überstehen. Das soll natürlich nicht darüber hinwegtäuschen, dass es sehr traurig stimmt, wie viel Leid, Elend und Tod durch COVID-19 entstanden ist und wie viele Künstler, Freiberufler und Kleinunternehmen nun vor dem Bankrott stehen. Man muss aber auch bedenken, dass man durch Aktienkäufe in Krisenzeiten, die Vertrauen in die Zukunft voraussetzen, den Unternehmen hilft, sich weiterzuentwickeln und die Krise besser durchzustehen.

9 Weitere Interviews mit Beate Sander

9.1 Nachhaltige Geldanlage und Greenwashing

Das Gespräch mit *wallstreet:online* fand am 15. Mai 2020 statt.

Seit einigen Jahren entwickeln sich Nachhaltigkeits-Investments immer besser. Ganz auffällig geschieht dies seit 2018 und 2019 im Aktiensektor. Der weltwirtschaftliche Schaden der Corona-Pandemie dürfte sich schätzungsweise bei 8,8 Billionen Dollar bewegen mit einem Einbruch des Brutto-Inlandsprodukts BIP zwischen knapp 7 % bis zu einem Zehntel im laufenden Jahr 2020. Dennoch sind sich die führenden Experten einig, dass dieser Crash in den meisten Branchen und Geschäftsfeldern den überfälligen Wandel im Kampf gegen die drohende Erderwärmung beschleunigt. Davon dürften vor allem die mittelständischen Nachhaltigkeits-Unternehmen profitieren.

Eindeutig im Aufwärtstrend befindet sich das Gesundheitswesen mit Medtech und Biotech auf der Suche nach einem schnell verfügbaren Impfstoff und wirksamen Arzneimitteln. Geforscht wird auch an Immun- und Kombinationstherapien. Schutzkleidung, Gesichtsmasken und Desinfektionsmittel sollen besseren Schutz bieten als bisher.

Aber auch für innovative Unternehmen mit dem Geschäftsmodell Künstliche Intelligenz und Robotik, IT-Software mit Cloud, neuen Digitalisierungs- und Vernetzungstrends, Streaming, Videospielen und Videokonferenzen sowie Onlinehandel eröffnen sich gute Chancen. Solange die Ausschlusskriterien eingehalten werden, nehmen Nachhaltigkeitsfonds diese Konzerne gern in ihr Portfolio auf.

Ballard Power, Biontech, Plug Power, PowerCell, SolarEdge, UPM Kymmene und Vestas Wind bilden einen wichtigen Teil des Depots. Kein schnelles »Rein und Raus«, sondern Teilverkäufe bei hohem Kursgewinn, um Kapital einzusammeln für günstige Zukäufe.

Was zeichnet Nachhaltigkeitsaktien und Fonds von gewöhnlichen Aktien aus?

Zum einen geht es um die Beachtung der gängigen Ausschlusskriterien wie Waffen und Rüstung, Rauschgift und Glücksspiele, Förderung von Kohle, Diskriminierung, Verstoß gegen Menschenrechte usw. Zum anderen sollen nachhaltige Geschäftsmodelle mithelfen, den Klimawandel bei ungefähr 2 Grad Celsius aufzuhalten. Die drohende Erderwärmung darf nicht auf 3 Grad Celsius steigen. 4 Grad wären eine nicht mehr umkehrbare Katastrophe. Es ist also wichtig, den CO_2-Ausstoß zu verringern, sich engagiert für erneuerbare Energien wie Solarstrom und Windkraft einzusetzen, wobei grüner und blauer Wasserstoff eine zunehmend wichtigere Rolle spielen kann. Aber es geht auch um das eigene Verhalten: Nicht nur fordern, sondern seinen eigenen Beitrag leisten in dem Bemühen, den jüngeren Generationen eine lebenswerte Welt zu hinterlassen.

Wie verbreitet ist das »Greenwashing«, dass Firmen sich nachhaltiger darstellen, als sie wirklich sind?

Greenwashing: Manche Unternehmen versuchen sich, »reinzuwaschen«, indem sie nur vorgaukeln, nachhaltige Ziele zu verfolgen. Hier empfiehlt es sich, genauer auf die Fabrikationsweise und den mit den Produkten in Zusammenhang stehenden Mechanismen zu achten. So ist die Ökobilanz von Elektroautos global betrachtet gar nicht mehr so »grün«, wenn man weiß, unter welchen Bedingungen »seltene Erden« dafür in weit entfernten Regionen unserer Welt unter häufiger Missachtung von Umweltauflagen abgebaut werden.

Die großen Linien sollten also stimmen. Ein sozialverträglicher Kapitalismus muss dazu beitragen, das eingesammelte Eigenkapital in weitere Infrastruktur-Maßnahmen, in Geschäftsmodelle für Menschen-, Tier- und Pflanzenwohl zu stecken, mit nachwachsenden Rohstoffen zu arbeiten und auf Kunststoff zu verzichten.

Dazu gehört aber auch, sich selbst umweltfreundlich zu verhalten: möglichst keine Inlandflüge, kleine Strecken zu Fuß, mit dem Rad statt dem Auto. Auf unnötige Verpackungen und Pakete verzichten und Energie sparen, wo immer dies möglich ist.

Mein Haus wird derzeit ökologisch saniert, wärmegedämmt und mit Solarthermie ausgestattet und so in ihrem Sinn auf KfW-Effizienz 115 gebracht. Auch dies ist eine lohnenswerte Investition, werden doch langfristig über 90 % (Heiz-)Kosten gespart und gleichzeitig ein nachhaltiger Beitrag zum Klimaschutz geleistet. Zudem fördert der Staat dies mit üppigen Subventionen. Und eine nachhaltige Investition in Beton, »das neue Gold«, ist eine ideale Ergänzung zur Aktienanlage.

9.2 Nachhaltigkeitsaktien

Dieser Abschnitt über Nachhaltigkeitsaktien entstand auf der Basis eines Gesprächs mit Astrid Zehbe vom Magazin *Courage*.

Bei meinen vielen Vorträgen wird immer wieder deutlich, dass bei fast allen Zielgruppen der Wunsch groß ist, nachhaltig zu investieren, also Einzelaktien, ETFs und Fonds mit gutem Gewissen auszuwählen. Das gilt vor allem auch für viele familiengeführte Nebenwerte-Unternehmen. Viele Investoren befürchten jedoch, dass ethisches Verantwortungsbewusstsein bei der Geldanlage zulasten der Rendite geht. Das stimmt aber gar nicht mehr.

Gut gemanagte Aktienfonds mit nachhaltiger Ausrichtung erzielen gegenüber gewöhnlichen Produkten im 1-, 3-, 5- und 10-Jahres-Vergleich bessere Renditen. Anlegerinnen und Anleger sind also mit ethischen Geldanlagen auf dem richtigen Weg. Dies betrifft nicht nur den CO_2-Ausstoß, weniger Wasser- und Energieverbrauch, Tier- und Pflanzenwohl. Ebenso geht es um gesellschaftliche Werte, eine umweltfreundliche Infrastruktur und Abfallverwertung. Insbesondere mittelständische Unternehmen, die sich als Richtschnur für ihr Handeln an ethischen Wertmaßstäben orientieren, sorgen für sichere Arbeitsplätze. Sie bemühen sich um ein ausgewogenes Verhältnis zwischen Beruf, Familie, Freizeit, dem eigenen Anspruch und dem Mitarbeiterwohl.

Bezüglich der Aufnahmebedingungen für mittelständische Unternehmen und Großkonzerne in nachhaltig ausgerichtete Fonds bestehen allerdings unterschiedliche Auffassungen. Einige Nachhaltigkeitsfonds nehmen Titel auf, die längst nicht alle Experten und Wettbewerber gutheißen.

Mitunter reicht es schon aus, die allgemeinen Ausschlusskriterien wie Waffen, Rüstung, Rauschgift, Kinderarbeit und Menschenrechte zu beachten. Das sollte jedem Anleger bewusst sein. Mittelständische Unternehmen, die sich auf die Bekämpfung des Klimawandels konzentrieren, sorgen eher für sichere Arbeitsplätze und schaffen die Grundlage für ausbaufähige, erfolgreiche Geschäftsmodelle in Zukunftsmärkten.

Die Alternative sind Einzelaktien, deren Auswahl mit einem gewissen Rechercheaufwand verbunden ist. Umgekehrt bietet ein gekonntes Stock-Picking die Möglichkeit, sich nur solche Aktien ins Depot zu nehmen, die den eigenen ethischen Wertmaßstäben entsprechen.

Meiner Erfahrung nach bieten vor allem skandinavische Nachhaltigkeitsaktien wie NEL ASA, Novo Nordisk, PowerCell, Neste OYJ, Orsted, Stora Enso, UPM Kymmene und Vestas Wind gute Wachstums- und Ertragschancen. Dies gilt auch für Ballard Power aus Kanada, Plug Power aus den USA und SolarEdge aus Israel. All diese Titel schmücken das Depot.

Hier können Sie sich im Mehrjahres-Vergleich von hohen Kursgewinnen überzeugen. Großteils winken auch üppige Dividenden. Aber Sie müssen breit streuen, langfristig auch in Zukunftsmärkten anlegen, dürfen sich nicht vom Crashgeschrei verunsichern und zum Total-Ausverkauf hinreißen lassen.

9.3 Elektromobilität

Die folgenden Ausführungen über die Anlage in Elektromobilität stammen aus einem Interview mit *wallstreet:online* vom 20. Mai 2020.

Viele Elektromobilitätsaktien – Tesla ausgenommen – leiden schon seit geraumer Zeit wegen der großen Konkurrenz und Antriebsvielfalt unter den Mittelständlern. Dies treibt die Ausgaben in die Höhe und die Erträge in die Tiefe. Jetzt gesellt sich noch die COVID-19-Pandemie mit hinzu. Die Verunsicherung in weiten Teilen der Welt ist groß. Auf den Punkt gebracht bedeutet dies: Lebensmittel und Versandhandel? Ja – Auto? Noch nicht.

Die Angst vor Einkommensverlusten, die Furcht vor Entlassung drücken auf das Stimmungsbarometer und mindern die Lust auf Einkaufserlebnisse. Lebensmittel, Streaming, Videospiele sind gefragt. Aber an teure Investitionen denkt derzeit kaum jemand. Die Autokäufe gingen erst mal zurück und erholen sich erst langsam wieder.

Auch die Vorliebe für Elektroautos hält sich trotz großzügiger Prämie in Grenzen; zumal Reichweite, Preisniveau, Ladeprobleme einer überbordenden Begeisterung im Wege stehen. Wir gehen davon aus, dass sich die führenden Automobilbauer und -zulieferer aus dem DAX, MDAX und SDAX in den nächsten Jahren weiter erholen, zumal der starke Nachhaltigkeitstrend im Automobilsektor an Elektromobilität und im Nutzfahrzeugbereich an Wasserstoff beziehungsweise Brennstoffzellen wie auch an leistungsfähige Batterien und weiterentwickelte Antriebssysteme geknüpft ist.

Nachdem im Riesenreich China die Produktion und der Absatz schon länger wieder gestiegen sind, sollten sich auch GEELY und BYD Electronic im Jahr 2021 erholen.

9.4 Anlagetipps

In diesem Abschnitt finden Sie Auszüge aus dem Webinar mit *herMoney*, einem Online-Finanzforum für Frauen.

Die ehemalige Realschullehrerin Beate Sander startete mit 59 Jahren ihr Investment in Aktien. Heute – über 20 Jahre später – hat sie sich ein Millionen-Depot aufgebaut und über 50 Bücher zum Thema Aktien, Geldanlage, Wirtschaft und Finanzen veröffentlicht. Im Mai 2020 verriet Beate Sander ihre Erfolgsstrategie in einem exklusiven *herMoney*-Webinar. Wir haben ein paar wichtige Tipps für Sie notiert:

»Zum Frühstück schaue ich gern die Börsenkurse auf n-tv.« Um einzelne Unternehmen besser kennenzulernen, nutzt sie Google, das *Handelsblatt* und die *Börse Online*. Wichtige Kennzahlen sind für die Expertin das Kurs-Gewinn-Verhältnis (KGV), die Eigenkapitalquote, das Jahreshoch und -tief, der Buchwert, das Ergebnis je Aktie im Mehrjahres-Vergleich und die Dividenden. Dennoch weiß niemand, was die Zukunft bringt. Wir alle besitzen keine Glaskugel.

Wer wenig oder gar kein Geld auf der hohen Kante hat, für den seien Einzelwerte nicht zu empfehlen. Es bieten sich hier auch Sparpläne ab 25 oder 50 Euro an. Wer mehr Geld hat und über das notwendige Wissen verfüge, könne sich auch für Einzelaktien entscheiden. Was empfiehlt Frau Sander? Nicht zu viel Geld auf einen Wert setzen, sondern sich breit aufstellen. Besitzen Sie 50.000 Euro, kaufen Sie nicht nur fünf unterschiedliche Einzelwerte, sondern lieber 20 bis 25. Gemäß dem Motto: »Breit gestreut – nie bereut!«

Viele Anleger interessieren sich für die von ihr empfohlene Hoch-Tief-Mut-Strategie, mit der Frau Sander Aktien-Millionärin wurde. Grundvoraussetzungen sind ein langer Anlagezeitraum, breite Streuung, Teilverkäufe nahe dem Jahres- oder Allzeithoch sowie preiswerter Einstieg und Zukauf zu günstigen Kursen.

Über Dividenden, Nachhaltigkeit und Anlagefehler

Für viele Investoren sind nicht nur Kursgewinne wichtig, sondern ebenso die Dividenden. Das gilt auch für Aktien-Millionärin Beate Sander, die keine Freundin ist von »Sell in May and go away«. Wer jetzt kauft, könne einen guten Schnitt machen; denn durch den Corona-Kursrutsch haben sich manche Ausschüttungen verdoppelt. »Ich nehme mir abgestürzte Dividendenstars ins Depot.«

Weiter nutzt Beate Sander den übertriebenen Kursrutsch bei Wachstums- beziehungsweise Zukunftsaktien wie Künstliche Intelligenz mit Robotik und digitaler Transformation, Streaming, Cloud Computing und Onlinehandel, Halbleiter und Chips.

Beim Thema Nachhaltigkeit nahm uns Beate Sander mit in den Norden Europas, nach Skandinavien. Sie warf mit uns einen Blick auf UPM Kymmene vom Forst-, Holz- und Papierbereich, MOWI ASA aus der Fischzucht, »um die Meere nicht auszurauben und keine Fische verzehren zu müssen, in deren Mägen sich Kunststoff ansammelt«. Interessant erscheint Tomra Systems, führender Anbieter für Materialverwertung und Recycling von Getränkeverpackungen.

Wo sieht die Expertin besondere Chancen?

»Musik spielt bei den Nebenwerten«, ist Beate Sander überzeugt. »Dies betrifft nachhaltige Aktien, familiengeführte Unternehmen und Anlagen, die den demografischen Wandel betreffen. Es gilt ebenso für das Gesundheitswesen, die Medizintechnik in Verbindung mit Biotechnologie und Künstlicher Intelligenz. Die COVID-19-Pandemie wird uns noch lange begleiten.«

Wer risikofreudig ist oder über ein »Zocker-Gen« verfügt, könne mal einen kleinen Posten risikoreicher Impfstoffaktien kaufen. »Ein bisschen Nervenkitzel tut auch mal gut.« Recht interessant erscheint ein Quartett aus Wasserstoff-Aktien, jeweils für rund 1.000 Euro Ballard Power, NEL ASA, Plug Power und Power Cell. Das sei geeignet für risikofreudige Fortgeschrittene, dagegen nicht zu empfehlen für Einsteiger mit kleinem Geldbeutel.

Weitere Hintergrundinformationen und Anlage-Tipps – Interview mit Frau Connelly von *herMoney*

herMoney: Ich darf gratulieren. Zum 82. Geburtstag und dazu, dass Sie die Zwei-Millionen-Grenze Ihres Aktiendepots geknackt haben.

Sander: Ich fing ja erst mit knapp 60 Jahren an, in Aktien zu investieren. Im Laufe der Zeit habe ich mich richtig für die Börse begeistert und mich reingekniet. Und jetzt, an meinem 82. Geburtstag, kam der Banker zu mir ins Haus und sagte: »Jetzt haben Sie es geschafft. Sie haben die Zwei-Millionen-Grenze in Ihrem Depot übersprungen.«

herMoney: Sie haben ja in den Jahren Ihre ganz eigene Anlage-Strategie entwickelt.

Sander: Ja, ich habe die Hoch-Tief-Mut-Strategie erfunden, in zwei Jahrzehnten erprobt, weiter ausgebaut und in jedem Börsencrash verfeinert.

herMoney: Hoch-Tief-Mut, wie funktioniert diese Strategie?

Sander: Grundvoraussetzung für diese Strategie ist ein langer Anlage-Zeitraum. Denn ich kaufe breit gestreut Aktien. Wenn sie im drei- oder vierstelligen Prozentbereich steigen, mache ich Teilverkäufe. Und von diesem Gewinn hole ich mir, ohne neues Geld in die Hand zu nehmen, gute, günstig bewertete Titel. Die meisten Leute kaufen ja Aktien, wenn sie am teuersten sind. Besser ist es, erstklassige Aktien einzusammeln, die übertrieben verprügelt wurden, sodass der Kurs erheblich sinkt.

herMoney: Sie sind Profi. Doch für einen Laien dürfte es fast unmöglich sein, bei der richtigen Aktie zum richtigen Zeitpunkt einzusteigen.

Sander: Ich muss nicht den exakt niedrigsten Kurs finden, um einzusteigen, und auch nicht den exakten Höchstpunkt für Teilverkäufe erwischen. Jeder sollte aber versuchen, beim Handel möglichst nahe an aktuelle Tief- und Höchstkurse heranzukommen.

herMoney: Mit welchen Beträgen ist der Einstieg in einen Einzelwert sinnvoll?

Sander: Dies sollten Summen zwischen 1.000 und 2.000 Euro sein. Entscheidend ist der lange Atem. Und ich kaufe nur das, was ich liebe, verstehe und für immer behalten will. Bei defensiven, substanzstarken Value-Aktien erwarte ich eine ordentliche Dividende. Komplett verkaufe ich nur einen sogenannten Schrotthaufen, also einen Fehlgriff.

herMoney: Sie verkaufen immer nur einen Teil? Mir sagte mal ein Banker: »Bei sattem Gewinn alles verkaufen!« nach dem Motto: »Vom Gewinnmitnahmen ist noch niemand verarmt.«

Sander: Ich will ja nicht verarmen, sondern reich werden. Meine besten Rennpferde bleiben im Stall. Nicht vorrangig wegen des Geldes. Ich will den bestmöglichen Erfolg und die Bestätigung, dass meine Hoch-Tief-Mut-Strategie sich in guten und in schlechten Zeiten, vor allem im Crash, bewährt. Über das Geld freuen sich meine Kinder und Enkel, die ich finanziell unterstütze.

herMoney: Die Dividende ist im ursprünglichen Sinn der Teil des Gewinns, den eine Firma an ihre Aktionäre ausschüttet. Welche Rolle spielt denn die Dividendenrendite bei Ihrer Hoch-Tief-Mut-Strategie?

Sander: Sie ist besonders bei einem langen Anlagezeitraum wichtig. Ich habe die MDAX-Aktie Fuchs Petrolub, Spezialist für Schmierstoffe, für knapp 4 Euro gekauft. Jetzt kostet die Aktie knapp 40 Euro. Ausgeschüttet wird rund 1 Euro.
Die Formel für die Renditeberechnung lautet: Dividende mal 100 geteilt durch den Kurs von 40 Euro. Das ergibt 2,5 % Rendite. Wie ich aber für 4 Euro kaufte, beträgt die Rendite stolze 25 %.

herMoney: Welche Dividenden-Aristokraten fallen Ihnen denn spontan ein?

Sander: Es gibt Unternehmen wie 3M, Procter & Gamble, Johnson & Johnson und MacDonald's, die seit über einem halben Jahrhundert ihre Dividende nie senkten, sondern immer erhöhten. Mein bester Dividenden-Aristokrat ist übrigens die Hochtief-Aktie. Ich kaufte die MDAX-Aktie nach der Wende. Die Bauwirtschaft wird noch lange boomen – allein schon wegen der sich häufenden Katastrophen durch die drohende Erderwärmung infolge des Klimawandels. Viele Autobahnen, Brücken und Schienennetze sind marode. Bei der Hochtief-Aktie beträgt meine Dividende aktuell 48 % pro Jahr. Bald werden es 50 % sein. Gebaut wird weiter. Auch wegen des Wohnungsmangels und steigenden Ansprüche der Bewohner.

herMoney: Diese Aktien haben ordentliche Kursgewinne eingefahren. Nehmen Sie die Gewinne durch Verkauf auch mit?

Sander: Bei bereits zweistelliger Dividende alljährlich geschieht dies eher selten. Gefallen Buchgewinn und Ausschüttung, wäre ich ja dumm, alles oder den Großteil zu veräußern. Meine besten Rennpferde bleiben ja im Stall.

herMoney: Nehmen wir an, Sie brauchen Geld für eine Reparatur oder die Anzahlung für eine Wohnung. Woher nehmen Sie das Geld? Dividende oder Kursgewinn?

Sander: Es kommt vor, dass ich plötzlich Extra-Geld brauche, gerade jetzt, wo die Krebstumoren signalisieren, dass sie gegen mich gewinnen. Aber auch Hausreparaturen fallen gerade an, wie ein großer Wassereinbruch durch gebrochene Rohre im Keller. Ich trenne mich dann vorwiegend von Aktien, die vor sich hindümpeln. Da verkaufe ich komplett. Dies gilt auch für einige im Minus stehende Aktien, um mit den zuvor erzielten Veräußerungsgewinnen einen steuerlichen Verlustausgleich zu erzielen. Dividenden lege ich konsequent und zu 100 % in alte oder neue gute Werte an. Auch Teilverkäufe mit über 100 % Gewinn nahe dem Jahreshoch sorgen für frisches Geld.

herMoney: Werfen wir einen Blick auf Frauen und Männer. Stellen Sie Unterschiede im Anlageverhalten fest? Wer investiert alles in allem besser?

Sander: Das können wir wie ein Fußballspiel auswerten. Frauen sind im Allgemeinen verlässlicher und vorsichtiger. Also Torschuss und 1:0 für die Damen. Die Männer sind risikofreudiger und kaufen mehr Wertpapiere.
Also Torschuss für die Herren. Und es steht jetzt 1:1. Frauen verlieren weniger Vermögen, weil sie keine hohen Summen mit Bitcoin oder Hebelprodukten riskieren. Erneuter Torschuss, 2:1 für die Damen. Kurz vor dem Schlusspfiff schießen die Männer noch ein Tor, weil sie prozentual nur halb so viel in die schleichenden »Kapital-Vernichter« Sparbuch stecken. Also Endstand: 2:2.

herMoney: Mit welcher Aktie soll ein Einsteiger beginnen?

Sander: Zunächst sollten Sie sich mit guter Börsenfachliteratur das wesentliche Börsenwissen erarbeiten. Investieren Sie also einen zweistelligen Betrag in ein bis zwei gute Börsenbücher. Meine Jubiläumsausgabe »Der Aktien- und Börsenführerschein« erfüllt als Amazon-, *ManagerMagazin-* und *Handelsblatt*-Bestseller alle Ansprüche, um sich auf leicht verständliche und anschauliche Weise das nötige Grundwissen anzueignen. Börse ist kein Kindergeburtstag. Wer über gute Grundkenntnisse verfügt, für den ist die Neubearbeitung »Die besten Aktienstrategien für Fortgeschrittene« genau richtig. Und »Die richtige Geldanlage in Krisen und im Crash« ist gerade in den Corona-Zeiten goldrichtig.

herMoney: Was mache ich mit 5.000 bis 100.000 Anlagekapital, wenn ich ein Angsthase oder risikofreudig bin?

Sander: Es ist absolut unseriös, hier Tipps abzugeben, ohne den Anlegertyp genauer zu kennen. Bei 5.000 Euro empfiehlt es sich, mit den preiswerten, breit gestreuten Aktienkörben ETF zu starten.

herMoney: Ein ganz anderer Bereich. Wie stehen Sie zum Thema Nachhaltigkeit bei der Geldanlage?

Sander: Nachhaltigkeit kann bedeuten, den Kapitalismus sozialverträglich zu gestalten. Ein mittelständisches Unternehmen denkt beispielsweise nicht mehr nur an das Aktionärswohl, sondern ist sich auch seiner Verantwortung gegenüber den Mitarbeitern, der Gesellschaft und der Umwelt bewusst. Es geht darum, die drohende Erderwärmung durch den Klimawandel aufzuhalten, den CO_2-Ausstoß zu verringern, Infrastruktur und Bildung zu verbessern, neue Energien wie Solarstrom und Windkraft zu fördern und um das Menschen-, Tier- und Pflanzenwohl besorgt zu sein. Auch unsere Kinder und Enkel, also die nachrückenden Generationen, sollen noch in einer lebenswerten Welt aufwachsen.

herMoney: Mit welchen Einzelwerten kann ich das Thema Nachhaltigkeit abdecken?

Sander: Dazu zählen beispielsweise 2G Energy, ABO Wind, Christian Hansen, Encavis, Neste OYJ, MOWI ASA, Nel ASA, Orsted, Plug Power, PowerCell, TOMRA Systems, SolarEdge, Stora Enso, UPM Kymmene und Vestas Wind.

herMoney: Dies sind unbestritten sehr nachhaltige Werte, was nicht für alle hier und dort aufgeführten nachhaltigen Aktien zutrifft. Ich denke da vor allem an den neuen deutschen Nachhaltigkeitsindex DAX50 ESG. Welche Ausschlusskriterien sind zumindest einzuhalten?

Sander: Unternehmen mit Kinderarbeit, Waffen, Rüstungsindustrie, Diskriminierung von Frauen, Rauschgift, Tabak und Kohleförderung gehören nicht in mein Depot.

9.5 Lebensrückblick und Ausblick

Wallstreet:online: Sie haben in Ihrem Leben viel erreicht: Sie flohen mit 13 Jahren aus der DDR, später haben Sie in der BRD als Realschullehrerin für Wirtschaft und Recht, Sozialwesen und Erziehungslehre gearbeitet und zwei Kinder großgezogen. In Ihrer zweiten Lebenshälfte sind Sie gefragte Börsenexpertin, Bestsellerautorin und Aktienmillionärin geworden. Was macht Sie beim Rückblick auf Ihr Leben besonders stolz?

Sander: Ich freue mich, dass die von mir erfundene Hoch-Tief-Mut-Strategie erfolgreich ist und sich sowohl in Krisen und im Crash als auch bei positiven Börsentrends so wacker schlägt. Voraussetzung für Wohlstand und Reichtum ist, dass diszipliniert die wichtigsten Grundvoraussetzungen auch tatsächlich beachtet werden.

Wallstreet:online: Wann haben Sie Ihre erste Aktie gekauft und in welchen Titel investierten Sie damals?

Sander: Ende der 1990er Jahre zeichnete ich die »Volksaktie« Deutsche Telekom. Ich kaufte 2008/2009 zu 8,50 Euro wegen der steuerfreien üppigen Dividende nach und behalte diese DAX-Aktie weiter in meinem Depot.

Wallstreet:online: Was war die beste Investition Ihres Lebens?

Sander: Nach meinen Kindern war es die Entscheidung, für meinen FinanzBuch-Verlag zu schreiben und diesem geliebten Verlag trotz anderer lukrativer Angebote immer treu zu bleiben. Im Hinblick auf Aktien sind Sartorius Vorzüge, im TecDAX und MDAX notiert, mit rund 6.500 % steuerfreier Altbestand meine besten Entscheidungen beziehungsweise Investments.

Wallstreet:online: Was war die größte Fehlinvestitionen Ihres Lebens und wie gehen Sie damit heute um?

Sander: Ich habe zwar durch frühzeitige Teilverkäufe mit rund 500 % keinen finanziellen Schaden erlitten; aber ich frage mich, wie ich mich so täuschen konnte, dass ein DAX-Konzern mit einem namhaften Wirtschaftsprüfer eine solche Betrugsmasche abziehen konnte.

Wallstreet:online: Sie haben die sogenannte Hoch-Tief-Mut-Strategie erfunden. Mögen Sie diese für unsere Leser erklären?

Sander: Die zehn wichtigen Bausteine dieser Strategie finden Sie in diesem Buch.-

Wallstreet:online: Was haben Sie in rund 25 Jahren als Börsianerin gelernt und wie würden Sie das in Form eines Lebensfazits zusammenfassen?

Sander: Ich fasse mein Börsenfazit folgendermaßen zusammen: Diszipliniert und selbstbeherrscht bleiben, die Verantwortung für das eigene Handeln übernehmen,

Kursschwäche zum Einstieg und Zukauf, Kurse auf Jahres- oder Allzeitniveau für Teilverkäufe nutzen. Die größten Fehler vermeiden wie Orientierung am Herdentrieb, Komplettverkauf beim Crash, zögerliches Abwarten statt Chancen nutzen, im Mai seine Aktien komplett verkaufen, obwohl dann auch die meisten Dividenden entfallen, kein steuerfreier Altbestand möglich und dreistellige Kursgewinne selten sind.
Ich vergleiche mich mit einem Gärtner, der genau zur richtigen Zeit säen und pflanzen, düngen, bewässern und hacken muss, um eine reiche Ernte einzufahren. Also: weg vom schleichenden Kapitalvernichter Sparbuch – hin zu Qualitäts-Aktien!

Wallstreet:online: Sie sind ehemalige Wirtschafts-Lehrerin, haben zahlreiche Börsen-Bücher geschrieben und bis vor Kurzem noch Börsenseminare an der Volkshochschule Ulm gehalten. Was muss sich aus Ihrer Sicht in Deutschland beim Thema Finanzbildung ändern?

Sander: Die Politik muss die Aktienkultur fördern, statt dieses noch kleine Pflänzchen zu zertreten, indem jetzt sogar die Aktien-Transaktionssteuer eingeführt werden soll. Warum nicht Heranwachsenden, vor allem aber Senioren ab 60 oder 65 Jahren als Börsenneulingen für 5 Jahre die Transaktionssteuer beim Aktienhandel zu erlassen? Warum kein Wirtschafts- und Rechtsunterricht an allen Schulen, um für Grundwissen in Finanzfragen zu sorgen?

Wallstreet:online: Was sind aus Ihrer Sicht die drei oder vier wichtigsten Zukunftstrends an der Börse?

Sander:

1. Das Gesundheitswesen ausbauen – auch nach der COVID-19-Pandemie werden wirksame Impf- und Wirkstoffe eine wichtige Rolle spielen.
2. Die Künstliche Intelligenz mit Robotik in vielen Branchen engagiert vorantreiben.
3. Die Elektromobilität und den blauen und grünen Wasserstoff weiterentwickeln, die Marktführerschaft hierzulande durch Forschung anstreben.
4. Vor allem kleine und mittlere Unternehmen auf dem Weg zu nachhaltigen Geschäftsmodellen großzügig unterstützen.

Wallstreet:online: Haben Sie noch einen abschließenden Rat an unsere Leserinnen und Leser?

Sander: Mein Rat kann in den Zeiten von Corona, Null- und Strafzinsen nur lauten: Weg vom Sparbuch hin zu Aktien, ETFs und Aktienfonds.

Anhang

Wissenstest zum Thema Aktien

Nr.	Aufgaben		Punkte
1	**Börsenrätsel: Setzen Sie die fehlenden Buchstaben ein. Das aus elf Anfangsbuchstaben zu bildende Lösungswort gehört zur Börse.**		11[ ]
1.1	Unternehmensanteil an der Börse		1 [ ]
1.2	Kürzel für Kapitalgesellschaft		1 [ ]
1.3	Deutscher Nebenwerte-Index		1 [ ]
1.4	Preissteigerung		1 [ ]
1.5	Kürzel für Exchange Traded Fonds		1 [ ]
1.6	Nemax/Vorgänger TecDax		1 [ ]
1.7	Firmenzusammenschluss		1 [ ]
1.8	Kauf- oder Verkaufsauftrag		1 [ ]
1.9	Technologiebörse USA/NY		1 [ ]
1.10	Gewinnausschüttung		1 [ ]
1.11	Anlageform: Hoch-Tief-Mut-		1 [ ]
2	**Wissen: Was stimmt? Was ist eher falsch? Bitte kreuzen Sie an.**	**Ja Nein**	[ ]
2.1	Im Crash sollte man immer alle Aktien verkaufen.		1 [ ]
2.2	Kauftipps von Banken bieten immer die beste Rendite.		1 [ ]
2.3	Fundiertes Börsenwissen verhindert jeden Verlust.		1 [ ]
2.4	Der MDAX legte bisher stärker zu als der DAX.		1 [ ]
2.5	Wer im TecDAX ist, darf nicht im MDAX sein.		1 [ ]
2.6	Gewinne laufen lassen. Ein guter Rat?		1 [ ]
2.7	Bei ETFs sind die Gebühren niedriger als bei Aktienfonds.		1 [ ]
2.8	Je höher das KGV ist, desto besser.		1 [ ]
2.9	Nachhaltige Fonds können bezüglich der Rendite oft mithalten.		1 [ ]
2.10	Value-Aktien haben häufig einen hohen Buchwert pro Aktie.		1 [ ]
2.11	Versorger, Konsumgüter und Versicherungen gehören zu den Growth-Branchen.		1 [ ]
2.12	Eine Aktienorder sollte maximal 300 Euro betragen.		1 [ ]
2.13	Für Aktiendepots muss man „Strafzinsen" zahlen.		1 [ ]
3	**Zuordnungstest: Welche Aussagen treffen zu?**	**Nr.**	**8 [ ]**
3.1	**Risikofreudiger Anlegertyp:** 1) Nur Value-Aktien. 2) Nur Nebenwerte. 3) Hoch-Tief-Mut-Strategie. 4) Auch SDAX-Titel. 5) Auch Biotech-Aktien. 6) Kein TecDAX. 7) Auch Aktien aus DAXplus Family und GEX. 8) Verzicht auf ETFs.	Nr.	**4 [ ]**
3.2	**Kaufsignale:** 1) Ölpreis sinkt extrem. 2) Verstärkte Investitionen. 3) Historisch niedriges KGV. 4) Buchwert nahe am Kurs. 5) Immobilienblase droht. 6) Negative Vorstandsprognose. 7) Geringe Exportquote. 8) Dividende wird angehoben.	Nr.	**4 [ ]**
	Über 25 PUNKTE? ☺☺☺	**max. 32 P.**	**[ ]**

Rechtlicher Hinweis

Alle Texte sowie die Hinweise und Informationen stellen keine Aufforderung zum Kauf oder Verkauf irgendeines Wertpapieres dar. Es wird keine Empfehlung für eine bestimmte Anlagestrategie abgegeben. Der Kauf von Aktien ist mit hohen Risiken bis hin zum Totalverlust behaftet. Investitionsentscheidungen sollten niemals nur auf Basis von Informationsangeboten getroffen werden. Die Autoren übernehmen keinerlei Verantwortung für jegliche Konsequenzen und Verluste, die durch Verwendung der dargestellten Informationen entstehen. Investitionsentscheidungen dürfen nur nach Ihrer eigenen Recherche getroffen werden. Alle Angaben und Kurstabellen ohne Gewähr. Die Kursdaten stammen aus finanzen.net und https://www.tagesschau.de/wirtschaft/boersenkurse/.

Lösung zum Wissentest

Nr.	Aufgaben												Punkte
1	**Börsenrätsel: Setzen Sie die fehlenden Buchstaben ein. Das aus elf Anfangsbuchstaben zu bildende Lösungswort gehört zur Börse.**												**11[ ]**
1.1	Unternehmensanteil an Börse	**A**	K	T	I	E							**1 [ ]**
1.2	Kürzel Kapitalgesellschaft	**K**	G										**1 [ ]**
1.3	Deutscher Nebenwerte-Index	**T**	E	C	D	A	X						**1 [ ]**
1.4	Preissteigerung	**I**	N	F	L	A	T	I	O	N			**1 [ ]**
1.5	Kürzel Exchange Traded Fonds	**E**	T	F									**1 [ ]**
1.6	Nemax/Vorgänger TecDax	**N**	E	U	E	R		M	A	R	K	T	**1 [ ]**
1.7	Firmenzusammenschluss	**F**	U	S	I	O	N						**1 [ ]**
1.8	Kauf- oder Verkaufsauftrag	**O**	R	D	E	R							**1 [ ]**
1.9	Technologiebörse USA/NY	**N**	A	S	D	A	Q						**1 [ ]**
1.10	Gewinnausschüttung	**D**	I	V	I	D	E	N	D	E			**1 [ ]**
1.11	Anlageform: Hoch-Tief-Mut-	**S**	T	R	A	T	E	G	I	E			**1 [ ]**

Nr.	Aufgaben	Ja	Nein	Punkte
2	**Wissen: Was stimmt? Was ist eher falsch? Kreuz!**	**Ja**	**Nein**	**13[ ]**
2.1	Im Crash sollte man immer alle Aktien verkaufen.		**X**	**1 [ ]**
2.2	Kauftipps von Banken bieten immer die beste Rendite.		**X**	**1 [ ]**
2.3	Fundiertes Börsenwissen verhindert jeden Verlust.		**X**	**1 [ ]**
2.4	Der MDAX legte bisher stärker zu als der DAX	**X**		**1 [ ]**
2.5	Wer im TecDAX ist darf nicht im MDAX sein.		**X**	**1 [ ]**
2.6	Gewinne laufen lassen. Ein guter Rat?	**X**		**1 [ ]**
2.7	Bei ETFs sind die Gebühren niedriger als bei Aktienfonds.	**X**		**1 [ ]**
2.8	Je höher das KGV - desto besser!		**X**	**1 [ ]**
2.9	Nachhaltige Fonds können bezüglich Rendite oft mithalten.	**X**		**1 [ ]**
2.10	Value-Aktien haben oft einen hohen Buchwert pro Aktie	**X**		**1 [ ]**
2.11	Versorger, Konsumgüter und Versicherungen gehören zu den Growth-Branchen.		**X**	**1 [ ]**
2.12	Eine Aktienorder sollte maximal 300 € betragen.		**X**	**1 [ ]**
2.13	Für Aktiendepots muss man „Strafzinsen" zahlen.		**X**	**1 [ ]**

Nr.	Aufgaben	Nr.	Punkte
3	**Zuordnungstest: Welche Aussagen treffen zu?**	**Nr.**	**8 [ ]**
3.1	**Risikofreudiger Anlegertyp:** 1) Nur Value-Aktien. 2) Nur Nebenwerte. 3) Hoch-Tief-Mut-Strategie. 4) Auch SDAX-Titel. 5) Auch Biotech-Aktien. 6) Kein TecDAX. 7) Auch Aktien aus DAXplus Family und GEX. 8) Verzicht auf ETFs.	Nr. 3, 4, 5, 7	**4 [ ]**
3.2	**Kaufsignale:** 1) Ölpreis sinkt extrem. 2) Verstärkte Investitionen. 3) Sehr niedriges KGV. 4) Buchwert nahe am Kurs. 5) Immobilienblase droht. 6) Negative Vorstandsprognose. 7) Geringe Exportquote. 8) Dividende wird angehoben.	Nr. 2, 3, 4, 8	**4 [ ]**
	Über 25 Punkte? ☺ ☺ ☺	**max: 32 [ ]**	

Kleines aktuelles Börsenlexikon

A

Abgeltungsteuer Kursgewinne beim Altbestand vor 2009 sind steuerfrei. Für alle Kursgewinne im Aktienneubestand fällt eine Abgeltungsteuer von 25 % plus Solidaritätszuschlag und Kirchensteuer für Mitglieder an. Sie wird automatisch von der Depotbank eingezogen. Das Finanzamt greift zu, sobald der Pauschalfreibetrag von 801 Euro für Singles und 1.602 Euro für Ehepaare aufgebraucht ist. Während im Neubestand Verluste mit der für Kursgewinne abgeführten Abgeltungsteuer ausgleichbar sind, gilt dies nicht für Dividenden. Sie sind mit Ausnahme von Ertragsgutschriften immer steuerpflichtig. Sind die Verluste höher als die Kapitalerträge, entfällt der Steuerausgleich. Aktiengewinne aus Vorjahren sind nicht übertragbar.

Aktie Die Aktie verbrieft einen Anteil am Grundkapital. Der Aktionär ist Miteigentümer der AG. Es gibt folgende Rechte: a) Verwaltungsrechte (Teilnahme an der Hauptversammlung, Auskunfts- und Rederecht, Stimmrecht) und b) Vermögensrechte (Anspruch auf Dividende, wenn Gewinn ausgeschüttet wird; Bezugsrecht bei Kapitalerhöhung gegen Bareinzahlung; Berichtigungs- beziehungsweise Gratisaktien bei Kapitalerhöhung aus Gesellschaftsmitteln). Nach Art der Übertragbarkeit unterscheiden wir: Inhaber-, Namens- und vinkulierte Namensaktien (die AG entscheidet, ob jemand Aktionär wird). Bezüglich der Rechte gibt es Stammaktien (ST = Stimmrecht auf der Hauptversammlung) und Vorzugsaktien (VZ = keine oder begrenzte Stimmrechte).

Aktienanalyse Der Analyst bewertet Aktien und zieht Rückschlüsse auf die künftige Entwicklung. Aus Rücksicht gegenüber guten Kunden überwiegen Kaufempfehlungen. Darum sollte nie eine einzige Analyse als Entscheidungshilfe dienen.

Aktienanleihen Üblich sind eine einjährige Laufzeit, ein fester Zinssatz und das Aktienandienungsrecht. Bei Aktienanleihen mit hohem Zinskupon entscheidet die ausgebende Bank, ob sie das Geld bar oder in Aktien zurückgibt. Mit Aktienanleihen lässt sich im Seitwärtstrend im Allgemeinen Geld verdienen. Die Aktiengesellschaften begeben selbst Wandelanleihen mit Niedrigzinskupon. Hier bestimmt der Anleger, ob er Barauszahlung oder Aktien vorzieht.

Aktienfonds, Investmentfonds Die Fondsgesellschaften bieten unterschiedliche Finanzprodukte an. Es gibt Produkte mit Garantie auf Kapitalerhalt und alternative Investments in Form von Hedgefonds. Aktiv gemanagte Aktienfonds decken Märkte, Länder, Branchen, Themen und Indizes schwerpunktmäßig ab.

Aktienrückkauf Der auf der Hauptversammlung zu genehmigende Aktienrückkauf dient dazu, Aktien einzuziehen, als Belegschaftsaktien auszugeben oder als Akquisitionswährung Übernahmen zu finanzieren. Bei Einzug gewinnt die einzelne Aktie an Wert.

Aktionärsschützer Die Vertreter der Deutschen Schutzvereinigung für Wertpapierbesitz (DSW) und der Schutzgemeinschaft der Kapitalanleger (SdK) sehen sich als Anwalt der Privatanleger. Sie üben auf der Hauptversammlung Kritik und erklären ihr Abstimmungsverhalten. Zu viele Detailfragen sind nicht im Sinne der meisten Aktionäre.

Algorithmus Algorithmen sind formale Handlungsvorschriften für Problemlösungen. Auch außerhalb der Informatik wird der Begriff verwendet. Algorithmen für Computer und im Internet werden heute vielfältig als Kern von Apps, Anwenderprogrammen und Dienstleistungen eingesetzt. Man denke an Algorithmen für Online-Suchmaschinen, Rechtschreib- und Satzbaukontrolle in Textverarbeitungsprogrammen oder Analysen in Finanz-, Termin- und Aktienmärkten.

Allzeithoch Hochstände zeigen den Aktienspitzenpreis an. Charttechnisch gibt es keine Widerstandslinie mehr, die den Aufwärtstrend abbremst. Bei Technologie- und Software-Aktien gibt es sogar während des Corona-Crashs neue Höchststände.

Altersvorsorge Das Ungleichgewicht längeren Lebens bei niedriger Geburtenrate stellt Renten und Arbeitsmarkt vor Probleme. Das auf 67 Jahre erhöhte Renteneintrittsalter schwächt negative Folgen etwas ab. Die Frühverrentung mit 63 Jahren hebelt dies bei Fachkräftemangel dramatisch aus. Bei 0 % Zinsen bewirkt das Sparbuch eine schleichende Kapitalvernichtung. Die Betriebsrente gewinnt an Zuspruch. Fazit: Raus aus dem Sparbuch, rein in nachhaltige Aktien!

Anlagebetrug Alle Warnlampen sollten aufleuchten, wenn dubiose Berater ungebeten anrufen, Traumrenditen versprechen, Zeitdruck aufbauen, Supergeschäfte vorgaukeln und das Produkt kaum erklären. Viele Leute ordnen Produkte vom Grauen Kapitalmarkt nicht richtig zu. Sie reihen hier Beteiligungen und Börsengänge ein und erkennen oft nicht, wie spekulativ Geschlossene Fonds sein können.

Anlagestrategie Das A und O für den Börsenerfolg ist eine gute Strategie. Wir unterscheiden: Sicherheitsbewusstsein, Chancenorientierung, Risikofreude. Je höher die Chance, umso größer ist das Risiko. Zu berücksichtigen sind: Einkommen, Vermögensdecke, Anlagezeitraum, Renditeziele, familiäre Lage, finanzielle Pflichten und Lebensalter. Das höchste Risiko bei Nullzinsen und im Crash ist, kein Risiko einzugehen und dem schleichenden Kapitalvernichter Sparbuch treu zu bleiben.

Anleihen Es sind mit festem oder variablem Zinssatz ausgestattete Staats- und Firmenanleihen. Schuldverschreibungen zur Beschaffung von Fremdkapital haben feste

Rückzahlungstermine. Je nach Kreditwürdigkeit vergeben die Agenturen ein Rating von AAA (höchste Bonität) bis DDD (Zahlungsunfähigkeit).

Antizyklisches Handeln Dies ist ein beherztes Handeln entgegen dem Trend. Mutige greifen in der Bodenbildungsphase bei starker Korrektur und im Crash zu, während Angsthasen auf dem vermeintlichen Gipfel schrittweise verkaufen.

AS-Fonds Die Altersvorsorge-Sondervermögen-Fonds investieren in Aktien, Anleihen und Immobilien, haben also Mischfonds-Charakter. Die AS-Fonds werden im Gegensatz zu Riester-Renten-Produkten nicht staatlich gefördert.

Aufsichtsrat Er besteht aus mindestens drei Mitgliedern und wählt selbst den Vorsitzenden. Der Aufsichtsrat überwacht das Management und beruft die Hauptversammlung ein, die in der Corona-Krise virtuell abgehalten wurden. Die fachlichen Anforderungen an Aufsichtsräte steigen.

Ausgabeaufschlag Bei vielen Investmentfonds besteht ein Ausgabe- und Rücknahmepreis. Der bei Investmentfonds verhandelbare Ausgabeaufschlag beträgt meist 5 % und fällt bei der Kauforder an. Im Schnitt wird bei Aktienfonds eine jährliche Managementgebühr von 1,8 % erhoben, bei ETFs dagegen nur 0,3 %.

Außerbörslicher Handel Dies ist der stark im Auftrieb befindliche Wertpapierhandel außerhalb der Börsenzeiten. Kurz vor dem Börsengang erleichtern die hier erzielten Preise die Entscheidung, die Aktie zu zeichnen oder es nicht zu tun.

Automation, Automatisierung Automation ist ein automatischer Ablauf von Prozessen, die sich mithilfe von mechanischen Komponenten lösen lassen. Bei der Automatisierung wird der Prozessablauf mit elektronischen Komponenten, mit Software auch unter Einsatz von KI gelöst. Automatisierungsprozesse spielen eine immer wichtigere Rolle auch bei Kostensenkungsprogrammen und Neuausrichtung.

Autonomes Fahren Die Digitalisierung im Autoverkehr wird schrittweise Realität. Es gibt bereits selbstfahrende Autos und Busse. Aber es bestehen eine Reihe von Hürden und Grenzen vor allem im Bereich Sicherheit und Unfallhaftung. Knapp die Hälfte der Autofahrer bezweifelt die Verlässlichkeit der modernen Fahrzeugtechnologie. Hilfen bei Ein-, Ausparken und Stau: ein klares Ja. Autonomes Fahren im fließenden Autobahnverkehr: mehrheitliches Nein.

B

Baisse Damit ist ein länger anhaltender Kursrückgang gemeint, verursacht durch konjunkturelle Schwächen bis hin zu Rezession und Deflation. Hinweise für einen Umschwung liefern günstige Frühindikatoren zu wichtigen Wirtschaftsdaten.

Behavioral Finance Dieser moderne Zweig der Börsenpsychologie schlägt eine Brücke zur Wirtschaft und untersucht Einflüsse irrationaler Verhaltensmuster. Angst vor Gesichtsverlust, Selbstwertprobleme, Verdrängung, Herdentrieb, Hektik, Ungeduld und Unbeherrschtheit begünstigen grobe Fehler. Allerdings verläuft der tägliche Börsenhandel selbst oft irrational: vom Plus ins Minus und umgekehrt.

Benchmark Fondsmanager wollen die Vergleichsmarke schlagen. Bei DAX und Dow Jones glückt dies wegen der geringen Anzahl von nur 40 beziehungsweise 30 Titeln selten. Eher klappt es bei Nebenwerte-, Branchen- und Themenfonds sowie Investments in Entwicklungsländern. Die boomenden passiv gemanagten preiswerten ETFs gewinnen zwar nicht gegen den Referenzindex, aber sie verlieren eben auch nicht.

»Bestens« Dies ist eine unlimitierte Verkaufsorder. Die Depotbank versucht das Wertpapier zum aktuell höchstmöglichen Preis zu verkaufen. Orders ohne Limit werden an den führenden Börsenplätzen wie Tradegate Exchange meist blitzschnell ausgeführt. Mit einem Limit kann man allerdings oft einen höheren Verkaufspreis erzielen, wenn es nicht schnell gehen muss, wie z. B. bei sinkenden Kursen.

Bezugsverhältnis Es geht um das Verhältnis der Zahl alter und neuer Aktien bei Kapitalerhöhungen. Ein Bezugsverhältnis von 5:1 zeigt an, dass ein Altaktionär für je fünf Anteilsscheine eine junge Aktie erwerben kann – oft mit hohem Nachlass.

»Billigst« Dies sind unlimitierte Kaufaufträge. Die Depotbank versucht, den Titel preiswert zu erwerben. Unlimitierte Orders werden schnell ausgeführt, dafür kann man mit einem Limit als Kaufpreis-Obergrenze oft einen noch niedrigeren Kaufwert erhalten – mitunter erst später, je nach Order-Zeitraum gegebenenfalls auch viel später.

Biotechnologie, Biotechaktien Üppige Kursgewinne wurden erzielt, noch bevor die klinische Phase III erfolgreich war. Forschungsabbrüche, schlechte Ergebnisse bei neuen Projekten und Meldungen über schädliche Nebenwirkungen führen zum Kurssturz. Die Corona-Pandemie führt längerfristig zu höheren Standards und besseren Ausstattungen von Krankenhäusern. Auch künftig werden neue Medikamente, Behandlungsformen und Impfstoffe eine wichtige Rolle spielen. Die COVID-19-Pandemie wird nicht die letzte Pandemie gewesen sein.

Bitcoin Derzeit die verbreitetste Krypto-»Währung«, die eigentlich keine echte Währung ist. So gibt es kein zentral organisiertes Buchungssystem. Trotz starker Wertsteigerungen gilt die Geldanlage in Bitcoins als riskant, und sie ist viel weniger transparent als zum Beispiel die Anlage in Aktien, bei der die gelisteten Unternehmen zur Transparenz verpflichtet sind.

Blockchain-Technologie Ziel ist, alle Informationen über vertrauensvolle Vorgänge wie Finanztransaktionen nicht auf einem Server bei einem Unternehmen zu speichern, sondern auf viele Computer zu verteilen. Keine Institution, Behörde oder Person hat die Macht über diese Daten. Jeder hat gleiche Zugriffsrechte und Einsichtsmöglichkeiten. Die Visionäre sehen bei Blockchain kaum Risiken hinsichtlich Manipulation. Bedarf besteht in der Musikindustrie, im Vertragswesen, bei internationalen Banküberweisungen oder anderen Transaktionen in der Finanzbranche. Auch die Corona-Warn-App in Deutschland beruht auf dezentraler Speicherung, was allerdings die Nutzungsmöglichkeiten auch eingeschränkt hat.

Blue Chips Dieser Begriff ist für große Standardwerte, für bekannte Qualitätstitel beispielsweise aus dem DAX, Euro Stoxx 50, Dow Jones oder Nikkei reserviert.

Bookbuilding-Verfahren Vor dem Börsengang (IPO) wird die Preisspanne festgelegt, zu der Sie zeichnen können. In schlechten Börsenzeiten ist eher mit einem fairen Preis zu rechnen, als wenn die Börse boomt. Erfolgt die Neuemission zum überhöhten Preis, kann der Börsengang scheitern. Ein Blick auf die außerbörsliche Kursentwicklung dient der Orientierung und erleichtert die Entscheidung.

Börse Die Börse als hoch organisierter Handelsplatz ist ein Treffpunkt von Angebot und Nachfrage. Der deutsche Börsenhandel findet in Frankfurt (Handelssystem XETRA) und an den Regionalbörsen Berlin-Bremen, Düsseldorf, Hamburg, Hannover, München und Stuttgart statt. Die Deutsche Börse AG ist im DAX notiert. Die Transparenz wird durch Presse, Börsenmagazine, TV, Internet und Onlinebanking erhöht. An den Präsenzbörsen sind Börsenhändler und Skontroführer tätig.

Börsenbriefe Es gibt mittlerweile unzählige Börsenbriefe, die einmal oder mehrmals wöchentlich beziehungsweise monatlich ihren Kundenkreis bevorzugt über das Internet informieren. Es gibt gute und schlechte, preiswerte und überteuerte Produkte. Wichtig ist es, einen seriösen Börsenbrief ausfindig zu machen, der den eigenen Einschätzungen, Vorlieben, Renditeerwartungen, strategischen Vorstellungen und dem Risikoprofil entspricht. Bei einem Depotvolumen im vier- und niedrigen fünfstelligen Bereich fressen die Kosten oft die erzielten Kursgewinne auf.

Börsenspiele Virtueller Aktienhandel, um Börsenerfahrungen zu sammeln und danach den Einstieg in den Kapitalmarkt zu wagen. Freilich gibt es auch Börsenspiele, bei denen sich die Profis messen, um der eigenen Strategie den notwendigen Rückhalt zu verschaffen und mit einem Sieg das Ansehen zu steigern.

Branchenanalyse Fundamentalanalysten untersuchen die Folgen einer anziehenden oder sich abschwächenden Konjunktur auf die Branche, zu der die zu beurteilende AG gehört, z. B. Chemie, Maschinenbau, Konsumgüter und Logistik.

Branchenfonds Mal gibt es hohe Kursgewinne bei Biotech, dagegen Abschläge bei Edelmetall und Rohstoffen. Etwas später verhält es sich vielleicht umgekehrt. Die Zukunftsmärkte werden von der Industrie 4.0, Digitalisierung, Künstlicher Intelligenz mit Robotik und Automatisierung geprägt.

Branchenrotation Je nach Konjunktur laufen zyklische oder nichtzyklische Aktien gut. Heute schwört man vielleicht auf soziale Netzwerke. Morgen sind Biotech-Aktien (Growth) und übermorgen Konsum (Value) begehrt.

Break-even, Gewinnschwelle Es stellt sich die Frage, ob und wann eine Firma wieder profitabel arbeitet und schwarze Zahlen schreibt. Einflussfaktoren sind Kostensenkung, Schrumpfung, neue Produktpaletten oder Übernahmen.

Brexit Am 31. Dezember 2020 vollzog Großbritannien endgültig den Austritt aus der Europäischen Union (EU) und erzielte in letzter Minute ein Handelsabkommen, bei denen Details noch offenbleiben.

BRIC- und BRICS-Staaten Die Abkürzung betrifft die Schwellenländer Brasilien, Russland, Indien, China. Wird das Quartett zum Quintett ausgebaut, steht das S für Südafrika. Das I kann bei guter Entwicklung auch für Indonesien gelten.

Briefkurs »B« für Brief zeigt an, zu welchem Kurs Sie kaufen können. Der Briefkurs ist der höhere Kaufpreis, der Geldkurs der niedrigere Verkaufspreis.

Buch-/Substanzwert Damit sind Immobilien, Fahrzeuge, Anlagen, Maschinen und so weiter gemeint. Der Buchwert – berechnet als Buchwert pro Aktie – betrifft Vermögensgegenstände beziehungsweise das Eigenkapital. Liegt der Buchwert über dem Kurs, spricht dies für eine faire Bewertung, nicht selten aber auch als Folge eines Kursrückgangs.

Bullen-/Bärenfalle Die Bullenfalle liefert charttechnisch falsche Kaufsignale. Anleger erleiden Verluste. Umgekehrt signalisiert die Bärenfalle sinkende Kurse.

C

CAC-40-Index Der französische Aktienindex der Börse Paris ist in seiner Bedeutung mit dem DAX vergleichbar und umfasst die größten 40 französischen Aktien.

Cashflow Dies ist die wohl wichtigste Kennzahl zur Beurteilung der Finanz- und Ertragskraft eines Unternehmens. Der Cashflow umfasst Jahresüberschuss, Abschreibungen, Rückstellungen sowie Steuern auf Einkommen und Ertrag.

Charttechnik Ein Chart stellt den Kursverlauf über eine bestimmte Zeit wie Tages-, Wochen-, Jahres- und Mehrjahreschart mittels Linien, Balken und Kerzen dar. Aus der Kursentwicklung der Vergangenheit ziehen Experten Rückschlüsse für die Zukunft, da menschliches Verhalten wiederkehrende Regelabläufe zeigt.

China Das Riesenreich erwirbt ausländische Währungen und globale Beteiligungen. Nutznießer sind Technologie, Software, Maschinenbau, Bauwirtschaft, Leidtragende die Produktpiraterie-Opfer. Börsenfavoriten sind unter anderem BYD, Alibaba und Tencent. China hat im Jahr 2020 trotz Corona kaum einen wirtschaftlichen Einbruch erlitten. Da die Aktienkurse dort 2020 weniger anzogen als in den USA, sehen viele hier ein enormes Zukunftspotenzial.

Cloud-Computing gilt weiterhin als Zukunftsmarkt der vernetzten und digitalisierten Welt. Immer mehr Konzerne steigen ins Cloud-Geschäft ein und bieten für das Internet der Dinge alles aus einer Hand. Beim Cloud-Computing herrscht ein harter Konkurrenzkampf. International liegen Amazon, Salesforce, Microsoft und SAP vorn.

CO_2-Ausstoß Das klimaschädliche Kohlenstoffdioxid macht knapp zwei Drittel des vom Menschen verursachten Treibhauseffekts aus und verstärkt die Erderwärmung. Deshalb ist es so wichtig, klimaneutrale Autos zu produzieren und weitgehend auf Kohle und andere fossile Energieträger zu verzichten.

Computerhandel Es ist der vollelektronische, sekundenschnelle Aktienhandel, der weltweit Kauf- und Verkaufsaufträge durch zentrale Computernetze vermittelt.

Corona-/COVID-19-Pandemie Die Corona-Pandemie ist prägend für die Jahre 2020 und 2021. Die Bundesregierung nahm enorme Schulden auf, um Unternehmen vor der Insolvenz und Arbeitnehmer vor dem finanziellen Ruin zu bewahren. Mutationen machen das Virus noch ansteckender. Viele Menschen – vor allem Ältere – sterben trotz Beatmung auf den Intensivstationen. Die bereitgestellten Impfstoffe sollen den Durchbruch bringen, doch zu Beginn ist der Impfstoff knapp. Es fehlt an wirksamen, heilenden Arzneimitteln.

Corona-Crash 2020 Seit dem Beginn des Corona-Crashs im März 2020 mit dem zunächst heftigsten Kurseinbruch beim DAX (-40 %, Tiefstand 8.200 Punkte) und weltweit in diesem Jahrtausend haben sich die Aktienkurse deutlich erholt und zu Jahresbeginn 2021 Höchststände erzielt, obwohl die Staatsverschuldung rasant anstieg und die wirtschaftliche Situation vieler Unternehmen unter der Pandemie leidet. Kritiker warnen davor, dass die derzeitige Rallye an den Finanzmärkten auf tönernen Füßen steht, also einem Strohfeuer gleichkommt. Optimisten versuchen die Gemüter zu beruhigen, indem sie auf die beträchtlichen Wachstumsaussichten in den nächsten Jahren verweisen. Schließlich spiele die Börse ja nicht die Karte Gegenwart, sondern spiegele die Zukunft wider. Und in vielen Bereichen ist mit starken Nachholeffekten zu rechnen. Wie sehr sehnen wir uns in solchen Zeiten nach Kultur, nach Urlaub und nach Geselligkeit.

Cost average Durchschnittskosten-Effekt, der erzielt werden kann, wenn zum Beispiel bei ETFs bei fallenden Kursen mehr Anteile und bei steigenden weniger Anteile der jeweiligen Unternehmen gekauft werden.
Ein einfaches Beispiel kann dies verdeutlichen: Kauft man je eine Aktie für 10 Euro und dann später nach dem Kursanstieg eine weitere für 20 Euro, hat man im Durchschnitt 15 Euro pro Aktie gezahlt.
Hätte man jedoch zunächst für 20 Euro zwei Aktien gekauft und zum zweiten Zeitpunkt wieder 20 Euro ausgegeben, dann läge der Durchschnittswert nicht bei 15 Euro, sondern nur bei 13,33 Euro. Es ist demnach sinnvoller, Aktien für gleiche Summen und nicht in gleichen Stückzahlen zu kaufen.

Crash Die größten Kurseinbrüche gab es in den Jahren 1929 und 1987 jeweils im Oktober. Bei dem dreijährigen Crash von Frühjahr 2000 bis März 2003 stürzte der DAX von 8.150 auf 2.200 Punkte ab. Der Neue Markt verlor sogar mehr als 95 %.
Auch die US-Technologiebörse Nasdaq büßte vom Allzeithoch zwei Drittel des Wertes ein. Im Herbst 2008 und Frühjahr 2009 kam es durch die weltweite Finanz- und Wirtschaftskrise zum erneuten Crashszenario. Der DAX sank auf 3.600 Punkte. Untergangspropheten malten den nächsten Crash in düsteren Farben aus. Aber niemand wusste: Wann? Wie lange? Wie heftig? Einen Technologiecrash gab es im Dezember 2018. Danach erholten sich die Kurse kräftig, und zwar bis Februar 2020 mit einem neuen Rekord von knapp 13.800 Punkten. Dann kam im März 2020 der Corona-Crash mit verheerenden wirtschaftlichen Einbrüchen und nach kurzer Durststrecke folgte wieder eine Erholung auf über 14.000 Punkte im Januar 2021.

Cyber Security Computersicherheit Cybersicherheit oder Sicherheit in der Informationstechnologie ist der Schutz von Computersystemen und Netzwerken vor Diebstahl oder Beschädigung der Hardware oder Software sowie vor der Störung der bereitgestellten Dienste

D

Dachfonds Sie erinnern an Mietshäuser, unter dessen Dach sich mehrere Wohnungen befinden. Die Manager investieren in Fonds anderer Emittenten, verbunden mit höherer Gebühr. Bei der Rendite sind sie besten Aktienfonds unterlegen.

D-A-CH-Region Die Abkürzung wird im Wirtschaftsleben gern für den deutschsprachigen Raum, also Deutschland, Austria (Österreich) und Schweiz verwendet.

Datenschutz Er betrifft den Bürgerschutz vor Beeinträchtigungen durch unbefugte Erhebung, Speicherung und Weitergabe von Daten, die sich auf seine Person beziehe. Die Datenschutz-Verordnung verlangt von Unternehmen und Medien immer strengere Auflagen, die weit in das Alltagsleben eingreifen.

DAX/DAX-40 Dies ist die Abkürzung für Deutscher AktienindeX. Im DAX werden die Kurse der 40 führenden deutschen AGs notiert. Neben dem Börsenwert ist der Streubesitz, der Anteil frei handelbarer Aktien, Free Float genannt, entscheidend.

DAXplus Family 30 Der 2010 eingeführte Familienfirmen-Index galt als GEX-Kampfansage. Es gibt keine Sperrklausel bei längerer Mitgliedschaft als 10 Jahre. So werden große Traditionsfirmen nicht mehr ausgebremst. Der DAXplus Family Index enthält vier DAX-Titel. MDAX, TecDAX und SDAX überwiegen. Obwohl der neue Familienindex gut abschneidet, wird er im Printbereich nicht publiziert.

Day-Trading Es geht um den Kauf/Verkauf am selben Tag. Ziel ist das Ausnutzen von Preisschwankungen. Bevorzugt werden volatile, liquide Aktien. Day-Trading eignet sich für fachkundige, disziplinierte, nervenstarke, spekulative Anleger.

Demografie Die Lebenserwartung nimmt bei niedriger Geburtenrate weiter zu – pro Jahrzehnt um 2 Jahre. Interessant für die Aktienauswahl sind der Biotech-, Medtech- und Pharmasektor, die Bauindustrie und Senioreneinrichtungen, Wellness, Touristik, Haustierhaltung, gediegene Kleidung, Körperpflege und Ernährung. Die Autoindustrie muss bei Elektromobilität und autonomem Fahren vorankommen. Wie stark sich das Corona-Virus längerfristig auf die Lebenserwartung auswirkt, bleibt abzuwarten. Die Hauptgründe einer verkürzten Lebenserwartung liegen im Rauchen, übermäßigem Alkoholkonsum, Bewegungsmangel und ungesunder Ernährung.

Depot, Depotgebühren Vor dem Aktienkauf ist ein Wertpapierdepot einzurichten. Depotauszug heißt das erstellte detaillierte Verzeichnis über alle geführten Wertpapiere. Für das Verwalten darf die Bank Depotgebühren berechnen. Viele Direktbanken locken oft mit Gebührenermäßigung im ersten Jahr. Hier sollte genau geprüft werden, welche Kosten dann das bestehende Depot verursacht. Üblich sind bei den Direktbanken Gebühren von circa 10 Euro bei einer Order von Aktien im Wert von 1000 Euro – oft aufgeteilt in Order-Gebühr (z. B. 5,90 Euro) plus Volumen-Anteil (z. B. 0,25 % der Ordersumme) plus Handelsplatzgebühr (z. B. 2,90 Euro – nicht bei Tradegate Exchange).

Deutsche Bundesbank Sie setzt die geldpolitischen Beschlüsse der Europäischen Zentralbank um. Die Deutsche Bundesbank übernimmt gemeinsam mit der Bundesanstalt für Finanzdienstleistungsaufsicht (BaFin) die Bankenaufsicht.

Deutsches Aktieninstitut (DAI) Der Verband börsennotierter Unternehmen will rechtliche und wirtschaftliche Rahmenbedingungen am Aktienmarkt und die Aktienkultur durch Grundlagenforschung, Beratung und Information verbessern.

Digitale Transformation Der digitale Wandel bezeichnet die fortlaufend stattfindenden technologischen Veränderungsprozesse in unserer von Künstlicher Intelligenz und um sich greifender Vernetzung geprägten Welt. Für nachhaltig wirtschaftende Unternehmen spielt die digitale Transformation gerade im Hinblick auf die Neuausrichtung von Geschäftsmodellen eine wichtige Rolle für Überleben, Wachstum und Ertrag. Dazu zählen auch Kundenerwartungen bezüglich des Klimawandels und einer umweltfreundlichen Infrastruktur.

Digitalisierung Wir befinden uns im Zeitalter der Digitalisierung, Vernetzung, Robotik und neuartiger Maschinen. Ob autonomes Fahren, Drohnen, Roboter oder Künstliche Intelligenz: Was alles möglich ist, übersteigt unser Vorstellungsvermögen. Die Industrie 4.0 prägt Produktionsprozesse und Arbeitswelt. Digitale Technologien, die Vernetzung riesiger Datenmengen (Big Data) verändern die Welt.

Disruptive Innovation Fachleute schwärmen von disruptiver Innovation, Unterbrechung oder Abbruch, auch Sprunginnovation genannt. Es geht um Herausforderungen bei Produktlinien oder Marktpositionen, damit etwas digital Neues entstehen kann. Der Niedergang der Erfolgsfirma KODAK, einst Weltmarktführer bei Fotos und Filmen, zeigt das Scheitern am Digitalisierungstrend beispielhaft auf.

DivDAX Den Index (WKN: A0C33D) gibt es seit 2005 mit den 15 dividendenstärksten DAX-Werten. Alljährlich aktualisiert die Deutsche Börse AG die Zusammensetzung. Beim Blick auf eine üppige Dividende wird oft übersehen, dass vor allem diejenigen Konzerne prozentual viel ausschütten, deren Kursentwicklung nicht vorankommt. Aktuell liegt der DivDAX bezüglich Kursentwicklung gegenüber dem DAX knapp vorn.

Diversifikation Das A und O erfolgreicher Strategien ist eine breite Streuung nach Indizes, Branchen, Ländern und vom Zeitpunkt her. Wer zu wenig Kapital hat, um mit Einzelaktien zu streuen, sollte auf ETFs und Aktienfonds zurückgreifen.

Dividende Wer den Aktien-Titel am Hauptversammlungstag hält, bekommt die volle Gewinnausschüttung binnen 3 Werktagen ausgezahlt. Bei Vorzugsaktien ist die Dividende oft höher als bei Stämmen. Verlässlich steigende Ausschüttungen gelten wegen Nullzinsen neben Substanzkraft, Nachhaltigkeit und Seriosität als wichtiges Kaufargument.

Dividenden-Aktienfonds Bei der ausschüttenden Form bündelt das Management die Dividende und zahlt sie ein- oder zweimal jährlich aus. Bei thesaurierenden Fonds wird die Dividende in weitere Anteile angelegt, sodass sich der Bestand im Laufe der Jahre erhöht. So wird auf ideale Weise der Zinseszinseffekt genutzt.

Dow Jones Der an der New Yorker Börse (NYSE) gehandelte Dow Jones erfasst als Leitindex die Kurse der 30 größten US-Firmen und gibt weltweit die Marschroute vor. Der DAX kann sich nicht abkoppeln und vollzieht die Entwicklung am US-Markt oft übertrieben nach. Institutionelle Investoren orientieren sich eher am S&P 500.

E

EBIT, EBITDA Als EBIT wird der Gewinn einer Firma vor Zinsen und Steuern bezeichnet. EBITDA ist der Gewinn vor Zinsen, Steuern und Abschreibungen.

Eigenkapital Dies sind die finanziellen Mittel, über die ein Betrieb nach Abzug aller Verbindlichkeiten verfügt. Kapitalerhöhungen stärken die Eigenkapitalbasis der Gesellschaft und machen F&E, Investitionen und Übernahmen möglich.

Einzelanalyse Die Fundamentalanalyse überprüft die AG gründlich. Im Blickpunkt stehen KGV, Buchwert, Cashflow, Umsatz, Ertrag, Jahresüberschuss, Ergebnis je Aktie, Dividendenrendite, Eigenkapitalquote, Geschäftsmodell und Marken.

Emerging Markets Dies sind aufstrebende Volkswirtschaften Ostasiens, Afrikas und Lateinamerikas. Bei intakter Konjunktur werden Wirtschaftswachstum und steigender Lebensstandard mit Angleichung an westliche Industrieländer erwartet.

Entry Standard Er wurde 2017 im Zuge der Umstrukturierung durch das neue Segment SCALE für profitable, innovative Mittelständler ersetzt.

Erderwärmung Mit der globalen Erderwärmung ist der beobachtete, festgestellte und voraussichtliche Trend zu einer vergleichsweise höheren Durchschnittstemperatur gemeint. Dabei geht es vor allem um die Folgen wie einen steigenden Meeresspiegel, Gletscherschmelze, die Verschiebung von Lebensräumen, Klima- und Vegetationszonen. Dies führt zu den sich häufenden Naturkatastrophen wie Waldbränden, Starkregen, Orkanen, Überflutungen und Dürre, aber auch zu einer Ausbreitung von Parasiten und neuen Krankheitsformen. Die globale Erwärmung wird vor allem durch Treibhausgase verursacht, also durch den sich erhöhenden Kohlendioxidgehalt.

Ethische Geldanlagen Wird oft synonym zu nachhaltigen/alternativen/ökologischen Geldanlagen verwendet. Das Ethik-Rating »mit gutem Gewissen Geld anlegen« fordert: Umweltverträglichkeit (Erneuerbare Energien, Schutz bedrohter Tiere und Pflanzen, energiesparendes Bauen, Recycling, Schadstoffvermeidung); Sozialverträglichkeit (keine Niedriglöhne, Ausbeutung, Diskriminierung) und Kulturverträglichkeit.

ESG-Kriterien zur Nachhaltigkeit Unter ESG versteht man die Berücksichtigung von Kriterien aus den Bereich Umwelt (Environmental), Soziales (Social) und verantwortungsvolle Unternehmensführung (Governance).
Die Nachhaltigkeitsfonds nehmen im Allgemeinen Aktien auf, deren Unternehmen die gängigen Ausschlusskriterien beachten. Dies sind vor allem Waffen und Rüstung, fossile Energie Kohle, Kernkraftwerke, Rauschgift, Alkohol und Verstoß gegen Menschenrechte. Bevorzugt werden Titel, die im Kampf gegen den Klimawandel mit der Erderwärmung aktiv sind.

Euro Stoxx 50 Der Leitindex der EU umfasst die 50 größten Firmen mit etlichen Energie- und Finanztiteln. Der dividendenstarke Euro Stoxx 50 für die Europäische Union (EU) ist vergleichbar mit der Champions League im Fußball.

Exchange Traded Commodity (ETC) Ein ETC gilt im Gegensatz zum ETF nicht als geschütztes Sondervermögen, sondern als Zertifikat und damit als Schuldverschreibung. ETCs können physisch unterlegt sein wie bei den Edelmetallen Gold, Silber, Platin und Palladium.

Exchange Traded Funds (ETF) Dies sind preiswerte börsengehandelte Indexfonds, die weder besser noch schlechter als der Index abschneiden. Mit passiv gemanagten ETF lassen sich wichtige Märkte abdecken. Der Ausgabeaufschlag entfällt. Passiv gemanagte ETFs sind vorteilhaft, um große globale Indizes breit gestreut abzudecken. In Zukunftsmärkten sind Aktienfonds oft die bessere Wahl.

F

Familienunternehmen International weichen die Zugangsvoraussetzungen stark voneinander ab. Um in den Index DAXplus Family 30 aufgenommen zu werden, müssen die Unternehmen im Prime Standard der Frankfurter Börse notiert sein. Grundbedingung ist, dass die Gründerfamilie mindestens über einen 25-prozentigen Stimmrechtsanteil verfügt oder zum Vorstand beziehungsweise Aufsichtsrat gehört. Die 30 größten und liquidesten Werte bilden den Index DAXplus Family 30.

Fernunterricht Die in der Corona-Krise teilweise geschlossenen Schulen und Universitäten sind vom Regelbetrieb weit entfernt. Da spielt Fernunterricht in Form von Video konferenzen eine wichtige Rolle. Allerdings gibt es qualitativ riesige Unterschiede, denn nicht jeder Lehrer beherrscht den Umgang mit der modernen Medienwelt hundertprozentig und nicht alle Schüler sind technologisch zufriedenstellend ausgestattet. Hinzu kommen Ängste vor allem bei den älteren, zur Corona-Risikogruppe zählenden Pädagogen.

Finanztermingeschäftsfähigkeit Zu den spekulativen Finanztermingeschäften zählen Derivate (Optionen/Futures) und Optionsscheine. Die Bank muss bei Termingeschäften Risiken genau darlegen und Beratungsprotokolle erstellen. Wir raten von solchem hochriskanten Handel ab.

Fonds Während Standardwertefonds meist schlechter abschneiden als der Index und preiswerte ETFs vorzuziehen sind, liegt die Stärke in Themenfonds wie Biotech, Software und Hightech. Da kann ein aktives, innovatives Management zeigen, was in ihm steckt. Aktien, Aktienfonds und ETFs sind geschütztes Sondervermögen.

Footsie, FTSE-100-Index Der seit 1984 bestehende und von der Financial Times betreute Aktienindex der Londoner Börse umfasst die 100 wichtigsten Titel. Im Brexit-Jahr 2020 war seine Entwicklung negativ.

Free Float Frei handelbare Aktien befinden sich im Streubesitz statt in fester Hand. Für die DAX-Gewichtung sind der Börsenwert und der Streubesitz maßgebend.

Freibetrag Liegt der Bank ein Freistellungsauftrag (Pauschalbetrag 801 Euro, gemeinsam veranlagte Eheleute 1.602 Euro) vor, schreibt sie Dividenden, Zinseinkünfte und Kursgewinne bis zum Ausschöpfen steuerfrei gut. Wer seinen Freistellungsauftrag ändert oder erstmals einreicht, muss seine Steuer-Identifikations-Nr. angeben, um Missbrauch vorzubeugen. Niemand kann hier mehr, ohne ertappt zu werden, schummeln, indem er Freistellungsaufträge bei mehreren Depotbanken anmeldet.

Frontierfonds, Frontiermärkte Die Emerging Markets der zweiten Generation sind an einem Entwicklungspunkt angelangt, wo gängige Schwellenländer vor 20 Jahren standen. Es gibt wachstumsstarke Frontier-Nebenwertefonds für Mutige.

Fundamentalanalyse Sie umfasst die Global-/Branchen-/Einzelanalyse. Analysten untersuchen die unternehmerischen Einflussfaktoren auf den Geschäftsverlauf. Ist die Aktie fair bewertet? Wie ist die künftige Entwicklung einzuschätzen?

Fusion Der Zusammenschluss von Unternehmen durch freundliche oder feindliche Übernahmen soll Kosten senken, die Marktstellung stärken und die Umsatz- und Gewinnchancen erhöhen. Fusionen führen wegen unterschiedlicher Firmenkulturen nicht immer zum erhofften Erfolg. Bei einer Übernahme steigt der Aktienkurs der Zielfirma meist deutlich, während er bei der Bieterfirma eher sinkt.

G

Geldkurs Börse und Nachrichtensender informieren, zu welchem Preis Sie handeln können. Aus Anlegersicht ist der Geldkurs »G« der niedrigere Verkaufspreis (englisch: bid) und der Briefkurs »B« (englisch: ask) der höhere Kaufpreis.

Genehmigtes Kapital Eine AG darf ihr Grundkapital nur aufstocken, also eine Kapitalerhöhung durch Ausgabe junger Aktien starten, wenn ein Hauptversammlungsbeschluss vorliegt. Im Aktienrecht wird vom »Genehmigten Kapital« gesprochen.

Genussscheine mit aktien- oder rentenähnlichen Merkmalen, fester oder ergebnisabhängiger Ausschüttung geben kein Mitgliedschaftsrecht und berechtigen nicht zur Teilnahme an den Hauptversammlungen. Es gibt Genussscheine mit Wandelrecht in Aktien.

Geschäftsfähigkeit Die volle Geschäftsfähigkeit setzt Volljährigkeit ab dem 18. Geburtstag voraus. Sie berechtigt zur Kreditaufnahme, zur Landtags- und Bundestagswahl, zum alleinigen Autofahren und zum Aktienhandel ohne elterliche Erlaubnis. Für Kinder und Jugendliche kann man dennoch bei vielen Banken Depots anlegen.

Geschlossene Fonds Dies sind riskante Beteiligungen an Unternehmen. Hier wird Geld für bestimmte Objekte eingesammelt, z. B. Immobilien-, Schiffs-, Flugzeug- und Filmbeteiligungen. Geschlossene Fonds haben eine Laufzeit ab einem Jahrzehnt. Ohne Ersatzperson ist ein vorzeitiger Ausstieg unmöglich. Bei Verlust wird häufig Nachschuss verlangt. Am Ende steht oft die Zahlungsunfähigkeit.

Gesundheitswesen als Zukunftsmarkt Die Lebenserwartung nimmt durch den medizinischen Fortschritt weiter zu – pro Jahrzehnt um 2 Jahre. Biotech-Firmen profitieren durch neuartige Wirkstoffe, Therapien und Operationstechniken. Die Medizintechnik hat Wachstumspotenzial, entwickelt sich der alternde Mensch doch oft zum Ersatzteillager von Kopf bis Fuß. Hier gibt es innovative Themen-Aktienfonds.

Gewinnschwelle Der Break-even bedeutet »schwarze Zahlen«. Die Gewinnschwelle, ab der eine Firma Erträge erwirtschaftet, erscheint greifbar nahe.

Gewinnwarnung Das Unwort warnt nicht vor Gewinn. Es ist eine negative Ergebnis-Erwartung. Je schlimmer die Abweichung ist, umso größer der Kurssturz!

GEX Seit 2004 gibt es im Prime Standard den GEX (German Entrepreneurial Index) für Familienfirmen aller Branchen. Die Besonderheit des GEX liegt darin, dass die Börsennotiz höchstens 10 Jahre zurückliegen darf. Danach erfolgt der Rauswurf, um junge und vermeintlich innovative Firmen stärker zu gewichten.

Girosammelverwahrung Bei dieser rationellen Art der Wertpapierverwahrung erhalten Aktionäre ein Miteigentumsrecht an den eingebuchten Wertpapieren.

Globalanalyse Die Fundamentalanalysten durchforsten Wirtschafts-, Sozial- und Steuerpolitik, Ölpreis, Währung, Wechselkurse, Zinsen, politische Ereignisse.

Gold Das von Mythen umrankte Edelmetall gilt in Krisen als sicherer Hafen mittels Barren und Münzen. Interessant sind physisch unterlegte Edelmetall-ETCs. In diesem Segment muss man sich vor »schwarzen Schafen« besonders in Acht nehmen. Zudem wird diskutiert, ob der künftige Handel mit physischem Gold untersagt werden soll.

Gratisaktien, Berichtigungsaktien Bei Kapitalerhöhungen aus Gesellschaftsmitteln werden Unternehmensrücklagen in Grundkapital umgewandelt. Die Altaktionäre erhalten weitere Aktien. Der Anteil am Grundkapital bleibt gleich.

Growth Damit sind wachstumsstarke Wertpapiere gemeint. Langfristig lässt sich mit der Kombination Value/Growth eine bessere Rendite erzielen. Hier gilt: Bei Konjunkturschwäche eher Value, bei einsetzendem und anhaltendem Wirtschaftswachstum eher Growth. Der Corona-Crash hat gezeigt, dass auch die niedrig bewerteten substanzstarken Value-Aktien nicht vor heftigem Kursverlust gefeit sind. Umgekehrt können die hochbewerteten offensiven Growth-Wachstumsaktien prozentual weniger einbrechen und in der Bodenbildungsphase sogar neue Höchststände anpeilen, sofern ihr Geschäftsmodell zu den Zukunftsmärkten zählt, wozu auch der Nachhaltigkeitstrend gehört. Später hat sich dann gezeigt, dass die Value-Aktien nach dem Corona-Tief im Jahr 2020 eine langsamere Aufwärtsbewegung durchgemacht haben und dadurch sicher nicht überkauft worden sind. Das zeigt sich vor allem bei den als vergleichsweise sicher geltenden Titeln mit hohem Buchwert.

Greenwashing Scheinbar umweltverträgliche und nachhaltige Unternehmensstrategie, die bei genauer Analyse dem eigenen Anspruch nicht gerecht wird, z. B. indem geringe nachhaltige Aspekte überbetont werden und/oder massive schädigende Aspekte verheimlicht werden.

Grundkapital Das Grundkapital einer AG wird in Aktien zerlegt, muss also mit der Stückelung der ausgegebenen Aktien übereinstimmen. Aktionäre sind entsprechend ihrer Aktienzahl als Miteigentümer am Grundkapital beteiligt.

H

Hauptversammlung Auf dem Jahres-Aktionärstreffen werden Beschlüsse über Kapitalerhöhungen, Rückkaufprogramme und so weiter gefasst. Pro Aktie eine Stimme. Wer am HV-Tag den Titel besitzt, erhält die Dividende 3 Werktage später ausgezahlt.

Hausse Sie bildet das positive Gegenstück zur Baisse und steht für länger anhaltenden Kursanstieg. Antizyklisch handelnde Aktionäre realisieren einen Teil ihrer Kursgewinne in der Höhepunktphase und kaufen in der Baisse wieder zu.

Hebel Wem Aktien nicht spekulativ genug sind, der kann Kursveränderungen von Aktien mit einem Hebel künstlich verstärken, was mit einem erhöhten Risiko einhergeht. Bei positiver Einschätzung werden mit einem Hebel Call-OS beziehungsweise Long- oder Bull-Derivate gekauft. Beim Put-OS, Short- oder Bear-Zertifikat ist es umgekehrt.

Hedgefonds Das englische Verb »hedge« steht für absichern. Hedgefonds werden dafür kritisiert, dass sie aggressiv auf fallende Kurse einzelner Aktien setzen und dadurch Gewinne erzielen wollen, ohne die geliehenen Aktien zu besitzen. 2021 erfolgte ein Angriff auf die Leerverkäufer durch Kleinanleger in den USA, die sich zuvor in Sozialen Medien (reddit) verabredet haben.

Hoch-Tief-Mut-Strategie Bei Korrektur und Crash gilt es, Kursschwankungen zu nutzen. Nicht jede Aktie versinkt im Kellerloch. Mancher Wert notiert nahe am Allzeithoch. Beim Teilverkauf dienen hohe Gewinne zur Finanzierung übertrieben abgestürzter Aktien mit Zukunftschancen. Niemals werden beste Aktien komplett verkauft, zumal Dividenden langfristig oft zweistellige Renditen bringen (vgl. hoch-tief-mut.de).

Homeoffice Unter diesem Begriff werden Arbeitsformen zusammengefasst, bei denen die Mitarbeiter ihre beruflichen Aktivitäten ganz oder zeitweilig außerhalb des Firmensitzes verrichten. Beim Homeoffice findet diese Arbeit zu Hause statt. Im Verlauf der Corona-Krise wurde ein Großteil der anfallenden Arbeit wochenlang in die häusliche Wohnung verlegt, um die Ansteckungsgefahr zu verringern. Schließlich lassen sich am Arbeitsplatz ein Abstand von 1,50 Meter und das Vermeiden körperliche Kontakte nicht überall den Vorschriften entsprechend umsetzen. Vor allem den Risikogruppen wurde empfohlen, das Homeoffice zu nutzen.

Es sieht so aus, dass sich diese Arbeitsform auch künftig in zahlreichen Branchen und Geschäftsfeldern behaupten wird. Viele Mitarbeiter wollen zwar auch gern mit den Kollegen zusammen sein und im Betrieb ihre beruflichen Aufgaben erfüllen, aber nicht ausschließlich. Warum nicht zwei oder drei Tage im Betrieb und zwei oder drei Tage zu Hause sein Arbeitspensum erledigen? Die Mehrheit der Beschäftigten begrüßt solche flexiblen Lösungen. Im Einklang mit Homeoffice ließen und lassen sich mithilfe von TeamViewer, Zoom und Skype auch Videokonferenzen problemlos durchführen. Ohne diese digitale Transformation mit neuartigen Kommunikationsformen wäre die Corona-Krise viel schwerer zu ertragen gewesen.

I

Impfstoffe (gegen die Corona-Pandemie) Momentan herrscht sowohl bei den mittelständischen Biotech- und Medtech-Unternehmen als auch den internationalen Pharma-Konzernen ein knallharter, leidenschaftlich geführter Wettbewerb. Das Ziel ist der erste wirksame Impfstoff gegen das Corona-Virus, das noch nicht besiegt ist. In Deutschland sind Biontech, in den USA Moderna, in Großbritannien AstraZeneca an vorderster Front zu nennen.

Index, Aktienindex Allgemein sind die Aktien nach Marktkapitalisierung beziehungsweise Börsenwert gewichtet. Dies gilt neben der Umsatzentwicklung beim Streubesitz auch für den Auf- und Abstieg bei DAX, MDAX, TecDAX und SDAX.

Indexfonds (ETF) Im Gegensatz zu Zertifikaten sind ETFs geschütztes Sondervermögen und bilden Aktien von Indizes wie DAX, MDAX, TecDAX, Dow Jones nach. Ein Ausgabeaufschlag entfällt. Die jährliche Verwaltungsgebühr ist niedrig.

Industrie 4.0 mit Internet der Dinge, Digitalisierung und Vernetzung soll hierzulande bis 2025 zum Mehrwert von 78 Milliarden Euro führen. Industrie 4.0 bezeichnet die vierte industrielle Revolution, nach der ersten durch Kohle und Stahl, der zweiten im Zeichen der Elektrifizierung und der dritten durch Mikroelektronik und Mikrochips. Es geht um die industrielle Digitalisierung mit maßgeschneiderter Produktion nach individuellen Wünschen statt Massenfertigung. Die Künstliche Intelligenz mit neuen Mensch-Maschine-Schnittstellen, 3-D-Druckern und Robotern spielt eine entscheidende Rolle. Lernfähige Maschinen sollen den Produktionsprozess, die Logistikketten und Lieferwege verbessern. Neue Chancen bietet im Gesundheitswesen beim Kampf gegen Krebs die personalisierte Medizin mit Immun- und Gentherapie sowie Robotik bei Operationen und neuen Verfahren. Vorrangig geht es bei neu ausgerichteten Geschäftsmodellen um Nachhaltigkeit im Kampf gegen den Klimawandel.

Inflation Zum Preisanstieg kommt es, wenn die Nachfrage das Angebot übertrifft oder Spekulanten agieren. Ungleichgewichte bei Dollar, Euro und Yen gefährden die Stabilität. Notenbanken drehen je nach konjunktureller Entwicklung an der Zinsschraube nach oben oder unten. In der EU dürften vorläufig keine Zinsen steigen.

Insider-Geschäft Wer dank seiner beruflichen Position über Insider-Informationen verfügt, darf sein Wissen erst nach erfolgter Veröffentlichung weitergeben und die Aktie handeln. Verstöße werden mit Geld- oder Freiheitsstrafen geahndet.

Insolvenz ist die Unfähigkeit, Zahlungsverpflichtungen zu erfüllen. Das Ranking sinkt auf die niedrigste Stufe. Ab C lautet das Vokabular »Schrott« oder »Ramsch«. Zinsen werden nicht ausgezahlt. Aktien stürzen bodenlos ab. Warnung: Nicht jeder, der zu Boden geht, steht wieder auf. Mittelstandsanleihen mit hohem Zinskupon führten oft zur Pleite. Dadurch geriet diese Anlageform in Verruf.

Investmentclubs In Städten tun sich mitunter engagierte Privatanleger zusammen, um zu diskutieren, Erfahrungen auszutauschen, gemeinsam ein Aktiendepot aufzubauen, Kosten zu sparen und gute Renditen zu erzielen.

Investmentfonds Dies ist das von Kapitalgesellschaften aktiv gemanagte angelegte und verwaltete Vermögen. Je nach Ausrichtung investiert das Fondsmanagement in Aktien, Anleihen, Immobilien, Rohstoffe und so weiter. Häufig werden derivative Techniken mit Swaps zur Absicherung gegen Währungseinflüsse eingesetzt.

IPO Abkürzung für »Initial Public Offering«: Börsengang/Notierungsaufnahme der Aktien eines Unternehmens in einem organisierten Kapitalmarkt.

ISIN Seit 2003 gilt die zwölfstellige ISIN neben der sechsstelligen WKN. Die ersten zwei Positionen nennen das Land, DE für Deutschland. Die drei Nullen dienen Erweiterungen. Bei deutschen Aktien folgt als Kern die frühere WKN. Eine einprägsame WKN wird bevorzugt. Bei zu kleiner Schrift droht Verwechslungsgefahr.

J

Junge Aktien Bei einer Kapitalerhöhung werden neue Aktien mit oder ohne Bezugsrechten für Altaktionäre ausgegeben. Dies führt zur Verwässerung und löst nur bei hohem Preisabschlag und günstigem Bezugsverhältnis Freude aus.

K

Kapitalerhöhung Eine AG kann nach Genehmigung auf der jährlichen Hauptversammlung durch die Ausgabe junger Aktien, Genussscheine oder Wandelanleihen ihr Grundkapital aufstocken. Ein solcher Beschluss steht auch bei einer Übernahme an.

Kaufsignal Die Technische Analyse liefert Kauf- und Verkaufssignale. Durchbricht der Kurs die obere Widerstandslinie oder hält die untere Unterstützungslinie, entsteht ein Kaufsignal. Sogenannte Bullen- und Bärenfallen zeigen falsche Signale. Leider führt das Unterschreiten von Unterstützungslinien zu einem sich selbst verstärkenden Effekt, zumal viele Verkäufe dann automatisiert ablaufen. Daraus resultieren im Crash oft übertriebene Kursverluste. Die Aktien repräsentieren dann häufig nicht mehr den Wert, den man als Anteilseigner eigentlich verbucht haben müsste.

Klimaschutz, Klimawandel Der Klimaschutz umfasst als Sammelbegriff alle Maßnahmen, um der vom Menschen verursachten globalen Erderwärmung entgegenzuwirken und damit die mannigfachen negativen Folgen abzumildern oder zu verhindern. Der Klimawandel selbst lässt sich nicht rückgängig machen, sondern nur verlangsamen. Dies geschieht am wirksamsten durch das Verringern ausgestoßener Treibhausgase. Das Bundesumweltministerium informiert über alle Vorhaben und Ziele. Es fehlt nicht an konkreten Tipps, wie jeder Einzelne das Klima und damit Natur und Umwelt schützen kann.

Konjunktur Ein Konjunkturzyklus verläuft wellenförmig. Günstig im Abwärtstrend ist der V-Verlauf. Die Wirtschaft erholt sich rasch. Beim U-Verlauf wird die Talsohle nur langsam durchschritten. Das W markiert den Double-Dip. Nach kurzem Auftrieb geht es erneut abwärts. Gefährlich ist der L-Verlauf mit drohender Deflation.

Konsolidierung, Korrektur Ein mäßiger Abwärtstrend wird Konsolidierung, ein stärkerer Einbruch Korrektur genannt. Ein heftiger Absturz gilt als Crash.

Krypto-»Währungen«/Kryptogeld Da es sich um digitales Geld handelt, dem kein zentral organisiertes Buchungssystem zugrunde liegt, handelt es sich hier gar nicht um eine »Währung« im klassischen Sinn. Als Anlageform ist Kryptogeld weniger transparent als die Anlage in Aktien.

Kurs-Gewinn-Verhältnis Das KGV ist eine wichtige Kennziffer der Fundamentalanalyse und erleichtert Aktienbewertungen. Ein möglichst niedriges KGV zeigt, mit welch Vielfachem vom Jahresgewinn die Aktie gehandelt wird. Der KGV-Vergleich erweist sich als nützlich innerhalb der gleichen Branche. So wie es wenig bringt, Äpfel und Birnen zu vergleichen, hilft es nicht weiter, bei Kaufentscheidungen Value- und Growth-Aktien gegenüberzustellen. Vergeuden Sie Ihre Zeit nicht mit Nebenschauplätzen, indem Sie das KGV über einen Zeitraum von 5 Jahren zurückzuverfolgen. Interessanter ist die erwartete Einschätzung für das nächste Jahr.

Kurszusätze Der Zusatz »B« für Brief (der höhere Kaufkurs) und »G« für Geld (der niedrigere Verkaufskurs) erleichtert bei Nebenwerten aktuelle Entscheidungen. Der Hinweis exD zeigt die Kursnotierung am Tag des Dividendenabschlags an.

Künstliche Intelligenz, KI Die Künstliche Intelligenz verändert unsere Welt und damit unser Leben erheblich. KI gilt als ein Teilgebiet der Informatik und befasst sich mit der Automatisierung intelligenten Verhaltens und maschinellen Lernens.
Dabei geht es auch um den Versuch, bestimmte menschliche Entscheidungsstrukturen nachzubilden. Beispielsweise wird ein Computer so gebaut und programmiert, dass er eigenständig Probleme und Projekte bearbeiten kann. Mit Algorithmen lässt sich intelligentes Verhalten simulieren, z. B. an einer Reihe von Computer- und Videospielen. Die Ziele der sogenannten starken KI sind auch noch nach Jahrzehnten der Forschung visionär. Neben dem Militär ergeben sich hervorragende Möglichkeiten beispielsweise im Gesundheitswesen, wenn es um Diagnostik, Laboruntersuchungen, schwierige Herz-/Lungen-Operationen und Transplantationen geht. Aber auch Weltraumforschung und autonomes Fahren sind ohne KI undenkbar.

L

Leerverkauf Diese Spekulation setzt auf den fallenden Kurs überbewerteter Aktien. Hedgefonds nutzen solche Finanzinstrumente. Der Short Seller verkauft an der Börse Papiere, die er sich gegen Zahlung einer Gebühr in der Annahme leiht beziehungsweise mietet, sie später zum geringeren Kurs an der Börse zurückzukaufen.

Leitzins der EZB Die Europäische Zentralbank mit der Französin Christine Lagarde als Nachfolgerin des italienischen Präsidenten Mario Draghi (seit November 2019) legt den EU-Leitzinssatz fest. Zu diesem Zinssatz erhalten die Banken Geld von der EZB. Die Null- und Strafzinspolitik dürfte noch jahrelang anhalten.

Leitzinspolitik der Fed US-Notenbankchef Jerome Powell als Nachfolger von Janet Yellen senkte Ende Oktober 2019 zum dritten Male die Zinsen um 0,25 % auf die neue Spanne von 1,50 % bis 1,75 %.

Limit, Limitierung Um Überraschungen bei marktengen Werten zu vermeiden, ist es ratsam, ein Limit bis zum Monats- oder Quartalsende einzugeben. Beim Kauf ist das Limit der höchste Kurs, beim Verkauf der niedrigste akzeptierte Kurs.

Liquidität bezeichnet die Fähigkeit, seine Zahlungsverpflichtungen zu erfüllen. Bei hoher Liquidität werden Wertpapieraufträge sekundenschnell abgewickelt.

M

Marathonaktien, Highflyer Dies sind Aktien, die sich dauerhaft zu Kursraketen entwickeln. Es zahlt sich nur selten aus, Gewinne vorzeitig mitzunehmen. Spitzenaktien setzen ihren drei- oder vierstelligen Höhenflug meist fort.

Marktkapitalisierung Der Börsenwert ist neben dem Umsatz entscheidend für Aufnahme und Gewichtung im Index. Der Börsenwert ergibt sich, indem der Kurs mit der Aktienanzahl multipliziert wird. Kleine AGs sind anfällig für Kursmanipulationen. Aktienfonds greifen oft erst beim Börsenwert ab 100 Millionen Euro zu.

Medizintechnik Sie bezeichnet die Anwendung ingenieurwissenschaftlicher Grundsätze und Regeln in der Medizin. Medizintechnik kombiniert Kenntnisse aus dem Bereich der Technik, Forschung und Entwicklung mit Problemlösungen, verbunden mit der medizinischen Sachkenntnis von Ärzten und Pflegefachleuten. Dazu gehören die Gebiete Diagnostik, Therapie, Krankenpflege, Rehabilitation und intensive Laborarbeit mit Proben, Tests und Prozesslösungen. Im TecDAX und MDAX zählt Sartorius zu den führenden Medizintechnik-Unternehmen im Laborbereich.

MDAX Seit der Index-Neuordnung umfasst der MDAX nach dem DAX die Aktien der nächstgrößeren 60 beziehungsweise 50 Titel und ist vergleichbar mit der 2. Fußballbundesliga. Auf- und Abstieg erfolgen halbjährig. Der MDAX ist nicht mehr klassisch nur mit Value-Aktien bestückt. Hier sind seit September 2018 zusätzlich 16 TecDAX-Titel notiert, um mit Technologie, Software, Biotech und Medtech die Attraktivität zu steigern. Der MDAX entwickelt sich seit 20 Jahren im Schnitt doppelt so gut wie der DAX. Das Geheimnis liegt in Blutauffrischung, Neuemissionen und tüchtigen SDAX-Nachrückern.

Micro Caps Die niedrig kapitalisierten Werte unterhalb des SDAX befinden sich in den wenigsten Anlegerdepots. Oft liegt die Kommunikationspolitik im Argen. Bei einer Turnaround-Story locken hohe Kursgewinne. Es ist ratsam, ausländische Nebenwerte über einen Indexfonds (ETF) oder aktive Themenfonds abzudecken.

Mid Caps Die Aktien mittelgroßer AGs sind im MDAX mit 60 Titeln und im TecDAX mit 30 Hightech-Werten aus dem In- und Ausland gelistet.

Mischfonds Sie setzen sich gewöhnlich aus Aktien und Rententiteln zusammen. Bei einem festgezurrten Verhältnis von 50:50 sind kaum Erträge zu erwirtschaften. Es sei denn, Hochzinsanleihen zählen zum Anlagekonzept. Ebenso lässt sich mit flexiblen Multi-Asset-Strategien die Rendite steigern und das Risiko senken. Hier beträgt das Verhältnis von Aktien und Anleihen nicht mehr 1:1. Abhängig von der Markt- und Börsenlage können die Anteile zwischen 90:10 % oder 10:90 % schwanken. Auch beigemischte Edelmetalle und andere Rohstoffe sind denkbar. Für das Nachwuchsdepot der Kinder und Enkel bieten Multi-Asset-Mischfonds interessante Perspektiven, da sich bei einem langen Anlagehorizont von einem Jahrzehnt und mehr die Zinssätze vermutlich verändern.

N

Nachhaltige Geldanlage Anlage in Bereiche, die der Umwelt gegenüber mehr Nutzen als Schaden anrichten. Dem Planeten Erde wird dabei nicht mehr entnommen, als im gleichen Zeitraum wieder nachwachsen kann. Sie müssen keineswegs befürchten, bei der Rendite vielleicht schlechter abzuschneiden. Ganz im Gegenteil! Allein schon die Tatsache, dass nachhaltige Geldanlagen bereits im Jahr 2018 in Deutschland mit 219 Milliarden Euro einen neuen Höchststand erreichten und für steigende Aktienkurse sorgten, zeigt, dass Sie mit nachhaltigen Geldanlagen auf dem richtigen Weg sind.
Es geht dabei nicht nur um Recycling, einen reduzierten CO_2-Ausstoß, weniger Wasser- und Energieverbrauch, Tier- und Pflanzenwohl, sondern auch um gesellschaftliche Werte sowie umweltfreundliche Infrastruktur und Abfallverwertung. Aktienfonds mit nachhaltiger Ausrichtung erzielen gegenüber anderen Aktienfonds im 1-, 5- und 10-Jahres-Vergleich nun deutlich bessere Renditen.

Nanotechnologie Den Strukturen in Nanometergröße (nano = Zwerg), der millionste Teil eines Millimeters, werden beeindruckende Eigenschaften nachgesagt. Ein Nanometer steht zum Fußball im gleichen Verhältnis wie der Fußball zur Erdkugel. Die Grundlagenforschung umfasst insbesondere Naturwissenschaften. Das Problem: Ist tatsächlich immer drin, was draufsteht? Die Missbrauchsgefahr ist groß.

Nasdaq 100 An der US-Technologiebörse sind Hightech-, Biotech-, Internet- und Medienaktien gelistet. Der Nasdaq 100 eilte jahrelang von einem zum nächsten Allzeithoch. Er wurde im Dezember 2018 vom Technologiecrash ausgebremst, notierte aber Anfang November 2019 mit 8.370 Punkten schon wieder auf Allzeithoch. Dieser Aufwärtstrend wurde selbst durch den anfangs mit sehr hohem Kursverlust verbundenen Corona-Crash ab März 2020 nur kurzfristig unterbrochen. Bereits im Juni 2020 kam es zu einem neuen Allzeithoch von über 10.150 Punkten. Der TecDAX orientiert sich am Nasdaq mit so bekannten Titeln wie Adobe, Alphabet, Amazon, AMD, Amgen, Apple, Applied Materials, Alexion und ASML, um allein beim Buchstaben A aufzuzeigen, wie hoch das Zukunftspotenzial ist. Erstaunlicherweise sind es nicht die niedrig bewerteten Value-Aktien, sondern die als absturzgefährdet geltenden hoch bewerteten Wachstumsaktien, die jetzt auf Allzeithoch notieren.

Nebenwerte Dazu zählen der MDAX, der SDAX sowie der TecDAX. Marktkundige Investoren stöbern hier substanzstarke Titel mit üppiger Dividende und guter Gewinnentwicklung auf. ETFs und Themenfonds sind durch die Doppelnotiz der TecDAX-Aktien im MDAX oder SDAX in jeweils zwei Segmenten vertreten.

Neuemission Eine AG tritt ihren Börsengang (IPO: Initial Public Offering) an. Bei einer Notierung im Prime Standard besteht die Aussicht, bei späteren Indexüberprüfungen in den DAX, MDAX, TecDAX oder SDAX aufzusteigen. Das Bookbuilding-Verfahren nennt die Preisspanne, zu der Zeichnungsangebote möglich sind. Es ist riskant, die Aktien milliardenschwerer Unternehmen zu zeichnen, die trotz überzeugender Umsätze Schulden in mehrfacher Millionenhöhe fabrizieren.

Nichtzyklische Aktien Dies sind die nicht konjunkturabhängigen Aktien, wie Energie, Versorger, Nahrungsmittel, Haushaltsbedarf und Versicherungen. An Essen, Trinken, Pflegemitteln, Strom und Heizung wird auch in Krisen kaum gespart. Diese defensiven, oft substanzstarken und nachhaltigen Aktien zählen zum Value-Sektor.

Nikkei 225 Dem Leitindex für 225 japanische Aktien an der Börse Tokio gelang seit dem Absturz von 40.000 auf 7.000 Punkte im Februar 2020 eine Erholung auf über 24.100 Punkte, um im Verlauf des Corona-Crashs bis auf 16.350 Punkte zurückzufallen. Interessant ist auch der breiter aufgestellte TOPIX mit 1.700 Titeln.

NYSE (New York Stock Exchange) Die NYSE an der Wall Street gilt als wichtigste Aktienbörse. Der Dow-Jones-Index mit den 30 größten US-Industrie-Konzernen liefert Vorgaben für die weltweite Kursentwicklung der Standardwerte.

O

Offene Immobilienfonds Wer sich keine eigene Immobilie leisten kann, kauft vielleicht Einzelaktien aus DAX, MDAX, SDAX oder entscheidet sich für Aktien-Immobilienfonds oder Offene Immobilienfonds. Das Management investiert in mehrere Projekte aus dem Wohn- oder Gewerbebereich. Bei hohem Mittelabschluss kann die Rückzahlung zeitweilig gesperrt werden. Bei starkem Andrang besteht das Risiko, dass beste Objekte ausgebucht sind oder zu teuer zugegriffen wird.

OGAW/UCITS Beide Abkürzungen bedeuten Anlegerschutz für Publikumsfonds. Die OGAW-Richtlinie informiert über Rechts- und Verwaltungsvorschriften sowie Vorgaben und Anforderungen für Fondsgesellschaften. OGAW ist die deutsche Abkürzung für »Organismus Gemeinsame Anlagen Wertpapiere«. UCITS ist die englische Abkürzung von »Undertakings for Collective Investments in Transferable Securities.«

Order Hier geht es um Aufträge im Wertpapierhandel. Bei marktengen Werten begrenzen Sie durch ein Limit die Preisspanne beim Verkauf nach unten, beim Kauf nach oben. Beim Einsatz unterhalb von 1.000 Euro frisst die Gebühr oft den Kursgewinn auf.

P

Pennystocks Durch den Kurssturz am längst beerdigten Neuen Markt sind manche Aktien so stark abgestürzt, dass sie unter 1 Euro notieren. Pennystocks sind beliebte Spielwiesen für Zocker, aber oft ungeeignet bei langem Anlagehorizont. In China ist es nicht ungewöhnlich, beim Börsengang als Pennystock zu starten.

Performance Dies ist die Entwicklung des Depots und einzelner Wertpapiere. Ein gutes Abschneiden verlangt eine auf das Marktgeschehen angepasste Anlagestrategie mit Blick auf dividendenstarke Qualitätstitel.

Performance-Index Im Gegensatz zum Kursindex werden hier auch die Dividenden berücksichtigt.

Photovoltaik/Solarenergie Die Zukunft gehört den Erneuerbaren Energien im Kampf gegen den Klimawandel. Solare Energiegewinnung bleibt ein Megatrend, der von vielen Aktien wie Enphase, SolarEdge und SMA Solar befeuert wird.

PIN Die persönliche Identifikations-Nummer sollte auswendig gelernt und raffiniert verschlüsselt verwahrt werden, beispielsweise in einem Telefonnummer-Versteck.

Portfolio So wird der Depotbestand von Anlegern, die Wertpapierzusammensetzung bei Fondsmanagern und die Produkt-Pipeline von Unternehmen genannt.

Prime Standard Seit 2003 gibt es den Prime Standard mit strengen und den General Standard, ein Auslaufmodell, mit milderen Auflagen. Im Prime Standard sind alle Aktien von DAX, MDAX, TecDAX, SDAX und DAXplus Family 30 vertreten.

Publikumsfonds Aktien-, Renten-, Geldmarkt-, Dach- und Mischfonds zählen zu Publikumsfonds. All diese Produkte werden von der Bundesanstalt für Finanzdienstleistungsaufsicht BaFin kontrolliert beziehungsweise überwacht.

Q

Quanto Der Zusatz besagt, dass der Aktienfonds oder ETF währungsgesichert ist und die Kursentwicklung nicht unter dem Wechselkurs Euro/Dollar/Yen leidet.

Quartalsbericht Von den im Prime Standard notierten AGs verlangt die Deutsche Börse vierteljährlich nur noch verkürzte Berichte über die Umsatz- und Gewinnentwicklung. Die Halbjahreskommentare müssen weiterhin ausführlich sein.

R

Rallye Die Rezeptur lautet: Nachhaltigkeit, Substanzkraft, steigender Umsatz und Ertrag, gesunde Bilanzstruktur, verlässliche Dividende, erstklassiges Management.

Rating/Ranking Die Rating-Skalen der Agenturen S&P, Moody's, Fitch und Feri Trust beurteilen die Kreditwürdigkeit von Staaten und Fonds. AAA ist die höchste Bonitätsstufe. Rating bewertet qualitative Kriterien wie das Management, Ranking quantitative Maßstäbe wie die Rendite. Letzteres verwendet das Sterne-System.

Realtime-Kurse Im Internet erscheinen Börsenkurse oft zeitverzögert um 15 Minuten, teilweise auch sekundengenau wie auf der Bildtafel Nr. 216 beim TV-Sender n-tv für den DAX. Discountbroker bieten den Kunden aktuelle Notierungen an.

Referenzindex Bei Indexangleichungen greifen Investmentfonds zu Tauschgeschäften mit Banken und setzen Swaps und andere derivative Techniken ein. Klassische ETFs bilden den Referenzindex möglichst genau nach. Aktiv gemanagte Investmentfonds haben je nach Vorgabe mehr Freiraum bei der Gestaltung.

Regenerative Energie Ob Solarenergie, Windkraft, Erdwärme oder Biodiesel: Bevölkerungswachstum, knapper werdende fossile Energieträger und Klimawandel machen erneuerbare Energien unverzichtbar. Sie sollten bei guter Marktkenntnis mit mehreren Einzeltiteln in Zukunftsmärkten vertreten sein.

Regionalbörsen Neben der Leitbörse in Frankfurt gibt es die Regionalbörsen Berlin-Bremen, Düsseldorf, Hamburg, Hannover, München und Stuttgart. Nach Frankfurt ist Stuttgart am besten positioniert. Privatanleger bilden die Zielgruppe.

Rendite Sie bezeichnet den Wertpapierertrag im Verhältnis zum eingesetzten Kapital. Die Dividendenrendite bezieht sich auf die prozentuale Ausschüttung für bestimmte Zeiträume. Langfristig erzielen substanzstarke Aktien hohe Renditen. Aktien und Aktienfonds mit Schwerpunkt Nachhaltigkeit, Ethik und soziale Kompetenz werden immer beliebter und können bei der Rendite durchaus mithalten.

Reverse-Split Beim Umkehrsplit werden Aktien zusammengelegt, z. B. im Verhältnis 5:1 oder 10:1, um einen Kapitalschnitt vorzunehmen und eine Kapitalerhöhung zu ermöglichen. Dies wäre bei einer Notierung von unter 1 Euro unzulässig. Trotz Kapitalherabsetzung – ein- oder zweimal sogar im Verhältnis von 10:1 – konnten sich beispielsweise Intershop und Solarworld nie mehr richtig erholen, sondern zählen zu den verlustreichsten deutschen Aktien überhaupt.

Riester-Rente Nutznießer dieses staatlich geförderten Altersvorsorgemodells sind Personen, die in die gesetzliche Rentenversicherung einzahlen. Gefördert werden zertifizierte Rentenversicherungen, Investmentfonds und Banksparpläne. Viele Riesterverträge erzielen allerdings ein enttäuschendes Gesamtergebnis.

Risikoneigung Jeder sollte seine Risikobereitschaft und Renditeerwartung kennen und richtig einschätzen. Ein risikofreudiger Anleger setzt nur am Rande auf Sicherheit. Er weiß, dass es bei Sparbuchzinsen nahe 0 % wohl das größte Risiko ist, überhaupt kein Risiko eingehen zu wollen. Bei Einzelaktien wird er Growth-(Wachstums-)Aktien und nachhaltige Aktien bevorzugen, aber keineswegs auf niedrig bewertete, dividendenstarke Value-Titel verzichten.

Robo-Advisor »Robo« bedeutet Roboter, »Advisor« steht für Beratung. Ein Robo-Advisor stützt sich auf systematische, weitgehend automatisierte Prozesse, um im Finanzbereich Anlegern Zugang zur professionellen Vermögensverwaltung zu geben. Gleichzeitig soll der Kunde vor emotional getriebenen Anlage-Entscheidungen geschützt werden. Hier wird jedoch übersehen, dass die Börse selbst höchst emotional statt rational reagiert. Dies ist bei besonderen Vorkommnissen, schweren Krisen und Leerverkäufen oft binnen weniger Stunden oder Tage erkennbar. Wünschenswert sind mehr Transparenz und geringere Mindestanlagebeträge. Beim Corona-Crash haben nicht alle Robo-Advisor-Produkte ihre Feuerprobe bestanden.

Robotik, Roboter, KI Die Robotik greift auf Grundsätze der Informationstechnik zurück und nutzt die Möglichkeiten der Künstlichen Intelligenz. Kernbereiche bilden die Entwicklung und Steuerung von Robotern für unterschiedlichste Branchen und Anwendungen in der Fahrzeugindustrie, in Militär, Wissenschaft, Medizin, Maschinenbau, aber auch bei Denkspielen wie Schach. Auf der Basis von Sensoren, Aktoren und Informationsverarbeitung spielt die Robotik eine immer größere Rolle in der Elektrotechnik und im Maschinenbau. Wegweisend sind die USA, China und Japan.

Rohstoffmarkt Der Experte Jim Rogers setzt für den Rohstoffzyklus eine Zeitspanne von ein bis zwei Jahrzehnten an. Neben der physischen Edelmetallanlage bieten sich Rohstoff-ETCs, Themenfonds und chancenreiche Einzelaktien an.

Rückkaufprogramme sind beliebt, wenn die AG eigene Titel einzieht, vernichtet und den Wert der übrigen Aktien erhöht. Bejaht wird auch, wenn der Rückkauf als Akquisitionswährung für Übernahmen oder Belegschaftsprogramme dient.

Rürup-Rente Wer hier einzahlt, nutzt Steuervorteile und bezieht eine Leibrente bis zum Tod. Die Lebenszeit wird voll abgesichert. Die Rürup-Rente darf nicht beliehen, verkauft und vererbt werden und gilt auch für Selbstständige. Wer die Wahl hat, sollte sich um die Betriebsrente kümmern und bei Belegschaftsaktien zugreifen.

S

SCALE Das Mittelstandssegment für junge börsennotierte Firmen löste im März 2017 den nicht transparenten Entry Standard ab. Wer zum Wachstumssegment SCALE gehören will, soll über 2 Jahre alt sein, mit positivem Eigenkapital, profitabel wirtschaften, schwarze Zahlen schreiben, Jahresumsätze ab 10 Millionen Euro und einen Börsenwert ab 30 Millionen Euro nachweisen. Die Vorgaben sind strikt einzuhalten, damit es nicht wieder zu Zuständen wie früher am Neuen Markt kommt.

Schuldverschreibungen Sie heißen auch Bonds, Anleihen, Renten, Obligationen und verbriefen Gläubigerrechte. Der Inhaber ist kein Anteilseigner, sondern hat Anspruch auf Nennwert-Rückzahlung. Indexzertifikate sind Schuldverschreibungen, Indexfonds (ETFs) dagegen geschütztes Sondervermögen.

Schulter-Kopf-Schulter-Chart Diese charttechnische Formation besteht aus Kopf und Schultern. Die Nackenlinie verbindet die Tiefpunkte. Der Durchstoß nach unten ist ein Verkaufssignal. Hält die Unterstützungslinie, bietet sich ein Kauf an.

Schwarm-Intelligenz Die Intelligenz der Masse kann die Geisteskraft eines Einzelnen übertreffen. Expertenteams hebeln die Performance von Mitmachfonds oft deutlich aus. Der MSCI-World-Index liegt im Mehrjahres-Vergleich weit vorn.

SDAX Bei der Neusegmentierung 2003 wurde der SDAX umstrukturiert. Und am 24. September 2018 ordnete die Deutsche Börse AG den SDAX neu. Er umfasst nach dem MDAX die 70 größten AGs klassischer Value-Branchen, ergänzt um derzeit neun TecDAX-Titel. Technologie zieht also in den MDAX und SDAX ein und macht diesen Sektor attraktiver. Die Anpassung geschieht halbjährig. Hier dominieren flexible familiengeführte Mittelständler, die sich in Nischen behaupten. Neuemissionen sorgen für Blutauffrischung. Der SDAX schnitt in 10 Jahren doppelt so gut wie der DAX ab, weil manövrierfähige Schnellboote rascher reagieren als Dickschiffe.

Sell in May and go away Welch Widersinn, im Mai seine Aktien zu verkaufen! Nutznießer sind: Börse, Broker, Banken. Die Gebühren schmälern die Rendite und bedeuten vielfach den Verzicht auf Dividenden. Wer vor 2009 diesen Rat befolgte, versäumte es, sich einen steuerfreien Altbestand aufzubauen – ein Riesenpatzer!

Sell on good news Der Tipp, nach positiven Nachrichten auszusteigen, beruht auf der Erfahrung, dass gute Geschäftszahlen oft vorweggenommen werden. Der Ratschlag übersieht jedoch, dass die besten Aktien langfristig steigen, es also unklug ist, sich von ihnen komplett zu trennen. Klüger ist ein Teilverkauf.

Sell-out Der panikartige Aktienverkauf zu Tiefstpreisen zeigt schon die Crash-Bodenbildung an. Die Chance auf Trendumkehr steigt. Gut, wer die Nerven behält und günstig zukauft, statt verlustreich seine Aktien aus dem Depot zu werfen.

Shareholder Value Die Firmenpolitik orientiert sich an den Interessen der Aktienhalter. Viele werthaltige Industriefirmen sind auf Shareholder Value ausgerichtet. Dazu gehören eine attraktive Dividende und eine gute Informationspolitik. Wer in schwierigen Zeiten wie der Corona-Pandemie wortstark die Streichung von Dividenden fordert, sollte bedenken, dass beispielsweise beim Einkauf im Warenhaus der Kunde für sein Geld die gewünschten Konsumgüter erhält. Aktien werden vor allem von Kleinsparern und Privatanlegern erworben, um etwas für die Altersvorsorge zu tun. Gerade bei DAX-Titeln und auch sonst im Value-Bereich geht es den Langzeitanlegern weniger um Kursgewinne, sondern um Dividenden. Ein DAX ohne Ausschüttungen hätte in 30 Jahren kaum Gewinne beschert.

Short Seller Leerverkäufe sind bei Hedgefonds, dubiosen Research-Instituten und Spekulanten beliebt. Short Seller verkaufen von Brokern oder Banken gemietete hoch bewertete Aktien, um sie später an der Börse billig zurückzukaufen. Nicht immer geht die Strategie auf.

Short-Strategie Untergangspropheten schüren Crash-Angst. Manch einer sichert sich mit Short-Produkten ab, um im fallenden Markt Geld zu verdienen. Die durch die Absicherung anfallenden Gebühren schwächen die Gewinnentwicklung.

Beim Anschlag auf den Mannschaftsbus von Borussia Dortmund im April 2017 kaufte der Täter zuvor Tausende von Short-Optionsscheinen und Short-Derivaten, um durch Tod und Verletzung von BVB-Spielern den Aktienkurs in die Tiefe zu treiben. Statt aus 80.000 Euro Gewinne von 4 Millionen Euro zu machen, ging er für lange Zeit in den Knast.

Solarenergie Darunter verstehen wir die aus Sonnenenergie gewonnene erneuerbare Energie. Diese Energiequelle ist nahezu unerschöpflich. Fotovoltaik gilt als die wichtigste Form der Solarstromerzeugung. Solar- und Windenergie sind die Grundpfeiler künftiger Energiequellen. Allerdings ist die Produktion von Solarstrom abhängig von zahlreichen äußeren Faktoren wie Jahres- und Tageszeit, Wetterlage, Beschattung und so weiter. Deutschland spielt im Gegensatz zu den Anfängen 2004/2005 im weltweiten Solarmarkt nur noch eine untergeordnete Rolle. Der Wechselrichter-Spezialist SMA Solar musste seinen TecDAX-Platz räumen und ist nur noch im SDAX gelistet. Lediglich das Windkraftunternehmen Nordex ist im TecDAX notiert.

Sparplan Berufsstarter sollten für Vermögensaufbau und Altersvorsorge einen Sparplan über preiswerte Indexfonds (ETFs) mit niedrigen Gebühren abschließen und den Cost-Average-Effekt nutzen. Bei gleich hohem Monatseinsatz werden bei sinkenden Preisen mehr und bei steigenden Kursen weniger Anteile eingebucht.

Spekulationsblase Die Börse neigt zu Über- und Untertreibungen, angeheizt durch Gier und Panik. Es türmen sich Spekulationsblasen auf, die irgendwann platzen. Der Mensch lernt kaum aus Fehlern und zeigt wiederkehrende Verhaltensweisen. Die Frage lautet nur: Wann, wie heftig und wie lange kommt der nächste Crash?

Split/Splitt Mithilfe eines Aktiensplit(t)s wirkt der Titel optisch billiger. Zuvor teure Papiere sind durch Stückelung im Verhältnis von 1:2, 1:3, 1:5 und so weiter besser handelbar. Der Wert ändert sich dadurch nicht. Ein Vergleich: Ich kann eine Torte in mehrere Stücke aufteilen. Solange ich sie nicht aufesse, bleibt die Gesamtmenge gleich. Ein Split(t) signalisiert, dass der Vorstand mit weiterem Wachstum rechnet.

Spread Bei Zertifikaten bedeutet der Spread die Spanne zwischen dem aus Anlegersicht etwas höheren Briefkurs beim Kauf (ASK) und dem niedrigeren Geldkurs beim Verkauf (BID). Dafür entfällt ein Ausgabeaufschlag.

Squeeze-out Die Regelung erlaubt, bei feindlichen Übernahmen verbleibende Aktionäre mit einer dem tatsächlichen Wert entsprechenden Zwangsabfindung herauszudrängen. Der Bieter muss 95 % der Anteile kontrollieren.

Stammaktien Stämme (St) verbriefen volle Stimmrechte bei der Hauptversammlung. Die früher wegen der oftmals höheren Dividende beliebten Vorzüge (Vz) lehnen insbesondere Großaktionäre wegen der verminderten Rechte ab. Die Deutsche Börse berücksichtigt nur eine Aktienart bezüglich Indexaufnahme und Gewichtung.

Stoppkurs, Stop-Loss-Order Um bei einem Kurssturz glimpflich davonzukommen, werden Stop-Loss-Orders zur Gewinnabsicherung und Verlustbegrenzung eingesetzt und bei Bedarf nachgezogen. Dies kann im Abwärtstrend oder bei längerer Abwesenheit funktionieren. Beim Minuten-Blitzcrash am 6. Mai 2010 wurden die Depots leergefegt mit unübersehbaren Folgen. Frust kommt auf, wenn die Aktie kurz vor der Gewinnausschüttung ausgestoppt wurde. Beim DAX-Absturz zu Beginn des Corona-Crashs im März 2020 sorgten Computer-Abverkäufe für großen Schaden bei Privatanlegern. Wer hier auf Stoppkurse vertraute, hatte keine Aktien mehr. Bei Blue Chips kann die Spanne knapper, bei volatilen Titeln weiter sein. Marktkundige Aktionäre verkaufen, wenn Fundamentaldaten enttäuschen und die Charttechnik Verkaufssignale liefert. Bei hochriskanten Hebelzertifikaten und hochspekulativen Aktien sind Stop-Loss-Orders unverzichtbar. Umgekehrt kann man durch Stop-Buy-Limits (eigentlich müssten sie »Start-Buy-Limits« heißen) langfristig bei wertstabilen Aktienwerten auf einen Rücksetzer spekulieren, um die Aktien zu einem besonders günstigen Preis zu erhalten.

Strafzölle Die vor allem von Donald Trump verhängten Strafzölle und Sanktionen vor allem gegen China und Russland, aber auch die Europäische Union und Deutschland betreffend, führten zum weltweiten konjunkturellen Abschwung mit nachlassendem Weltwirtschaftswachstum. Insbesondere die deutsche Exportwirtschaft zählt zu den Leidtragenden. Gäbe es bei den Null- und Strafzinsen eine Alternative zur Aktienanlage, hätten wir vermutlich schon längst vor Corona einen Crash gehabt. Aber wohin mit dem Geld aus Aktien, wenn danach Strafzinsen drohen?

Strategie »Für einen Seemann, der nicht weiß, welches Ufer er ansteuern soll, ist kein Wind der richtige.« Nur wer sich über Anlageziel, Risiko, Anlagezeitraum und so weiter klar ist, findet das für ihn passende Konzept. Sonst stochert er im Nebel.

Streubesitz Damit ist der nicht im festen Besitz befindliche Aktienanteil gemeint. Für die DAX-Gewichtung gelten Börsenwert und frei handelbare Stücke, »Free Float« genannt. Bei hohem Streubesitz steigt die Gefahr feindlicher Übernahmen, wenn ein verlässlicher Ankeraktionär beziehungsweise »weißer Ritter« fehlt.

Substanz- beziehungsweise Buchwert Er bezieht sich auf Immobilien, Fuhrpark, Anlagen, Maschinen. Liegen Aktienkurs und Buchwert nahe beieinander, ist die Bewertung angemessen. Übertrifft der Buchwert den Kurs, erscheint der Titel unterbewertet.

S&P 500 Der bei Profis geschätzte S&P 500 umfasst 500 der größten US-Firmen. Die besten der 500 Titel aus diesem Index herauszufiltern, ist kaum möglich. Ein aktiv gemanagter S&P-Aktienfonds kann hier sogar einem ETF überlegen sein, denn der ETF muss den ganzen Index abbilden – auch die schwachen Aktien.

Swaps Es handelt sich um Austauschgeschäfte der Fondsmanager mit Großbanken. Es geht um derivative Techniken mit dem Ziel, Verluste durch veränderte Wechselkurse bei Währungen oder schwankenden Rohstoffpreisen auszugleichen. Ein fragwürdiges Unterfangen! Bei aktiv gemanagten Aktienfonds sind Derivate mit festgelegten Obergrenzen zulässig. Sie werden genutzt, um Kursschwankungen zu verringern.

T

TecDAX. Im Frühjahr 2003 wurde der skandalumwitterte Neue Markt durch den TecDAX ersetzt. Er umfasst die 30 größten AGs nach dem DAX aus dem Hightech-Sektor und schneidet im Mehrjahres-Vergleich etwa dreimal so gut wie der DAX ab. Die Indexanpassung erfolgt halbjährlich. Zunächst dominierten die Solarstromtitel. Vom »Sonnen-DAX« war die Rede. Von elf Titeln blieb lediglich das Windkraftunternehmen Nordex übrig. Biotech-, Medtech- und Software-/IT-Aktien bringen den Index nun nach vorn. Die Neuordnung der Indizes Ende September 2018 bewirkte, dass vom Leitindex die Deutsche Telekom, Infineon und SAP in den TecDAX einzogen.

Technische Wertpapieranalyse Charttechniker richten ihr Augenmerk auf die Entwicklung von Wertpapieren, Rohstoffen, Währungen und so weiter. Sie stellen Kursverläufe grafisch mittels Linien, Balken und Kerzen dar. Langzeitcharts erlauben Rückschlüsse auf künftige Entwicklungen von Aktien, Indizes, Branchen et cetera. Da das menschliche Verhalten Regelabläufen unterliegt, ziehen technische Analysten aus den Charts der Vergangenheit Erkenntnisse für die Zukunft. Trend und Trendumkehr, Unterstützungs- und Widerstandslinien sind wegweisend. Dabei werden vor allem die 80- und 200-Tage-Linie beachtet. Hauptvorteil ist der schnelle Überblick.

Themen-Aktienfonds Sie investieren in Industrie 4.0, Robotik, Digitalisierung, Internet der Dinge, vernetzte Welt, Umweltschutz, Klimawandel und Künstliche Intelligenz. Breit gestreut und geschickt ausgewählt winken attraktive Renditen.

Thesaurierung Dies trifft zu, wenn Fondshäuser bei ETFs und Aktienfonds die Dividende nicht auszahlen, sondern den Ertrag in neue Anteile investieren. Bei langem Anlagezeitraum erhöht sich die Anteilsmenge. Der für den Vermögensaufbau wichtige Zinseszinseffekt wird bei dividendenstarken Fonds ideal umgesetzt.

Trading, Day-Trading Der Zugriff auf die sekundenschnell arbeitenden elektronischen Handelssysteme ermöglicht, auf kleinste Kursbewegungen blitzschnell zu reagieren. Die Handelsplattformen zeigen Privatanlegern, wie dies funktioniert.

Trend, Trendkanal »Der Trend ist dein Freund« zeigt, dass es unklug ist, sich gegen den vorherrschenden Trend zu stemmen. Mutiges antizyklisches Handeln heißt, entgegen dem Herdentrieb frühzeitig auf Trendwenden zu reagieren.

Turnaround In Kürze sollte der Boden gebildet sein und die Firma schwarze Zahlen schreiben. Bleibt die Rückkehr in die Gewinnzone aus, droht ein erneuter Kurssturz. Auf Turnaround-Storys zugeschnittene seriöse Börsenbriefe sorgen für Informationen, die über marktenge Titel sonst nur schwer zu beschaffen sind.

U

Übernahme Feindliche Übernahmen drohen Unternehmen, die keinen treuen Ankeraktionär, aber einen hohen Streubesitz (Free Float) haben. Freundliche Übernahmen sind üblich, wenn das Zielunternehmen gut zur Bieterfirma passt.

Überzeichnung Bei begehrten Neuemissionen sind Zeichnungsgewinne zu erwarten. Der Ausgabepreis dürfte am oberen Ende der Bookbuilding-Spanne liegen. Ein Blick auf außerbörsliche Kurse macht Chancen berechenbar. Wer bei der Zeichnung leer ausgeht, sollte Geduld üben. Oft geht der Kurs später zurück.

Ultimo Zum einen läuft die Kauf- oder Verkaufsorder bis zum Monatsende. Zum anderen ist damit der letzte Börsentag in dem laufenden Monat gemeint.

Umkehrformation. Dies sind Chartformationen, die auf eine Trendumkehr hinweisen, wie die M-, W-, Schulter-Kopf-Schulter- und Untertassenformation.

Unterstützungslinie. Wird sie nach unten durchbrochen, ist dies ein Verkaufssignal. Hält sie, deuten Chart-Experten dies positiv und raten zum Kauf.

V

Value-Aktien Ab 2000, als die Kurse weltweit in den Keller rauschten, erntete Warren Buffett, der alles, was er nicht kennt und versteht, verschmäht, neuen Ruhm. Value ist auf defensive, substanzstarke, nachhaltige Aktien zugeschnitten. Die Corona-Krise 2020 mit dem zunächst heftigsten Kurseinbruch auch beim Leitindex DAX in diesem Jahrtausend hat aber gezeigt, dass auch die niedrig bewerteten Value-Aktien keineswegs vor hohen Verlusten geschützt sind.

Verkaufssignale entstehen, wenn der Aktienkurs an der oberen Widerstandslinie abprallt. Dies gilt ebenso, wenn die untere Unterstützungslinie nicht hält.

Verlustbegrenzung Vernünftig ist es, Gewinne substanzstarker Aktien laufen zu lassen und bei schlechten Nachrichten Verluste beherzt zu begrenzen. Das Geheimnis des Börsenerfolgs liegt darin, dass es nach oben keine Grenzen gibt.

Verzinsliche Wertpapiere Dazu zählen Staats- und Unternehmensanleihen, auch Schuldverschreibung, Rentenpapiere, Bonds oder Obligation genannt. Es sind Gläubigerpapiere mit festem oder variablem Zinssatz, vereinbarter Laufzeit und Tilgungsform. Gläubiger sind Käufer von Schuldtiteln.

Videokonferenzen Wegen der heutzutage allgemeinen Verfügbarkeit von Computern beziehungsweise Smartphones und eines gut ausgebauten Internets sind Videokonferenzen vor allem in den Zeiten eingeschränkter beziehungsweise verbotener Großveranstaltungen nicht mehr wegzudenken. Video-Webinare sparen Reise- und Beherbergungskosten einschließlich Autofahrten der Besucher. Sie sind leicht abzuhalten, zumal die entsprechenden Dienste für private Nutzer größtenteils kostenlos angeboten werden. Hier leisten die börsennotierten Unternehmen Microsoft (Skype) sowie die Neuemissionen von 2019 Zoom und Teamviewer gute Dienste. Diese Aktien befinden sich seit dem Corona-Crash in einem robusten Aufwärtstrend.

Volatilität Hightech-Aktien und marktenge Werte sind schwankungsfreudig. Wer das heftige Auf und Ab nervlich nicht aushält, vertraut lieber auf große Standardwerte oder investiert in Fonds. Es ist unsinnig, Kursschwankungen zu verteufeln. Sie bieten für engagierte, marktkundige Anleger beste Chancen, zu niedrigen Kursen preisgünstig einzusteigen und zuzukaufen. Umgekehrt bieten unerwartete, plötzliche Jahres- und Allzeithochs die Chance für einen lukrativen Teil- und Komplettverkauf.

Volumen des Fondsvermögens Es gibt alteingeführte Misch-, Renten- und Aktienfonds mit einem Fondsumfang im zweistelligen Milliardenbereich. Demgegenüber stehen Winzlinge, die nicht einmal einen zweistelligen Millionenbetrag aufweisen. Dies ist nicht beunruhigend, wenn der Fonds erst vor einem Jahr aufgelegt wurde.

Vorzugsaktien Sie sind wegen fehlender Stimmrechte nicht beliebt. Da tröstet die oft höhere Dividende kaum. Manchmal werden Vorzüge in Stämme umgewandelt, weil für Indexgewichtung und Indexaufstieg nur eine Aktiengattung zählt.

W

Wachstumswerte Dazu zählen Hightech-, Biotech-, Medtech-, Internet-, Nanotechnologie- und Medienwerte. Growth-Aktien sind attraktiv, wenn die Konjunktur anzieht und die Eroberung neuer Märkte zum Umsatz- und Gewinnanstieg führt.

Wall Street Dies ist die Straße, in der die US-amerikanische Leitbörse New York Stock Exchange (NYSE) ihren Haupt-Geschäftssitz hat.

Wandelanleihen Die Aktionäre können bei den von der AG ausgegebenen Wandelanleihen wählen, Einsatz und Zinsen ausgezahlt zu bekommen oder die vereinbarte Anzahl von Aktien zum angegebenen Kurs zu nehmen. Wandelanleihen sind mit einem eher niedrigen Zinskupon ausgestattet und gelten als fair wegen der angebotenen Wahlmöglichkeit zwischen Auszahlung und Aktienerwerb.

Wertgesicherte Fonds Die bei vielen Privatanlegern weiterhin beliebten Garantiefonds sind strukturierte Fonds mit Kapitalgarantie. Die Rendite überzeugt momentan nicht. Im Durchschnitt erzielten wertgesicherte Fonds pro Jahr ein leichtes Minus – das schlechteste Ergebnis unter allen Fondsarten. Dabei wollen wertgesicherte Fonds grundsätzlich ansehnliche Renditen erwirtschaften und besser abschneiden als Lebensversicherungen. Sie mischen Aktien, Anleihen und sonstige Produkte und sichern mit Derivaten ab.

Wertpapier-Kenn-Nummer (WKN) Wer Aktien telefonisch oder online ordert, verwendet gern die sechsstellige WKN. Die zwölfstellige ISIN ist schwer zu entziffern und verleitet zu Fehlern bei 0 und D, bei G, 6, 8, B, bei L, I, J sowie M und N.

Widerstandslinie Charttechnisch wird die Ampel auf »Grün« gestellt, wenn die Widerstandszone nachhaltig nach oben durchstoßen wird. Größere Barrieren liegen psychologisch bedingt bei runden Zahlen und früheren Index-Hochständen.

X

XETRA Das vollelektronische Handelssystem der Deutschen Börse AG in Frankfurt macht den Parketthandel entbehrlich. XETRA führt Aufträge über Computer blitzschnell zusammen. Der XETRA-Handel beginnt um 9:00 Uhr und endet um 17:30 Uhr. Regionale Börsenplätze nehmen Orders ab 8:00 Uhr entgegen und sind bis 20:00 Uhr, teilweise sogar, wie Tradegate und Börse Stuttgart, bis 22:00 Uhr aktiv.

Z

Zeichnung So heißt die Abgabe eines Kaufangebots für neue Aktien zum Ausgabepreis. Hohe Zeichnungsgewinne am ersten Börsentag sind im Gegensatz zu den Zeiten des Neuen Markes heutzutage nur bei attraktiven Titeln zu erwarten.

Zinspolitik Ab 2006 war Ben Bernanke Notenbankchef der US-Fed. Sein langjähriger Vorgänger Alan Greenspan ging erst mit 79 Jahren in den Ruhestand. Ab Februar 2014 führte Janet Yellen die Geschicke der US-Notenbank Fed. Seit dem 2. November 2017 ist Jerome Powell im Amt. Mit der schwersten Finanz- und Weltwirtschaftskrise 2008/2009 seit über 80 Jahren sowie dem Überschuldungsszenario wurde zur Stabilisierung des Finanzsystems eine Niedrigzinspolitik eingeläutet.

Die Tiefstände lagen in den USA anfangs bei 0,0 % bis 0,25 %, wurden im März 2017 auf 0,75 % bis 1,00 % und bis 2018 auf 2,25 % bis 2,50 % angehoben. Danach gab es drei Zinssenkungen, zuletzt im Oktober 2019, Zinskorridor 1,25 % bis 1,50 %.

Die Europäische Zentralbank (EZB) mit ihrer neuen Präsidentin Christine Lagarde (Vorgänger Mario Draghi) legt den Leitzinssatz für die Länder der EU fest. Der Leitzinssatz wurde am 10. März 2016 auf glatte 0,0 % abgesenkt – schlecht für Sparer, positiv für Kreditschuldner. Daran hat sich bislang nichts geändert. Vorerst ist nicht mit Plus-Zinsen zu rechnen, sondern als Folge der Corona-Pandemie mit weltweiter Verschuldung im hohen Billionenbereich eher mit steigenden Minus-Zinsen.

Zukunftsmärkte Der demografische Wandel mit ungebremst steigender Lebenserwartung in den Industrienationen führt weltweit zu gewaltigen gesellschaftlichen und wirtschaftlichen Veränderungen. Einerseits sterben etliche Geschäftsfelder und Berufe aus. Andererseits kommt es durch die Digitalisierung zu neuen Höhenflügen in bestimmten Branchen und dort tätigen innovativen Unternehmen. Der Nachhaltigkeitstrend wird sich im Kampf gegen den Klimawandel weiter verstärken.

Zu den großen Zukunftsmärkten gehören das Gesundheitswesen mit Altenpflege-Einrichtungen, Kliniken, Pharmazeutik, Biotechnologie und Medtech. Kein Weg führt vorbei an Industrie 4.0, Künstlicher Intelligenz, Internet der Dinge und digitaler Transformation mit vernetzter Welt. Man denke nur an die fortschreitende Robotik, Drohnen und selbst fahrende Autos. Die Werbung verführt zu neuen Produkten und Verfahren. Nicht alles, was möglich ist und angeboten wird, tut uns gut. Branchen-ETFs und innovative Aktienfonds bilden große Zukunftsmärkte rund um den Globus chancenreich ab.

Immer beliebter werden bei institutionellen wie bei privaten Anlegern Einzelaktien und Fonds mit Schwerpunkt Ethik, Nachhaltigkeit und Sozialkompetenz. Aktien aus MDAX, TecDAX und SDAX sowie noch kleinere Nebenwerte vor allem aus dem Prime Standard schneiden häufig besser ab als die meisten DAX-Dickschiffe.

Zykliker, zyklische Aktien Dieser Begriff bezieht sich auf konjunkturabhängige Unternehmen und trifft zu für Maschinen- und Autobauer, Chiphersteller, Stahl-, Bergbau,- Biotech- und Chemiekonzerne. Beim Konjunkturaufschwung werden zyklische, offensive, wachstumsstarke Titel (Growth) favorisiert. Ist der Hochpunkt überschritten, nehmen vorsichtige Anleger am liebsten nichtzyklische, defensive, fair bewertete, dividendenstarke Titel (Value) wie Versorger, Pharma-, Konsumgüter-, Versicherungs-, Immobilien- und Energiewerte in ihr Depot.

Anmerkungen

1 Sind Aktien zu teuer? Sieben Kennziffern zur Aktienanalyse in Handelsblatt 03.08.2020
2 Sind Aktien zu teuer? Sieben Kennziffern zur Aktienanalyse in Handelsblatt 03.08.2020
3 Mit Nebenwerten zum Börsenolymp, Beate Sander, FinanzBuch Verlag, 2016, S. 84
4 Investor Ray Dalio in Biallo.de, »Investieren in Fernost«, 21.08.2020
5 »Elon Musk vor nächstem unglaublichen Schachzug? – Beteiligung an BYD?« 02.02.21, 17:31 onvista
6 Handelsblatt, 04.09.2015
7 Max Otte in: https://www.boerse.de/nachrichten/eBay-CTS-Eventim-Symantec-Adobe-Gute-Wachstumsunternehmen-bleiben-teuer/5377597
8 Handelsblatt 03.07.2020, Ulrich Stephan: »Warum momentan Realwirtschaft und Aktienmärkte auseinanderlaufen«
9 Bericht von Torsten Riecke in: Handelsblatt vom 04.09.2015
10 Frank Seiß, 06.05.2015 in: idw-online.de Informationsdienst Wissenschaft
11 08.08.2014 in cash-online.de, Michael Grüner: »Paradigmenwechsel beim Einsatz von ETFs«

Sachwortverzeichnis

C

D

E

F

G

H

I

J

K

L

M

N

O

P

Q

R

S

T

U

V

W

X

Z

Beate Sander – Wie man reich und weise wird

Katja Heijnen

Wer sich in Deutschland mit dem Thema Börse beschäftigt, kommt an Beate Sander nicht vorbei: Deutschlands berühmteste Aktionärin kaufte mit 59 Jahren ihre erste Aktie, entwickelte eine eigene Börsenstrategie und machte aus 30.000 Euro Starkapital fast 3 Millionen. Viele ihrer zahlreichen Börsenratgeber wurden Bestseller. Sie selbst war gefragter Interviewgast im In- und Ausland.
Beate Sander hatte in ihrem Leben etliche Kämpfe auszufechten: Ihre Kindheit war geprägt von Nächten im Luftschutzkeller, einer Mutter, die sie ablehnte, weil sie den weiblichen Rollenklischees nicht entsprach, ihrer Flucht aus der DDR. Später ihr schwieriger Weg ohne Abitur über Begabtenprüfungen hin zur leidenschaftlichen Lehrerin. Dabei wird klar, dass sie uns weit mehr als nur Börsenwissen zu vermitteln hat. Wie man Risiken richtig abschätzt, gute Entscheidungen trifft, seinem Glück auf die Sprünge hilft und in Krisen nicht den Kopf verliert – all das sind Dinge, die wir von der »Börsenoma« lernen können.

256 Seiten | Hardcover | 22,99 € (D) | 23,70 € (A) | ISBN 978-3-95972-429-6

Der Aktien- und Börsenführerschein – Jubiläumsausgabe

Beate Sander

Mit der 10., komplett neu bearbeiteten Auflage erscheint der mehr als 45.000-fach verkaufte Bestseller neu mit Musterdepots für erfolgsorientierte Anleger (Aktien und EFTs) und weiterhin großem Frage- und Antwortteil für Selbsttests zum Thema Börsenwissen. Vom Portfolio-Management über unterschiedliche Anlageklassen bis hin zu ETFs, Fundamentalanalyse, Charttechnik und Börsenpsychologie deckt *Der Aktien- und Börsenführerschein* von Beate Sander alle wichtigen Bereiche ab und gibt viele ganz konkrete Tipps für einen erfolgreichen Start als Börsenanleger oder Trader.

336 Seiten | Softcover | 29,99 € (D) | 30,90 € (A) | ISBN 978-3-95972-279-7

Die richtige Geldanlage in Krisen und im Crash

Beate Sander

In Krisenzeiten und im Crash ist die richtige Strategie für Erhalt und Aufbau des eigenen Vermögens entscheidend. Börsenexpertin Beate Sander ist seit fast 25 Jahren an der Börse aktiv. Sie zeigt auf, wie das Depot auch durch stürmische See gelenkt werden kann.
Egal, ob 5000 oder 50 000 Euro verfügbar sind: Dieses Buch bietet Anlagemodelle sowohl für vorsichtige als auch für erfolgsorientierte und risikofreudige Anleger, immer auch abhängig von Lebensalter, Börsenwissen, Geldbeutel, Zeit und Lust. Ebenso unterstützen Musterdepots – gebildet aus Indizes, Branchen und Nationen – für Einzelaktien, ETFs und aktiv gemanagte Aktienfonds die eigene Auswahl.
Das Buch bringt zahlreiche Beispiele, wie sich gerade im Crash und in unruhigen Börsenzeiten die Hoch–/Tief-Mutstrategie von Beate Sander bei substanz- und wachstumsstarken Aktien, bei Sieger- und Verlierer-Branchen gekonnt und zielgerichtet anwenden lässt.

ca. 304 Seiten | Hardcover | 19,99 € (D) | 20,60 € (A) | ISBN 978-3-89879-684-2

Die besten Aktienstrategien für Fortgeschrittene

Beate Sander

Das Arbeits- und Vertiefungsbuch zum Bestseller »Der Aktien- und Börsenführerschein«. Wer das Einmaleins der Börse beherrscht, sucht anschließend nach klaren Strategien, um am Markt zu den Siegern zu zählen. Das Wie, Wann, Wo und Wie viel beim Investieren steht im Mittelpunkt. Beate Sander bietet mit Die besten Aktienstrategien für Fortgeschrittene viele Tipps und Handlungsanweisungen, um Geld langfristig und nachhaltig erfolgreich anzulegen.

Egal, ob Aktien-Fonds, ETFs, Dividenden-, Value- oder Growth-Aktien, zyklisches oder antizyklisches Handeln, Geldanlage mit gutem Gewissen, Nebenwerte mit einheimischen und ausländischen Mid Caps, Small Caps oder Micro Caps: Beate Sander führt den Leser mit anschaulichen Beispielen und Schnelltests schrittweise zum Erfolg. Die Schwerpunkte liegen im Gesundheitsbereich mit Biotech, Pharma und Medtec, auf der Börsenpsychologie und der Hoch/Tief-Mutstrategie. Nicht zu vergessen die innovative Börsenwerkstatt und die Ausrichtung auf neue Technologien als große Zukunftstrends mit Industrie 4.0, Internet der Dinge, Digitalisierung, Robotik und Vernetzung.

416 Seiten | Hardcover | 34,99 € (D) | 36,00 € (A) | ISBN 978-3-95972-241-4

Das neue große Buch der Börsenkolumnen

Beate Sander

Seit Frühjahr 2016 schreibt Beate Sander allwöchentlich Börsenkolumnen für Medien, Verlage und Institutionen. Diese Kommentare auf wenigen Seiten spiegeln das Markt- und Börsengeschehen wider, greifen aber auch immer neue Themen auf, sei es aktuelle Trends, Kennzahlen, Psychologie, Branchenrotation und Strategietipps sowie Fehler, die es zu vermeiden gilt.
Nach dem erfolgreichen Vorgängerband Das große Buch der Börsenkolumnen folgt nun Band 2 mit den knapp 100 besten Kolumnen aus den Jahren 2019/20. Enthalten sind hier u. a. neue Themen wie nachhaltige Geldanlage, ein Notfallplan bei starker Korrektur und sinnvolles Verhalten im Crash.

272 Seiten | Softcover | 29,99 € (D) | 30,90 € (A) | ISBN 978-3-95972-331-2